公共图书馆信息资源建设与服务创新

袁 晖 ◎著

图书在版编目（CIP）数据

公共图书馆信息资源建设与服务创新 / 袁晖著. -- 北京：中国书籍出版社，2023.12
ISBN 978-7-5068-9724-2

Ⅰ.①公… Ⅱ.①袁… Ⅲ.①公共图书馆—信息资源—资源建设—研究②公共图书馆—图书馆服务—研究 Ⅳ.①G258.2

中国国家版本馆CIP数据核字(2023)第234747号

公共图书馆信息资源建设与服务创新
袁　晖　著

图书策划	邹　浩
责任编辑	李　新
责任印制	孙马飞　马　芝
封面设计	博健文化
出版发行	中国书籍出版社
地　　址	北京市丰台区三路居路97号（邮编：100073）
电　　话	（010）52257143（总编室）　（010）52257140（发行部）
电子邮箱	eo@chinabp.com.cn
经　　销	全国新华书店
印　　厂	北京四海锦诚印刷技术有限公司
开　　本	710毫米×1000毫米 1/16
印　　张	14
字　　数	255千字
版　　次	2024年4月第1版
印　　次	2024年4月第1次印刷
书　　号	ISBN 978-7-5068-9724-2
定　　价	68.00元

版权所有　翻印必究

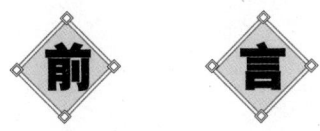

  自古以来，信息就是人们生活不可或缺的一部分。无论是古人留下的诗词歌赋，还是现代人创造的网络热词，都是信息的一种表现形式。在信息时代，信息资源的快速增长和数字化转型使得公共图书馆在信息资源的获取、管理和传播方面面临着新的机遇和挑战。公共图书馆不仅需要积极建设和维护信息资源的丰富性和多样性，还需要不断创新服务模式，以更好地满足读者的需求。

  本书围绕公共图书馆信息资源建设与服务创新展开研究，首先介绍了信息和信息资源的概念、公共图书馆信息资源的特点以及公共图书馆馆藏发展政策，进而探讨公共图书馆传统文献资源建设、公共图书馆数字信息资源建设、公共图书馆馆藏信息资源的组织管理的相关内容；接着研究公共图书馆的基础服务和特殊人群服务，包括外借阅览、讲座、展览、用户教育、政府公开信息、参考咨询以及针对未成年人、老年人和残障人士的服务，最后探索公共图书馆的创新服务以及公共图书馆服务体系。

  本书写作力争做到以下特色：首先，注重理论与实践相结合，既介绍公共图书馆信息资源建设及服务的相关理论，又结合案例分析实践中的具体操作；其次，内容全面且新颖，涵盖公共图书馆传统文献资源建设、数字信息资源建设、创新服务等多个方面，同时关注新媒体环境下阅读推广服务等新兴领域；最后，实用性强，为公共图书馆工作人员提供诸多参考和指导。

  本书在写作过程中，得到许多专家、学者的帮助和指导，在此表示诚挚的谢意。由于笔者水平有限，加之时间仓促，书中难免有疏漏之处，希望各位读者多提宝贵的意见，以便笔者进一步修改，使之更加完善。

前　言	1
第一章　信息资源建设概述	1
第一节　信息和信息资源	1
第二节　公共图书馆信息资源的特点	7
第三节　公共图书馆馆藏发展政策	10
第二章　公共图书馆传统文献资源建设	18
第一节　公共图书馆传统文献概述	18
第二节　公共图书馆文献采访工作	30
第三节　公共图书馆文献资源建设的内容	48
第三章　公共图书馆数字信息资源建设	57
第一节　数字信息资源与数字图书馆	57
第二节　数字信息资源建设	63
第三节　数字信息资源建设案例	73
第四章　公共图书馆馆藏信息资源的组织管理	81
第一节　文献资源的分类	81
第二节　文献资源的编目	84
第三节　文献资源的组织与管理	90
第五章　公共图书馆基础服务	100
第一节　外借阅览服务	100

第二节　讲座、展览服务 …………………………………… 102
第三节　用户教育与培训服务 ……………………………… 109
第四节　政府公开信息服务 ………………………………… 119
第五节　参考咨询服务 ……………………………………… 121
第六节　服务宣传与阅读推广服务 ………………………… 131

第六章　公共图书馆特殊人群服务 …………………………… 137

第一节　公共图书馆未成年人服务 ………………………… 137
第二节　公共图书馆老年人服务 …………………………… 141
第三节　公共图书馆残障人士服务 ………………………… 142

第七章　公共图书馆的创新服务 ………………………………… 146

第一节　新形势下公共图书馆服务创新 …………………… 146
第二节　新媒体环境下阅读推广服务 ……………………… 154
第三节　公共图书馆的智慧服务 …………………………… 157
第四节　公共图书馆创新服务案例 ………………………… 161

第八章　公共图书馆服务体系 …………………………………… 170

第一节　公共图书馆服务体系概述 ………………………… 170
第二节　公共图书馆服务体系建设原则 …………………… 172
第三节　公共图书馆服务体系建设的创新路径 …………… 176
第四节　公共图书馆服务体系案例 ………………………… 177

参考文献 …………………………………………………………… 191

附录 ………………………………………………………………… 194

公共图书馆服务规范 ………………………………………… 194
扬州城市书房条例 …………………………………………… 202
扬州24小时城市书房建设与服务规范 …………………… 208

第一章 信息资源建设概述

第一节 信息和信息资源

一、信息

（一）信息的定义理解

英文 information（信息）一词来源于拉丁文 informatio，原意是解释、陈述。信息普遍存在于自然界、人类社会和人的思维之中。人类自诞生以来就在利用信息，对于信息认识和利用的历史可以追溯到古代。例如，我国周朝时期就利用烽火台传递边关警报，古罗马地中海城市以悬灯来报告迦太基人进攻的消息等。现在人们发明的电报、电话、互联网等也是为了传递信息，人们每天都在用语言、文字、声音、手势及互联网上的数字信号等来传递信息。

信息是当代社会使用最多、最广、最频繁的词汇之一，目前关于信息的定义有很多，现简介如下：

1. 国内外专家学者的定义

国内外专家学者提出的信息定义主要有以下几种[①]：

1948 年，信息论创始人克劳德·艾尔伍德·香农[②]（Claude Elwood Shannon）在《贝尔系统电话杂志》中提出："信息为随机不确定性的减少，即信息是用来减少随机不确定性的东西。"

---

① 王伟军. 信息管理基础[M]. 北京：首都经济贸易大学出版社，2010：1-2.
② 出生于美国密歇根州佩托斯基，美国数学家，美国国家工程院院士、美国国家科学院院士、美国艺术与科学院院士，信息论创始人，生前是麻省理工学院名誉教授。

诺伯特·维纳[①]（Norbert Wiener）在《控制论与社会》（1950年）中说过："信息就是我们在适应外部世界，并把这种适应反作用于外部世界的过程中，同外部世界进行交换的内容的名称。"

马费成在《信息管理学基础》（2002年）中提出，在一般意义上和没有任何约束条件下，信息为事物存在的方式和运动状态的表现形式。

钟义信在《信息科学原理》（2005年）一书中认为，信息是事物运动的状态与方式，是事物的一种属性。并认为："事物"泛指一切可能的研究对象，包括外部世界的物质客体，也包括主观世界的精神现象；"运动"泛指一切意义上的变化，包括机械运动、物理运动、化学运动、生物运动、思维运动和社会运动等；"运动方式"是指事物运动在时间上所呈现的过程和规律；"运动状态"则是事物运动在空间上所展示的性态与态势。

2. 一些工具书的定义

一些工具书对信息做出如下定义：

《辞海》（中国1999年普及版）对信息的解释为：①音讯；消息。②通信系统传输和处理的对象，泛指消息和信号的具体内容和意义，通常须通过处理和分析来提取。信息的量值与其随机性有关，如在接收端无法预估消息或信号中所蕴含的内容或意义，即预估的可能性越小，信息量就越大。

《新华词典》（2001年修订版）对"信息"的注释：①音信；消息。②信息论中指用符号传送的报道，报道的内容是接收符号者预先不知道的。③事物的运动状态和关于事物运动状态的陈述。

《韦氏字典》（美国）对信息的解释：信息是用以通信的事实，是在观察中得到的数据、新闻和知识。

《牛津辞典》（英国）对信息的解释：信息就是谈论的事情、新闻和知识。

综合上述定义，本书认为应该从哲学层面认识信息的本质，抽象信息的概念，即信息是事物存在与运动状态的表现。

（二）信息的基本特性

1. 普遍性

普遍性是指凡是有物质的地方就必然存在着信息，人与人之间、植物与植物之间、动

[①] 出生于美国密苏里州哥伦比亚，应用数学家，控制论创始人，美国艺术与科学院院士，生前是麻省理工学院荣休教授。

物与动物之间都存在着信息交换。例如，不少天体会发射电磁波，这些电磁波携带很多信息，通过这些信息人们可以了解和认识天体。人们可通过动作、体态、眼神、语言、文字、图形、图像、音频、视频等方式来交流信息。

2. 识别性

识别性是指信息在一定范围内可以被不同的主体所识别，在这里主要指能够被人类所识别。动物、植物发出的信息除了可以被动物、植物识别外，也有一些能够被人类所识别，如看见蜻蜓低飞、蚂蚁搬家，人们就知道快要下雨了。人类社会信息能够被人类所识别，也有一些人类社会信息可以被动物识别，如狗、马、猪等都能听懂人的叫唤声，经过训练的动物可以听懂人的语言。

3. 存储性

存储性是指信息要传递和保存，必须借助于一定的载体，必须存储起来。实际上，信息与载体具有不可分性。人们可通过多种方式将信息存储在一定载体上以供传递或以备后用。信息可以自然或天然方式存储于实物中，可以通过记忆存储在人脑中，可以通过印刷方式存储在纸张上，可以通过摄像、录音等方式存储在录像带或光盘上，也可以通过机读方式存储在计算机硬盘上。正是通过对信息的存储，使人类的文化遗产得以保存，保证了人类文明的延续，使人们可以在前人智慧的基础上去发展和创造新的文明。

4. 传递性

传递性是指信息可以通过多种渠道进行传递或交流。信息的传递有时间传递和空间传递之分。时间传递是指信息通过一定的载体存储，使信息随时间的流逝而传递下去。空间传递是指通过一定的方式把信息从一个地方传到另一个地方。古代人类借助于烽火台、信使等传递信息。文字的发明和使用，突破了用语言传递信息在时间和空间上的局限性，人类可以跨时代、跨地域地传递信息。电报、电话、电视等工具的出现，使人类能异地高速传递信息。由计算机技术与现代通信技术相结合而形成的信息网络，能高速度地处理、高密度地存储和远距离地传输信息，使信息传递发生了质的飞跃。

5. 开发性、共享性与非消耗性

开发性指信息是一种可开发的宝贵资源，存储与传递信息的目的是开发信息资源。信息是点燃智慧的火种，它能给人们以新的知识，引导人们开拓更新的、更高层次的、更广阔的领域。人们正是通过对信息资源的开发，促进科学技术的进步和社会的发展。

共享性与非消耗性指信息与物质不同，不会因为一个人得到了，另一个人就失去了。同一信息可以被很多人共同享用、同时享用。同时，人们对信息的使用不会使信息减少，反而增加信息的价值。

6. 时效性和价值性

信息的时效性是信息的重要特征，是指信息从发出、接收到进入利用的时间间隔及其效率。信息的时效性与信息的价值性密不可分。任何有价值的信息，都是在一定的条件下起作用的，如时间、地点、事件等，离开一定的条件，信息将会失去应有的价值。从某种意义上讲，信息的价值取决于信息的时效性，特别是反映客观事物某种发展趋势、动向的信息，时效性越强，信息的价值越大，反之，信息就会失去作用。因此，信息价值的大小取决于信息的时效性。

二、资源与信息资源

（一）资源的概念

所谓资源指的是一切可被人类开发和利用的物质、能量和信息的总称。资源广泛地存在于自然界和人类社会中，是一种自然存在物或能够给人类带来财富的财富。或者说，资源就是指自然界和人类社会中一种可用以创造物质财富和精神财富的，具有一定量的积累的客观存在形态，如土地资源、矿产资源、森林资源、海洋资源、石油资源、人力资源、信息资源等。

资源一般可分为经济资源与非经济资源两大类。经济学研究的资源是不同于地理资源（非经济资源）的经济资源，具有使用价值，可以为人类开发和利用。

（二）信息资源的概念

信息资源同能源、材料并列为当今世界三大资源。"信息资源广泛存在于自然界、社会各个领域和部门，是各种事物形态、内在规律和其他事物联系等各种条件、关系的反映。"[①] 随着社会的不断发展，信息资源对国家和民族的发展，对人们工作、生活至关重要，成为国民经济和社会发展的重要战略资源。资源的开发和利用是整个信息化体系的核心内容。

关于信息资源的概念，可以从广义的信息资源和狭义的信息资源两个角度来理解。

广义的信息资源认为，信息资源是一个贯穿于人类社会信息活动中从事生产、分配、交换、流通、消费的全过程的多要素集合，包括信息劳动对象（信息或数据）、信息劳动设备（计算机等工具）、信息劳动技术（网络、通信和计算机技术等信息技术手段）、信

---

① 汪涛. 信息时代图书馆文献资源建设理论与实践[M]. 天津：天津科学技术出版社，2014：6.

息劳动者（信息专业人员，如信息生产人员、信息管理人员、信息服务人员、信息传递人员等）。

狭义的信息资源把信息等同于知识、资料和信息，即只是指信息本身的集合，无论信息资源是以声音、图形、图像等形式表达出来的，还是以文献、实物、数据库等载体记录下来的，其信息内容都是一样的，都是要经过加工处理的、对决策者有用的数据。简单地说，狭义的信息资源仅仅指信息内容，指信息本身或信息的集合。

信息资源可分为自然信息资源和社会信息资源。前者广泛存在于自然界中，是事物运动和生物生存活动的结果，人们通过对自然信息资源的利用来认识世界；后者则存在于人类活动之中，是人类社会活动的产物，是人类从事各种活动的基础。两者互相联系，社会信息资源产生于对自然信息资源的开发活动中，可以说社会信息资源是信息资源的主体。

（三）信息资源的特性

信息资源与物质资源和能源资源相比，具有很多特殊性，正是信息资源所具有的这些特殊性，使信息资源表现出其他类型资源所无法拥有的特殊功能。

第一，共享性。物质资源和能源资源的利用表现为占有和消耗，而信息资源的利用不存在竞争关系，各利用者可以同等程度地共享某一份信息资源。

第二，时效性。信息资源比其他任何资源都更具有时效性，一条及时的信息可能价值连城，使濒临倒闭的企业扭亏为盈，成为行业巨头；一条过时的信息则可能分文不值，甚至使企业丧失难得的发展机遇，酿成灾难性的后果。

第三，不可分性。信息资源的不可分性表现在生产和使用两个方面。首先，作为资源的信息在生产中是不可分的，信息生产者为一个用户生产一组信息与为许多用户生产同一组信息比起来，两者所花费的努力几乎没有什么差别。其次，作为一种资源的信息在使用中也具有不可分性，即信息资源不能像多少吨煤或者多少吨水泥那样任意计量。即使有时信息在交换中是可分的，某一组信息的一部分也具有市场价值，但对于特定的具体目标而言，如果整个信息集合都是必需的，是不能任意缺少的，则只有整个信息集合都付诸使用，其使用价值才能得到最直接的发挥。

第四，不同一性。作为一种资源的信息必定是完全不同一的，对于既定的信息资源而言，必定是不同内容的信息的集合，集合中的每一信息都具有独特的性质。

第五，驾驭性。即信息资源具有开发和驾驭其他资源的能力，不论是物质资源还是能源资源，其开发和利用都有赖于信息的支持。一般而言，人类利用信息资源开发和驾驭其他资源的能力受科技发展水平和社会信息化程度的影响。

第六，稀缺性。这是信息资源最基本的经济特性，某一特定的经济活动行为者因其人力、财力以及物力等方面的限制，信息资源的拥有量总是有限的。

第七，动态性。信息资源是一种动态资源，处于一个不断发展的过程中，呈现出不断丰富、增长的趋势。信息资源随着人类社会的实践活动而不断变化，人类的社会活动永不停歇，所以信息也总是在不断产生、积累的过程中。

（四）信息资源存在的方式

人类对于自然界和社会的任何知识，无不来源于实践。科学研究人员、工程技术人员和一切参加社会物质资料生产的人们所从事的科技活动、生产活动及其成果，都是信息发生的源泉。也就是说，只有自然界和人类社会才是信息的真正源泉。信息资源按其存在的物质载体的不同又分为以下四种：

1. 人脑信息资源

记忆在人脑之中的知识信息，通过人们互相之间的交往、交谈、讲座、报告等形式发出信息，使知识得到传播，也称"口头信息源"。其优点是：信息的传递直接、及时，针对性强，并且与信息接收者可以进行双向沟通，实现信息的及时反馈，对接收者来说信息的使用价值较大。但是，直接获取口头信息的机会是有限的，受时间和空间的限制，不利于远距离传播，也不能长久地储存和积累。所以，在获取、传播、利用口头信息源的过程中，人们通常将之转换成文献资源。

2. 实物信息资源

实物信息资源是物化于实物之中，即依附于文物、样品、样机等实物上，通过产品展览、商品陈列、展销和实际考察等方式，以及人们通过对实物进行分析研究，才能认识和吸收其中的知识信息。实物信息往往是直接为生产服务的技术情报，具有真实、直观、易检验、易仿制的特点。同引进技术和设计相比，花钱少且见效快，是值得重视的信息源。但是，实物信息只有经过复杂的分析和研究才能解析出来。

3. 文献信息资源

文献信息资源是用一定的符号，通过一定的方式记录在一定的材料上，如记录在甲骨、简策、纸张、胶片、磁带、磁盘、光盘等上的知识信息，称之为"文献"。而记忆知识信息的人脑和各种实物，一般则不称为文献。文献资源是一种经过加工的信息源，将人类知识信息用文字、图形、声频、视信号等手段记录在一定物质载体上进行交流传播。文献资源便于广泛传播、系统积累、长期保存和直接利用，是获取信息的最基本、最重要的来源。

4. 网络信息资源

网络信息资源（Networked Information Resources）也称"虚拟信息资源"，是以数字化形式记录的，以多媒体形式表达的，是存储在网络计算机磁介质、光介质以及各类通信介质上，并通过计算机网络通信方式进行传递信息内容的集合。简言之，网络信息资源就是通过计算机网络可以利用的各种信息资源的总和。目前，网络信息资源以因特网信息资源为主，同时也包括其他没有链入因特网的信息资源。

随着互联网发展进程的加快，信息资源网络化成为一大潮流，与传统的信息资源相比，网络信息资源在数量、结构、分布和传播范围、载体形态、内涵传递手段等方面都显示出新的特点。这些新的特点赋予了网络信息资源新的内涵。

作为知识经济时代的产物，网络信息资源可从不同的角度划分，网络信息资源类型的划分标准较多。按存取方式划分：可分为 WWW 信息资源、FTP 信息资源、Telnet 信息资源、Usenet/Newgroup 信息资源、Listserv/Mailing 信息资源。按使用形式划分：可分为联机检索信息资源和因特网信息资源。按照网络信息资源的层次划分，可分为指示信息、信息单元、文献、信息集合、网络信息资源系统。按照与非网络信息资源的对应关系划分，可分为联机公共目录、电子书刊、数据库、参考工具书。按照网络信息资源加工的程度划分，可分为一次网络信息资源、二次网络信息资源和三次网络信息资源等。

网络信息资源的共同特点：①难以用载体形态项描述它们的载体形态；②需要通过统一资源标识方式获取。即上述网络资源实指远程存取的数字化信息资源。

第二节　公共图书馆信息资源的特点

根据最新发布的《公共图书馆服务规范》对公共图书馆的定义：公共图书馆是指由各级人民政府投资兴办，或由社会力量捐资兴办的向社会公众开放的图书馆，是具有文献信息资源收集、整理、存储、传播、研究和服务等功能的公益性公共文化与社会教育设施。"公益性是公共图书馆的本质属性，其主要体现为：在公共图书馆开馆时间内，读者可以平等、无偿地使用图书馆的信息资源。"[1]

公共图书馆信息资源是图书馆中收集、整理、加工和开发的文献、数据库等可利用的信息集合。这些信息主要来自各种文献资源，包括图书、期刊、报纸、专利文献、标准文

---

[1] 浦绍鑫. 现代公共图书馆资源建设与服务[M]. 北京：光明日报出版社，2016：2.

献、会议文献、学位论文、报告等。公共图书馆信息资源是图书馆向社会公众提供信息服务的物质基础。

公共图书馆信息资源的特点表现在以下方面：

一、具有以普及为主的综合性信息资源体系

公共图书馆是为全体社会公众所利用的图书馆，它面向整个社会，为每一个进馆阅读的社会成员提供文献信息服务。公共图书馆的公共性特征，要求其拥有综合性的信息资源体系，即公共图书馆信息资源应能满足所服务区域不同阶层、不同类型用户对象的广泛需要。

从用户信息需求的角度，可以将用户大致分为两大类型：一类是专家型（研究型）用户，这类用户的信息需求主要反映在专业研究与检索参考方面；另一类是大众型（学习型）用户，大众型用户主要需要基础学习阅读的资源。任何图书馆都应兼顾这两类用户在信息需求方面的差异。公共图书馆更是不能忽视其用户群体的多样性。一般来说，基层图书馆主要为大众型用户提供服务，但也不能忽视专家型用户的存在。专家型用户不仅存在于高校、科研院所，也存在于大量企事业单位，对某个领域有专深研究需要的一般民众也是图书馆的专家型用户。因此，基层图书馆信息资源体系既要包含研究人员需要的研究性、史料性文献，又要包含普通民众需要的通俗性、普及性读物。但由于大众型用户占多数，科研用户为数较少，基层图书馆信息资源体系在保持综合性的同时应以普及性读物为主。

二、具有较强的地域特色

公共图书馆主要为所在区域的政治、经济、文化发展提供服务，其信息资源具有较强的地域性特征。在信息环境下，任一个体图书馆都难有足够的实力，也没有必要拥有全备的信息资源体系来满足用户的信息需求，公共图书馆结合所服务区域的地域特色建设本馆特色资源，是公共图书馆信息资源共建共享，推动其信息资源建设与服务的必由之路。公共图书馆信息资源的地域性特征主要体现在以下两类资源：

一是与本地区经济、科学、文化发展紧密相关的信息资源。例如，陕西省的秦始皇兵马俑文献，湖北省图书馆的辛亥革命史料，青海省图书馆的高原农业、高原生物、高原医学等文献。

二是地方文献。"地方文献是指涉及本地区政治、经济、历史、文化、科学等方面内

容的文献资料。"① 地方文献记载着从古至今本地区的历史沿革、经济特点、自然环境、风俗人情、文化古迹等情况，它为研究本地区的历史和现状提供第一手材料，对发展本地区的经济、文化、科学事业，特别是发挥本地区的优势，具有独特的使用价值。这里需要特别指出的是，从文献内容角度划分出的地方文献乃是基层公共图书馆信息资源体系的重要组成部分，其出版印刷方式各异，几乎包括了图书馆信息资源的各种表现形式，如广东地方文献数据库。因此，利用地方文献建设特色资源是基层公共图书馆信息资源建设的重要方式。

三、以中文文献为主，其他文种文献为辅

从文种角度来划分，信息资源可分为中文文献和外文文献。中文文献、外文文献所占的比例要视图书馆的服务对象类型而定。高等院校图书馆及科研专业图书馆所服务的研究型用户较多，外文文献是了解国外研究进展，提高我国科研创新能力的重要资源，这两类图书馆除了需要拥有相对完备的中文文献，还必须通过各种途径获取相当数量的外文文献，才能满足科学研究的需要。

公共图书馆的服务对象和服务任务与高校图书馆及专业图书馆有较大不同，它主要面向普通民众提供服务，能够为民众提供丰富的满足其基本学习阅读需要的中文文献显得更为重要。因此，公共图书馆在文献语种结构方面，应以中文文献为主，其他文种文献为辅。

四、纸质资源与数字资源的协调发展

人们对纸质资源及数字资源的阅读倾向如何是近几年社会关注的焦点，这对图书馆信息资源体系与图书馆自身发展都有较大的影响。数字资源因其数量巨大、更新速度快等特点，已成为研究人员的首选资源。而对公共图书馆来说，其信息资源体系是以纸质资源为主，还是以数字资源为主呢？从公共图书馆的服务对象来看，大众型用户主要需要了解、学习各领域科学文化知识的基础信息资源，纸质资源由于其悠久的发展历史，在成熟性、系统性方面胜于数字资源，比较适合用于满足大众型用户的信息需求。同时，数字资源因其跨时空传播的优势，是人们及时了解各领域最新信息的最佳途径。目前，公共图书馆信息资源仍以纸质资源为主。今后，公共图书馆应协调好纸质资源与数字资源的比例，在重视图书、报刊等纸质资源的同时不能忽视用户对数字资源的需求，特别是本地区经济建设

---

① 肖希明. 信息资源建设[M]. 武汉：武汉大学出版社，2008：64.

需要的数字资源，以及符合普通民众需求的娱乐性、科普性、实用性较强的数字资源，如文化共享工程建设的各领域数字资源。

第三节　公共图书馆馆藏发展政策

一、馆藏发展政策的概念

藏书发展是在充分了解读者的需求和分析自身馆藏之后，制定文献收集和管理的规划，从而保证图书馆的藏书能够满足读者的需求。随着各类资源的不断发展，藏书不能概括图书馆的所有资源，因此"Collection Development"这一概念逐渐被译为"馆藏发展"，虽然译名发生了变化，但是其内涵的变化并不大。

而馆藏建设是图书馆根据自身的目标和图书馆读者的需求，对馆藏进行系统规划、建立、发展、组织以及优化的过程。馆藏建设的基本内容主要包括以下几点：①制定本馆的中长期馆藏规划；②根据馆藏规划获取馆藏发展所必需的文献；③加强馆际合作；④馆藏的管理、剔除等工作。

馆藏建设中的内容都是属于馆藏发展的一部分，并且囊括了馆藏发展的大部分内容，但并不是它的全部内容。馆藏发展包含的内容更广，还包括图书馆政策制定、馆藏的评价等内容。

馆藏发展政策是立足于图书馆的馆藏现状和未来发展目标，涉及馆藏目的、对象、经费分配、采访政策、馆藏学科范围、淘汰原则以及文献资源共建共享等图书馆发展各个方面的功能性文件。

二、馆藏发展政策的制定

（一）制定馆藏发展政策的目的与作用

1. 为文献资源建设提供决策依据

在馆藏发展政策出现之前，图书馆在制定计划或者规划的过程中习惯使用定性的分析。而馆藏发展政策本身的制定是基于图书馆的内外部环境，需要对图书馆的情况进行分析和研究，并且会将图书馆所在的地区的经济与人文或者院校的发展前景与方向作为研究对象，所以一份切实可行的馆藏发展政策包含大量的有效信息，且能为图书馆提供近期和远期的发展规划。

同时,馆藏发展政策是包含图书馆活动的各个方面的,比如:文献采购标准、文献资源的共建共享、发展目标、经费分配……,这些都是图书馆决策的重要参考因素。但是馆藏发展政策的制定并不是一劳永逸的,是需要根据内外环境的变化进行不断的调整和修订的,这增加了馆藏发展政策提供决策依据的可靠性。

2. 保证文献资源建设的质量

对于图书馆来说如何进行文献资源的采购,用何种标准一直以来都是困扰图书馆采购人员的难题。如何在文献资源暴增、价格上涨、图书馆经费不足的情况下,选择到图书馆所紧缺的文献资源是非常困难的,所以有一个明确的标准对于图书馆的工作人员来说是非常重要的。

馆藏发展政策就对这些内容进行了详细的规划,从经费的来源、分配,到文献资源的选择比例都制定了明确的标准。在制定这些标准时,会充分考虑图书馆的发展和读者群体的比例,满足区域内不同的群体的信息获取的需求。这些标准也为之后的图书馆采编人员提供了工作指南,因为其对于各种类型的文献提出了比例指标以及层次要求,使得工作人员在进行采购选择的过程中有标准可依,减少了盲目性以及采编人员的主观性,保证了文献建设的客观性,使得馆藏发展目标能够如期完成。

馆藏发展政策在制定的过程中有图书馆各个部门的专家参与,并且经历了大量的数据调查,是具有科学性与权威性的。因此,其在文献资源建设中可以成为评估依据,保证文献资源建设的质量。

3. 促进文献资源共建共享工作

馆藏发展政策在馆际互借等方面的规定和实施,对于区域性的文献资源的共建共享是有很大益处的。图书馆在制定自身的馆藏发展政策时,必然会存在经费不足的情况,即未来图书馆的发展可能会需要这一部分的资源,但是目前的经费不能支撑购买。在这种情况下,能够通过两种方式解决,一是图书馆通过自身努力获得更多的资金或其他方面的支持;二是通过馆际互借系统中广泛的文献资源来解决这个矛盾。对于馆藏发展来说,馆际互借是一个非常重要的内容,能够帮助图书馆在获取更多馆藏和减少经费支出中获得平衡。馆藏发展政策的制定能够加强这种共建共享合作,使得合作的图书馆都能获得更好的发展。除此之外,区域内部的馆藏发展政策能够在很大程度上统筹整个区域内的资源,促进整个区域内的文献的高度共建共享。

(二) 制定馆藏发展政策的基本原则

制定馆藏发展政策是一个复杂的过程,为了提升馆藏发展政策成文的质量,在制定的过程中必须符合以下几个原则：

一是系统性与协调性原则。馆藏发展要服从于图书馆的整体战略发展，既要统筹图书馆各个部分，同时也要着眼于图书馆的整体文献资源的布局。除此之外，图书馆的馆藏发展政策不仅要考虑到本馆的读者和工作人员，还需要充分考虑地方文化发展的需要或是高校发展的需要。

二是相对稳定性原则。图书馆的馆藏发展政策对图书馆的工作是具有指导意义的，一旦馆藏发展政策制定完成之后不能因为图书馆的工作人员的变动而改变，从而保持馆藏发展政策的相对稳定性。除此之外，图书馆的馆藏发展政策变动过于频繁其实给工作人员的工作会带来一定的困难，因为馆藏发展政策是指导性文件，负责指导馆员的日常工作，频繁改动会使得馆员在工作过程中产生混乱之感。

三是前瞻性原则。馆藏发展政策在制定的过程中，不能只考虑当下的情况，应该对馆藏发展的未来会遇到的各种情况进行预测，并且提供策略，为图书馆的未来发展提供决策依据。除此之外，图书馆在进行政策制定的过程中，一定要考虑到在特定的情境下，馆藏发展政策受到某些因素的影响可能会出现操作性下降的情况。这种因素不仅有内部的还有外部的，其中内部的有现有资源的可利用率等；外部信息有出版物的价格变动、馆际互借等技术的发展等。

（三）制定馆藏发展政策的过程

合理科学的馆藏发展政策的制定过程是保证馆藏发展政策的可操作性和适用性的保证。虽然不同的图书馆的馆藏资源、发展目标、读者群体不一，但是其馆藏发展政策的制定过程是比较一致的。

1. 成立编制小组

成立编制小组要有多元化的小组成员，这些小组成员需要在具备自身的专业度的同时也要具有一定的代表性，多样化的成员能保证馆藏发展政策制定的科学性。因为多元化的小组成员能够了解不同的专业的学术热点也能把握不同学科的出版趋势，并且对图书馆的资源有关注。

2. 做好充分的背景调查

馆藏发展政策制定是一个比较复杂的过程，需要做好充分的背景调查工作。

第一步，需要收集信息，明确图书馆定位。不同类型图书馆的定位不同，对其馆藏政策制定的影响也是不同的。对于公共图书馆来说，就要根据用户的类型进行馆藏建设，比如儿童图书馆就需要一些基础型文献，儿童图书馆对于研究型文献的需求量是极小的。

第二步，收集地区的中长期规划相关的信息。对于公共图书馆来说，需要了解当地政府部门对于城市文化发展的规划、经济发展的规划以及文化发展的目标等，这些中长期发展规划能在很大程度上帮助图书馆预判民众未来对于资源的需求。这些对于馆藏发展政策中发展目标，长期发展规划的制定有着很重要的指导意义。

第三步，分析自身馆藏现状。统计图书馆的馆藏情况，包括主馆和分馆以及数字资源的整体情况。同时也需要对图书馆资源的文种、专业、级别层次、时间结构等进行分门别类的统计。对于各种文献占全部馆藏的比例及使用情况、共建共享资源的使用情况进行分析，形成分析报告，对图书馆馆藏结构及数量有一个充分的了解，方便图书馆发展目标以及馆藏发展政策的制定。

3. 提出并评估馆藏发展政策

进行背景调查工作之后，要对收集到的背景信息进行充分分析与研究。然后在相关文件的指导下，由编制小组有针对性地制定本馆的馆藏发展政策。

馆藏发展政策制定与实施是具有一定的时间规范的，一般情况下以两到三年为周期，到期根据馆藏发展政策的具体实践情况对馆藏发展政策的内容进行评估，评估之后，修改馆藏发展政策中不合本馆实际情况的内容，保持馆藏发展政策的合理性与科学性。

三、我国图书馆馆藏发展政策的完善策略

（一）深化理论实践与行业引导作用

1. 深化理论与实践

理论角度：将馆藏发展政策的教育放进本科生课程大纲，从大学生开始对馆藏发展政策的相关领域进行人才培养，将专业人才接触馆藏发展政策的时间提前，以便于对馆藏发展政策有兴趣的青年人走上馆藏发展政策研究的道路。同时也能提升图书情报领域的专家对于馆藏发展政策的重视，加强对于馆藏发展政策的基础理论的研究。

实践角度：图书馆应该进行馆藏发展政策制定。首先需要成立专业性十分强的馆藏发展政策的委员会或者小组，小组需要由多元化的人员组成，并且具有一定的代表性。然后由委员会来广泛征求意见并制定馆藏发展政策的标准，从而规范图书馆进行馆藏发展政策制定。而对于委员会来说指导并帮助图书馆制定馆藏发展政策并对其馆藏发展政策进行评估，才是能推动我国图书馆馆藏发展政策进步的重要实践方式。

2. 加快制定馆藏发展政策的评估标准

目前，我国国内对于馆藏发展政策的制定已经有了比较多的文件来进行指导，但是对

于馆藏发展政策的评估却未见其标准，也有文件将馆藏发展政策或者文献发展政策放进了图书馆评估标准里面。但这些是远远不够的，因为对于图书馆来说，做出一个馆藏发展政策的文本是比较简单的，但是评估一个馆藏发展政策的适合与否是比较复杂的。而且馆藏发展政策对于许多图书馆来说都是初次制定，如果能有一个量化的标准对图书馆的馆藏发展政策进行评估，就能在很大程度上使得馆藏发展政策的制定与修订方向变得比较清晰。

3. 强化行业协会的宣传监督作用

虽然许多文件中都对馆藏发展政策有一定的规定，但是还是有很多图书馆的工作人员并未意识到馆藏发展政策的重要性。所以就需要图书馆学会来进行馆藏发展政策的宣传，邀请专家举办专门的图书馆馆藏发展政策的讲座，普及馆藏发展政策的基本内容，宣传馆藏发展政策的意义、作用及重要性。除了对于馆藏发展政策的宣传以外，也可以监督馆藏发展政策的制定并且对其进行评估，比如将图书馆的馆藏发展政策进行评估并打出分数，将这个分数作为加权值放入图书馆的综合测评之中，从而倒逼图书馆制定科学合理的馆藏发展政策，推动行业内馆藏政策的发展。

（二）积极完善馆藏发展政策的内容

1. 发展馆藏特色资源

对于公共图书馆来说，馆藏特色资源政策可以体现地方特色，促进地方的经济和文化发展。所以公共图书馆在制定本馆的特色馆藏相关规定时就需要根据自身的地理位置以及地方特色来决定，比如甘肃省图书馆立足于自身的地理位置与多民族共存的特色，将自身的馆藏建设调整为西北地区的地方文献的收录，如各种年鉴、地方志剪纸、原始档案，以及少数民族出版物。

如果图书馆在馆藏建设的过程中未能形成自身的馆藏特色，在文献资源的共建共享中只能成为受益者不能成为贡献者，那么就很难维持合作的图书馆之间的利益平衡，不利于本图书馆进行下一步的共建共享工作。所以，图书馆都应该将特色馆藏作为馆藏建设的核心，充分发挥特色馆藏资源的优势。

2. 明确馆藏发展目标

要想明确图书馆的馆藏发展目标，需要从以下两个方面进行：

第一，成立馆藏发展组织进行馆藏发展政策的制定工作。组织的成员应该包括：图书馆的馆长，各部门的负责人和馆藏发展政策的执行人员等，把制定馆藏发展政策作为一项核心的主要的任务，发挥全图书馆的力量进行馆藏发展政策的制定。

第二，争取上级部门的支持。对于高校图书馆来说，馆藏发展政策的制定和实施是需要学校层面的配合的，不论是成立馆藏发展小组还是馆藏发展政策中每一个条文的成型都是需要学校给予很大的人力、数据、财力等支持的。尤其在前期的数据收集阶段，馆藏发展小组需要收集学校的学科建设情况、发展目标以及未来规划等内容，这是需要学校的各个科系给予深度的配合的。对于公共图书馆来说，制定馆藏发展政策，必然需要进行大量的数据调查，调查是需要很大的人力和资金的，公共图书馆的财政资金的来源一般都是财政拨款，所以取得上级部门的支持也是至关重要的。

3. 加强馆藏政策的操作性

增强馆藏发展政策的操作性主要从以下几个方面进行：

（1）提升采访政策的操作性。

许多图书馆的馆藏发展政策对于一些经费分配等的内容采用的都是比较模糊的语言，这样会增大图书馆经费分配的主观性，不利于利用经费帮助图书馆达到馆藏发展目标。对于一个操作性好的馆藏发展政策来说，其经费分配政策应该是既有量化的数据，又能预留一部分资金供突发情况使用，并且需要预留资金来增强政策的可操作性。

除了经费分配政策之外，文献的采选也是很重要的。但是，目前来看采和选在大多数图书馆都是相同的工作人员负责。虽说目前图书馆在选书的过程中参考了不同人群的意见，但是大部分的还是采访人员在做。这样就会形成一定的弊端，就是图书馆的工作人员的专业素质可能不足以支撑图书馆所需要的所有专业书籍的采购，会影响图书馆图书的质量，因此在进行采购时最好能够做到采选分开。

（2）建立模型，量化复本数量。

复本是图书馆进行采访工作必须要考虑的部分，也是图书馆经费分配中必须要考虑的部分。之前，文献资源的价格相对较低，图书馆能够有比较充足的经费采购大量复本来填充图书馆的馆藏。但随着文献资源的不断丰富，纸质文献种类和数量的要求越来越多，纸质文献的价格不断增长，导致图书馆的空间和经费难以支撑大量的复本。因此，在图书馆的馆藏发展政策的制定过程中就需要相对减少一定的复本的数量。但是，其实复本数量的确定并非是一个简单的过程，需要综合考虑文献的使用情况等。因此，在确定副本数量之前需要对本馆文献资源的流通情况以及读者的需求等进行充分的调研，将各种影响复本数量的因素确定，用这些因素构建数学模型，从而达到严格控制复本数量的目的。

（3）剔除工作。

图书馆的馆藏剔除工作是馆藏发展中十分重要的一部分内容。图书馆的馆藏要不断进行更新，而图书馆的空间是有限的，所以一些利用率过低的或者没有价值的文献是需要进行移库和剔除的。一旦进行移库和剔除工作就需要图书馆的馆藏发展政策中有科学明确的标准，但是制定具有操作性标准对于图书馆来说是比较难的。对于大部分图书馆来说，需要考虑多种因素来判定某一馆藏是否需要被剔除：①资源本身的内容是否已经过时或者不准确或者是与事实不符；②纸质文献的外在形态是否已经破损、污损到无法使用；③资源本身的流通率过低，长时间未被借阅，图书馆可以根据自身需要，制定一个周期，若文献在这个周期内从未被借阅过，那就说明此文献以后被使用的概率也是非常低的，可以剔除或者将此文献移入密集书库；④出版时间过长的文献。这几条剔除标准是模糊的，图书馆在制定馆藏发展政策的过程中，需要对图书馆内已有的馆藏利用情况进行调研，分析图书馆的馆藏流通数据，从而将一些剔除指标进行量化，量化出最适合本馆的使用周期、流通使用率等标准。

(4) 公开与定期修订。

馆藏发展政策制定完成之后，并不是一成不变，其需要随着时间、环境、图书馆的变化而变化。馆藏发展政策的更新周期能够从很大程度上体现图书馆对于自身馆藏发展的重视程度。一般来说，修订内容是图书馆根据读者群体、发展目标、外在环境等进行增加或者删除馆藏发展政策中的部分内容，保证馆藏发展的一致性和连续性。图书馆外部政策、所能获得的经费以及每年的发展目标都会发生一定的变化，因此馆藏发展政策也需要根据这些变化来调整政策内容，从而保证馆藏发展政策一直都具有可操作性。一般在馆藏发展政策初次制定的过程中都会对其修订的时间进行规定，也会成立专门的工作小组来负责馆藏发展政策的制定和修订的相关事宜，从而保证馆藏发展政策具有实用性，与时俱进。

馆藏发展政策的修订是必要的，但是不能过于频繁，修订周期一般为两年至三年不等。在这个时间段内修订能保证图书馆的政策已经运行了一段时间并且可以从运行中找到不足，因此可以在下一次政策修订时进行重新修改完善，使得图书馆的馆藏发展政策的制定有一定的灵活性。

目前我国图书馆公开馆藏发展政策寥寥无几。其实馆藏发展政策的公开能够帮助读者了解图书馆的目标和方向，还能监督图书馆的工作，为馆藏发展政策的修订提出意见。

(5) 关注读者的意见。

图书馆的工作是为读者而服务的，要想提升馆藏发展政策的可操作性，除了对本馆内部的关注，也要关注读者的意见和建议。所以，需要在馆藏发展政策中明确规定读者意见的处理方式及途径。

4. 强化文献资源的共建共享

随着数字资源的不断丰富，其在馆藏发展中的重要程度是不断增加的，但是因为经费所限是很难获得所有需要的文献资源的，所以图书馆之间的文献资源共建共享就显得十分重要。虽然从政策制定中，大部分图书馆都对馆藏资源的共建共享做出了明文规定，但是大部分图书馆的规定都十分简单，因此，图书馆需要在制定馆藏发展政策时对图书馆的馆际合作与资源共享做出明文的规定，明确文献资源共享的范围、合作方式、合作馆等内容。文献资源的共建共享能够在很大程度上缓解图书馆的经费问题，并且使得图书馆的文献资源配置更加合理，所以，对于图书馆来说构建良好的馆际互借和文献资源贡献环境是十分有必要的。

第二章 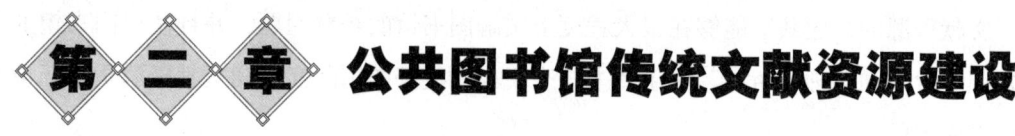公共图书馆传统文献资源建设

第一节 公共图书馆传统文献概述

文献型信息资源是以文献为载体的信息资源。《文献著录总则》中将文献定义为：记录有知识的一切载体。依据文献型信息资源的生产方式、载体材料和知识内容，可将其划分为刻写型文献信息资源、印刷型文献信息资源、古籍、缩微资料和声像资料。

一、刻写型文献

刻写型文献资源是人类文明的重要组成部分，这些资源以其独特的方式记录了人类的历史、文化和社会发展。它们是通过手工刻画和书写手段，将知识信息记录在各种自然物质材料和纸张等载体上，如古代的甲骨文、简册、帛书以及现代的笔记、手稿、书信、会议录等。

古代的刻写型文献资源有着极高的历史和文化价值。甲骨文是商代和西周时期的一种文字形式，因其刻写在龟甲和兽骨上而得名，它是研究中国文字史和古代历史的重要资料。简册是中国古代的书籍形式之一，多用竹或木制成，其书写内容包括经书、历史、文学等，是研究中国古代文化和历史的重要资料。帛书是古代写在丝织品上的书籍，因其柔软轻便、易于携带和保存而得名，它是研究中国古代思想和历史文化的重要资料。

现代的刻写型文献资源则更加丰富多样，包括笔记、手稿、书信、会议录等。这些资源记录了人们的日常生活、思想、文化和社会发展，是研究现代社会和文化的重要资料。其中，著名作家的手稿更是珍贵的文献资源，这些手稿不仅记录了作家的创作过程和思想，还可以反映出作家的个性和风格。

刻写型文献资源的价值不仅在于它们的数量和种类，更在于其中蕴含的历史和文化信息。这些资源记录了人类文明的发展历程，对于研究历史、文化和社会发展具有重要的意

义。同时，刻写型文献资源也是人类文化遗产的重要组成部分，应该得到妥善保存和传承。

二、印刷型文献

自印刷术产生以来，印刷型文献逐渐成为占主导地位的知识信息载体。这种文献是指通过石印、油印、铅印、胶印、复印等多种印刷方式，将知识信息记录在纸质载体上的一种文献形式。它的优点是可直接阅读，使用方便，流传广泛；缺点是相对信息技术发展所产生的文献类型来说，信息存储密度低，占用收藏空间大，容易破损，难以实现高速度传播。结合公共图书馆的资源需求，我们按照资源的出版形式和知识内容，将印刷型文献划分为以下几种类型：

（一）图书

图书有广义和狭义之分。广义的图书泛指各种类型的读物，既包括甲骨文、简册，又包括当代出版的书刊报纸，甚至包括声像资料等新技术产品。本书中的"图书"采用狭义的定义。联合国教科文组织对图书的定义是，凡由出版社（商）出版的不包括封面和封底在内49页以上的印刷品，具有特定的书名和著者号，编有国际标准书号，有定价并取得版权保护的出版物。

图书是迄今为止最主要的文献资源，具有主题突出，知识内容完整、系统和成熟等特点。因此，要想系统地学习各学科的基础知识，全面、深入地研究某些知识领域，图书是不可缺少的信息源。

对图书的分类也有多种划分标准。按照使用目的可将图书划分为两类：一类是供阅读的著作，如专著、译著、教材、通俗读物等；另一类是供查考的工具书，如书目、索引、文摘、百科全书、年鉴、字典、词典等。按照出版方式，可将图书划分为单本书、多卷书、丛书等类型。

（二）连续出版物

连续出版物是一种具有统一名称、固定版式、统一开本、连续编号，汇集多位著者的多篇著述，定期或不定期在无限期内编辑发行的出版物。《国际标准书目著录（连续出版物）》将"杂志、报纸、年刊（年鉴、机构名录等）、各种机构的报告丛刊和会志、会议录丛刊以及单行本的丛书"等归入连续出版物。其中以期刊（杂志）和报纸流行最广、影响最大，同时也是基层公共图书馆重要的信息资源类型。

期刊虽然只有几百年的历史，但是内容广泛，知识新颖，出版周期短，信息含量大，流通范围广，作者与读者人数多，已成为当今传播信息、交流思想最重要的平面媒体之一，更是进行科研工作的必备信息资源。期刊的内容涉及社会的经济、政治、思想、科技、文化、教育、文学艺术以及社会生活等各个领域。按照期刊的内容性质和使用对象，我们可将其划分为学术性期刊、文学艺术期刊、通俗性期刊、检索性期刊、资料性期刊、报道性期刊等类型。

报纸是以刊载新闻和时事评论为主的定期向公众发行的印刷出版物，是出版周期最短的连续出版物。报纸具有宣传、报道、评论、教育、参考、咨询等社会职能。按照出版周期，可将报纸划分为日报（包括早报、晚报）、双日报、三日报、周报、旬报等不同类型。按照内容范围，可将其划分为综合性报纸、专业性报纸，或者全国性报纸、地方性报纸等类型。

（三）特种文献

特种文献资料是指出版形式比较特殊的科技文献资料。它介于图书和期刊之间，似书非书，似刊非刊，其内容广泛新颖，类型复杂多样，涉及科学技术、生产生活的各个领域，出版发行无统一规律，但具有重要的科技价值。公共图书馆所收藏的特种文献资料主要有科技报告、专利文献、标准文献、会议文献、政府出版物、产品资料等。

科技报告是指科技工作者围绕某一课题从事研究之后，对所取得成果的总结报告或在试验和研究过程中所作的记录报告。它的内容范围主要是尖端学科的重大课题，代表一个国家有关专业的科研水平，论述专深具体，资料准确可靠，常附有大量珍贵的数据、图表、原始记录等资料，是非常重要的情报来源。科技报告按报告所反映的研究进展程度可分为初步报告、进展报告、中间报告和终结报告；按流通范围可分为绝密报告、机密报告、秘密报告、非密报告、解密报告和非密限制发行报告等。

专利文献是指发明人或专利权人向专利局提供申请保护某项发明时所呈交的技术说明书，经专利局审查、公开出版后所形成的文献。专利文献的特点是内容广泛，叙述详尽具体，实用性强，是学习和引进先进技术，解决某个技术难题时常参考和借鉴的文献信息。专利说明书既是技术文件又是法律文件，公共图书馆应重视收藏专利文献，为我国科技创新提供支持。

标准文献是指经公认的权威机构（一般为各国国家标准局）批准的一整套在特定范围内必须执行的规格、规则、技术要求等规范性文献，简称标准。标准文献信息量大，例如从产品标准中，可以获知该产品的分类、品种、规格、性能、质量等级、原材料的相关信息、制作工艺、试验方法等内容。各种标准一旦形成并经审批公布，便成为法规性的技术文件，具有一定的法律约束力。

按审批机构和标准的应用范围，标准文献可分为四种类型：国际标准（或区域标准）、国家标准、部标准和企业标准。

会议文献是指在国际国内各种会议上宣读和交流的论文、报告和其他有关资料。会议文献大部分反映的是本学科或行业领域内的新成果、新理论、新方法，具有专业性强、可靠性高、内容新、出版发行快的特点。会议文献基本上是利用会议作为首次公布研究成果的场合，其后才陆续在期刊上发表，有的甚至不再在其他刊物上发表。随着各行业领域会议的大量召开，会议文献已成为人们了解新动向、新发现的重要信息源。

政府出版物是由政府机构出版或由政府机构编辑并授权指定出版商出版的文献。从文献内容性质来看，政府出版物包括行政性文件和科技文献两大类。前者包括法律、法规、规章、政府报告、议案、决议、司法资料等。后者包括研究报告、科技政策、公开后的科技档案、经济规划、气象资料等。

产品资料是定型产品的结构、原理、操作方法、维修方法的详细介绍资料。它包括产品样本、产品说明书、产品目录等。产品资料记载的数据比较可靠，对产品设计和引进具有重要参考价值。

（四）内部资料

内部资料是指个人或组织生产的非正式出版、非公开发行的出版物，是基层公共图书馆信息资源的重要组成部分。这类文献一般专业性强，情报价值高，能反映某一领域的最新动向。在出版形式方面，除有一部分出版稳定外，多数内部资料出版周期不固定，且印刷简单，数量有限。此外，内部资料还具有流通面窄的特点，一般只在本单位、本系统或本行业内部交流。

（五）其他零散资料

其他零散资料主要指舆图、图片和乐谱等零散资料。舆图包括地图、地形图、地质图、行政区划图、各种教学挂图等。图片包括各种新闻照片、美术作品等。乐谱指单张活页式音乐曲谱艺术作品。

三、古籍

所谓古籍，主要指书写或印刷于1911年以前，具有中国古典装帧形式的书籍。图书馆中收藏的古籍都会被作为珍品特藏的镇馆之宝。

  古籍基本上可以分为两大部分：一部分是古籍特藏，即1911年以前抄写或印刷的文献，这一部分是特藏的主体。除了抄本外，古籍的印刷形式主要有三种：雕版印刷、活字印刷和套版印刷。常见版式包括：卷轴装、经折装、包背装、蝴蝶装和线装等。另一部分则是古籍的复制本，包括铅印、影印和石印等多种类型。

  古籍特藏文献的主要收集方式为国家调拨、无偿捐赠、购买和交换，其中购买分为私人出售、书店选购和拍卖会竞买三种形式。近年来古籍的收集以捐赠和购买较为常见。

  古籍特藏是图书馆各类文献中最为珍贵和重要的文献，收藏有古籍的图书馆必须具备良好的保存条件和严格的保护措施。古籍保护一般分为原本保护和再生保护两个方面：前者主要是对古籍原本进行妥善保存和修复；后者是对古籍进行影印或整理，对古籍的形式和内容进行转移保存和再揭示，通过开展出版、缩微和数字化等工作，使古籍化身千百，永久传承。

四、缩微资料与声像资料

（一）缩微资料

  缩微资料是以感光材料为载体，用缩微照相技术制成的文献复制品。缩微资料具有体积小、信息存储量大、复制性能好、成本低廉等优点，但其阅读必须借助阅读放大机才能进行。缩微资料按其外形可分为缩微胶片、缩微胶卷、缩微卡片，按透光性可分为透明体和不透明体。

（二）声像资料

  声像资料又称视听资料、声像文献。它是以电磁材料为载体，以电磁波为信息符号，将声音、文字及图像记录下来的一种动态型文献。它的特点是动静交替、声情并茂、形象逼真。

  视听资料按人的感官接受方式可分为三种类型：①视觉资料，包括照相底片、摄影胶卷、幻灯片、无声录像带、无声影片、传真照片等。②听觉资料，包括唱片、录音带等各种发声记录资料。③音像资料，能同时显像发声的记录资料，如有声影片、电视片、配音录像带等。

五、图书馆特色资源

(一) 特色资源的界定

按照《现代汉语词典》的解释,特色就是事物所表现出的独特的色彩、风格等。

在《辞海》里面,"特"被解释为"独""杰出的"等,"色"被解释为"颜色""景象"等,进而人们可以将"特色"理解为独特的、优秀的色彩和风格。

有学者将"特色"定义为"特色者,个性也"和"稳定的个性风貌";也有人认为,所谓"特色",就是高水平,就是"非我莫属""舍我其谁"①。

尽管人们对"特色"的各种解释不尽相同,但从一般意义上,可以这样把握,"特色"是事物所表现出来的独特的、优秀的个性风貌,也就是指一定范围内该事物与众不同的独特风格,它是由事物赖以产生和发展的特定的具体的环境因素所决定的,是其所属事物独有的。同时,需要注意的是,特色不是永恒不变的,而是一个不断发展,富有动态变化内容的与时俱进的概念。现在的特色以后也许就不再成为特色。

特色资源也就是"有特色的资源",是图书馆资源这一整体之中有特色的那一部分。因此,特色资源是图书馆资源的有机组成部分。

(二) 图书馆特色资源的特征

图书馆特色资源的特征通常体现在以下几个方面:

第一,"人无我有",即独特性或特殊性,这是特色资源的本质表现,也是图书馆特色资源最根本的意义所在,它是图书馆特色资源存在的生命力和内在动力。

第二,"人有我优",即杰出性或优质性,这就要求将图书馆特色资源不断进行优化,在质量上有突出表现。

第三,"人优我新",即开拓性或创新性,这意味着图书馆特色资源不是永恒不变的,而是发展变化的,需要不断进行创新,获得可持续性发展。

第四,"人缺我全",即系统性或完整性,这就要求图书馆特色资源在具备并且保障质的前提下,争取量的广度,建立较为完善的系统资源。

---

① 蔡莉静,鄂丽君. 现代图书馆特色资源建设[M]. 北京:海洋出版社,2012:3.

（三）图书馆特色资源产生的背景

1. 图书馆读者的需求

随着我国高等教育的发展和民众文化素质的提高，不论高校图书馆还是公共图书馆大众化的馆藏资源的有限性越来越明显，越来越不能满足广大高校师生和普通民众的科研及学习需要。在这种情况下，人们需要图书馆进行新的布局和新的资源配置。

人类历史发展经验显示，推动某一事物向前发展的真正动力，莫过于社会对该事物的强烈需求。图书馆特色资源，正是应对社会的需求而产生的。

对效率和效能的追求是图书馆特色资源产生的推动力。旧的图书馆资源格局在效率至上的现代社会显得落后、低效，用户对资源的利用率低，查找成本高，已经不适应社会的发展。对效率的本能追求推动图书馆打破僵局，锐意改革，提高效能。同时，由于各种文献价格大幅上涨及其他等诸多因素，经费紧缺的图书馆越来越陷入窘境。为更好地满足读者的文献要求，部分图书馆采取保品种减复本、保期刊减图书或保中文减外文等文献购置的权宜措施。这些方法实践起来往往力不从心，也没有收到满意的效果。如果加强图书馆特色资源建设，图书馆就可以集中经费购置特色文献，减少非特色文献的经费开支，从而使有限的经费发挥出更大的效益，缓解经费紧缺的矛盾。这一现实也迫使图书馆从根本上寻求解决问题的方法。

2. 图书馆有限资源的不均衡性和稀缺性

不论何种资源，在分布上都不是均衡和平均的。彼与此质的差异和量的多寡导致特色的形成，需求则催化了稀缺性的彰显，结果往往造成争夺，而争夺的结果又会导致稀缺性的加剧。图书馆掌控的资源量是有限的，当图书馆某些资源的稀缺性日益明显，特色便瞩目起来。从这个意义上讲，图书馆特色资源的产生可以归结为图书馆有限资源的不均衡性和稀缺性。

3. 社会生产力发展带来的影响

人类文明发展的过程也是知识的增长和积累的过程。随着知识爆炸时代的到来，信息量激增，单个图书馆的有限馆藏信息资源，已经远远不能满足人们对信息的需求；同时，不论是纸质文献还是电子文献在数量上都浩如烟海，加上馆藏成本上涨和图书馆经费的有限，任何一个图书馆都不可能，也没有必要对所有文献进行全面收藏。单纯追求馆藏体系的完备，以期自给自足地满足读者的需求是根本不现实的，也是不可能的。图书馆的馆藏不可能再按照"大而全"，"小而全"的老路走下去。为了充分满足广大用户对特色资源的需求，为了提高自己的生存竞争力，图书馆必须加强特色资源建设。唯有如此，图书馆才能在激荡不停的社会变革中拥有稳固的立足点，才能吸引读者的目光，受到读者的青睐，焕发勃勃生机。

在新的社会环境下，图书馆的价值不再单纯以其拥有的馆藏规模和广度来衡量，而是以它为读者提供所需信息的能力来衡量。图书馆要想在新的信息环境中求得生存和发展，并彰显自己的优势和价值，唯一的出路就是建设好特色资源，并充分利用其特色资源为学校教学科研和地区经济建设服务。

4. 哲学思考带来的思想转向

按照文化哲学的观点，多元化、平面化已成为时代发展的特点，国际化、全球化、知识经济和跨文化化是 21 世纪塑造当今世界的四种相互作用的力量。这四种力量投射到图书馆资源的发展上面，就是多元化及协作共享。在这种思想指引下，图书馆改变死板单一的模式，对馆藏、服务等多方面进行全面反思，发掘特色资源、建设特色资源，既改变了格局的单调守旧，又加强了与外界的联系。把图书馆资源看作平面，特色资源就是突出的一个又一个点；不同的图书馆建设自己独特的特色资源，图书馆资源逐渐变得多元化。以特色资源为基础和内容加强共享，也是促进图书馆跨领域协作的过程。

（四）图书馆特色资源的主要类型

1. 信息特色资源

随着科学技术的发展，信息化代表着现代图书馆的发展方向，信息资源在图书馆资源中占有越来越重要的地位。图书馆特色资源也日渐信息化，以崭新的面貌呈现在读者面前。信息特色资源既包括实体资源，也包括非实体资源，是图书馆特色资源建设的主体。当前通常意义上讨论的图书馆特色资源建设，也以信息特色资源为主体。

2. 服务特色资源

服务特色资源是一种图书馆非实物资源，它无处不在，在细节上体现着图书馆的风格和特色。各个图书馆推行特色服务是现代图书馆特色化趋势的重要表现。服务特色资源体现了一个图书馆在服务方面的特色，是图书馆特色资源的有机组成部分。

3. 环境特色资源

环境特色资源主要指图书馆建筑本身的特色。图书馆伴随人类文明的发展一路走来，世界各地已建立起不计其数的图书馆，许多图书馆已经成为一个区域或一所学校标志性的建筑，成为人类建筑遗产和建筑文化的组成部分。如牛津博德利图书馆的哥特风、"四本书"造型的法国国家图书馆等，许多图书馆独特的建筑特色给人们留下深刻的印象。这些特色带有城市和国家的历史印记，并与图书馆特色相得益彰。图书馆建筑本身，包括其内部结构，也是图书馆资源的有机组成，无所不在地体现着图书馆独有的特点，因此人们不能忽略图书馆建筑特色在图书馆特色资源中的地位，它无疑也是图书馆特色资源的一部分。

图书馆特色资源便是一个图书馆所收藏的文献信息资料具有自己独特的风格。这种独特主要有两层含义：一是指一个图书馆拥有独具特色的部分馆藏；二是指一个图书馆总的馆藏体系具有与众不同的特点。在实践中，当前已经建设的图书馆特色资源通常符合第一层含义。

六、地方特色馆藏文献

（一）地方文献

1. 地方文献的概念理解

地方文献是反映特定区域内自然环境与社会环境沿革、发展和现状的历史资料和现实资料的总和。它是记载一定区域内自然、社会和人群存在、发展变化及影响的特定文献，具有很强的使用价值和保存价值，并具有"一地之百科"的丰富内涵和"原汁原味"不可替代的独有特色；同时还具有"资政、励志、存史"的重要价值。地方文献是图书馆特色馆藏建设的一个重点和亮点。

对于地方文献的范围，存在两种不同的理解：一种是广义的理解，即将地方文献理解为与本地区相关的一切资料，包括史料、人物、出版三个部分；另一种是狭义的理解，"专指内容上具有地方特点的出版物，而地方人士著作和地方出版物，在内容上无地方特色的，则不作为地方文献处理"[①]。大多数图书馆在从事地方文献的收集与保存时都采用狭义的理解。

地方文献的类型，过去主要以纸质文献为主，载体包括书、报、刊，除此之外，对于"片纸只字"，只要有文献价值的都应该列入收藏的范围，如照片、地图、邮票、钞票、火花（火柴盒贴）、传单、广告、海报等。尽管其数量不多，但作为正规文献的补充，起到很好的作用。由于历史的积淀，这其中相当部分不只具有文献价值，同时具有文物价值。随着网络的普及和地方性网页内容的不断丰富，数字化地方文献也越来越受到图书馆的重视。

2. 地方文献的收集

地方文献的收集，是地方文献开发利用的基础和前提。随着信息技术的广泛运用，地

---

① 金沛霖. 图书馆地方文献工作[M]. 北京：北京图书馆出版社，2000：6.

方文献的内容、数量、形式、载体都发生了很大的变化，各种新型载体文献大量出现。图书馆应通过多种途径收集各类地方文献，丰富地方文献馆藏。

（1）建立呈缴样本制度，利用政府行为保证地方文献采集的完整性和系统性。这种呈缴样本制度，不应局限于地方出版社的出版物，也应包括各级政府和企事业单位、科研学术部门编撰的图书、期刊、报纸、资料等（对有密级的资料，应进行技术性处理，确保机密）。

（2）构建地方文献采集协作网络。征集地方文献的工作量大、涉及面广、出版单位多，特别是地方文献中很大一部分是非正式出版物，印刷数量少，多数为一次性刊印版，基本上是在本地区或本行业范围内散发，发行途径不畅，获取的难度大。因此，公共图书馆可以通过新闻出版管理部门了解内部图书、期刊、报纸的出版情况，主动与本地区内的地方史志办、党史办、科委、政协文史委、学术团体、研究机构、教育行政部门、大中专学校、大中型企业等单位和部门加强协作，密切联系，建立长期、固定的联系合作网络，构建地方文献采集网络。同时，建立地方文献信息专家联络系统，将地方名流、专业作家以及相关企事业单位组织在一起，疏通信息采集通道，构建和完善信息采集系统，迅速、全面地采集地方文献资源。

（3）加强馆际协作，促进地方文献的交流。各图书馆要与本地区其他图书馆建立协作关系，双方互通信息，主动索取或赠送，以共同充实馆藏。另外，还要与档案馆、博物馆、文化馆等单位积极沟通合作，通过协商进行大体分工，同时编制馆际联合目录，谋求较大范围内的地方文献资源共享。

（4）扩大宣传渠道，营造地方文献征集社会氛围。图书馆可通过报纸、广播、电视等媒体或利用馆内广告牌、网站等途径，发布征集各类地方文献的消息，号召社会各界及广大读者积极参与向图书馆捐赠地方文献的活动，使社会各界广泛了解地方文献工作的重要性和意义，扩大影响，营造广泛关注地方文献征集的社会氛围，形成人人重视征集工作的规模效应，吸引更多的人捐赠和利用。

（5）举办展览征集地方文献，丰富馆藏。图书馆可以举办各类丰富多彩的地方特色展览，如地方文献征集成果展览，地方名人书画创作展，地方非物质文化遗产展，地方风貌、建设成果、历史文物遗产展，城市新貌摄影展，个人著作及手稿展，专题图片资料展，遗迹展，或举办各种比赛活动及纪念历史事件和历史人物展览等，以展览检阅征集工作的成果，同时又动员和鼓励更多的各界人士向图书馆捐赠图书，扩大图书馆收藏工作的影响，促进征集工作的深入开展。

（6）广开渠道，保障经费。在文献采购经费使用上，图书馆在保障综合性文献资源收藏的基础上，应凸显对馆藏特色文献资源的收藏；积极利用地方文献开展服务活动，创造社会效益和经济效益，用部分所得支持馆藏建设；拓展国内外交流渠道，多方联系国内外的团体和个人，争取捐赠或援助。

在收集原则上，要确保重点，涉及一般。建立具有特色的地方文献资料库，其重点应放在与地方经济、政治、历史、文献有关的学科上。

3. 地方文献保存、整理和开发

凡是本馆已入藏的地方文献应设立专藏，基层图书馆可设专柜、专架，有条件的图书馆可以设立专室，以收藏和展示。

收集来的地方文献，必须进行分类编目的整理工作，编制地方文献目录，才便于读者查阅和研究参考。可按文献的内容、性质、形式编成不同用途的目录，如按地方文献著述形式可分为地方志书目、家谱书目、地图书目、论著书目、年谱书目、资料汇编目录；按地方文献出版形式可分为图书目录、报刊目录、图片目录等；按地方文献内容可分为地方文献综合目录、地方文献专题目录；按地方文献揭示程度可分为地方文献简目、地方文献考录。

要组织力量积极整理地方文献，确立有价值的主题进行二次文献开发，便于读者利用，通过社会的广泛利用来以用代征，以用促征。同时，要培养一支收集、整理、加工、研究、开发地方文献资源的专业技术队伍。地方文献的研究、收集、加工和开发，需要一支高素质的专业队伍。由专人负责地方文献的收集工作，此外，工作人员要有一定的研究开发能力，有敏锐的信息意识和地方文献捕捉能力，具有较强的综合分析能力和文献鉴别能力，能够维系公共关系，拓展用户群体，并能掌握基本的计算机信息处理技术。

随着信息网络时代的发展，馆藏地方文献数字化工作成为地方文献工作的必然发展趋势。通过数字化将传统媒体的地方文献转换成数字文献，并通过网络提供给读者使用，不仅可以借助其检索快捷，使用方便，不受时间、空间局限的优势，充分满足广大读者的需求，最大限度地发挥地方文献的使用价值，真正实现地方文献资源的共建共享，而且对有效地保护珍贵的地方文献资源，减少文献的破损、遗失等现象也有积极的意义。

（二）非物质文化遗产

信息资源除文献信息外，还有载体信息，它是以人类大脑为载体并借助口耳相传的信息知识。按照其表达方式，可分为口语信息和体语信息。口语信息是人类以口头语言表述出来，但未被记录下来的信息资源，如谈话、讲演等；体语信息是以人的体态表述出来的信息资源，如舞蹈、手势等。载体信息多属于经验性，未被组织和符号化的知识信息。

传统上，"图书馆只偏重保存记录人类知识的文字产品，而对于非文字的文化传统、田野中的活态知识等非物质文化遗产没有给予重视"①。作为传播信息和发展文化的主要社会机构，图书馆应该积极关注和参与本地区非物质文化遗产的保护与传播，并将其明确纳入到自己的职能范围之内。

1. "非物质文化遗产"的定义

根据联合国教科文组织2003年10月17日通过的《保护非物质文化遗产公约》中的定义，"非物质文化遗产"指被各群体、团体，有时为个人视为其文化遗产的各种实践、表演、表现形式、知识体系和技能及其有关的工具、实物、工艺品和文化场所。包括：口头传统和表现形式，即作为非物质文化遗产媒介的语言；表演艺术；社会实践、仪式、节庆活动；有关自然界和宇宙的知识和实践；传统手工艺。

2. 保护非物质文化遗产是现代公共图书馆的重要职能

非物质文化遗产作为一种社会记忆，是知识的一种类型，是人类知识文化的一个重要组成部分。随着图书馆功能的分化与增加，在现代科学技术的支持下，在创新理念的实践中，图书馆将通过对这些活态文化的采集、保存、整理、交流、传播，扩大自身功能的空间。就现代图书馆而言，参与非物质文化遗产保护、抢救各种非文献化知识信息必须与图书馆传统的文献知识融合在一起，将保存知识记忆、进行文化传播、开展社会教育、开发智力、文化娱乐等有机融合，相互补充。图书馆对非物质文化遗产文献信息化的汇集保存，将使非物质文化遗产知识与传统的文献知识互为补充，相得益彰。

3. 开展非物质文化遗产相关文献资料的收集

非物质文化遗产的相关资料具有零散性、多样性等特点，图书馆可采取多种方式加以收集和保存。

(1) 横向收集。走访相关文化部门、民间团体及个人，征集有关非物质文化遗产项目的图片、文字、音频和视频资料。

(2) 纵向共享。图书馆系统内开展馆际互借和馆际协作，实现各馆资源共享。

(3) 自采自建。利用现代技术手段，深入民间进行调查采访，对文化遗产进行图、文、声、像相结合的立体式记录，以笔录、摄影、录音、录像等手段真实记录现场，并将其转化为数字化文档进行永久保存。

（三）学科专业特色馆藏

学科专业特色是指图书馆馆藏中某类学科或某些专业文献比较系统完整，能基本满足该学科或专业研究的需要。

---

① 郑寒春. 浅谈公共图书馆与非物质文化遗产保护工作[J]. 科技信息，2009（35）：809.

建立学科专业特色馆藏，图书馆应根据当地的产业特点、信息来源的多少、服务对象的需求以及经费状况等条件，确定专业主题，调整文献结构，使重点学科和优势专业的文献资源形成一定规模，并具有系统性、独特性，形成有特色的文献资源体系。

例如，广东省佛山市禅城区联合图书馆成立了多个专业特色分馆，上海市曲阳图书馆创办了"上海影视文献图书馆"，北京市崇文区图书馆创办成立了"北京包装资料馆"，湖北孝感大悟县图书馆建立了法律分馆，河北正定县图书馆建立了农业分馆，四川成都武侯区图书馆建立了法律分馆等，它们通过系统收藏独具特色的专业文献资源，建设了各具特色的馆藏。

（四）非文献特色馆藏

在新信息环境下，随着图书馆服务和收藏功能的拓展，图书馆的收藏范围在不断地扩展，特色馆藏的内涵和外延也在逐步发生变化，很多图书馆不仅仅收藏一次文献、二次文献、三次文献，而且开始注重对实物的收藏，突破了只收集文献的这一基本准则的局限，突出地方特色，彰显特色服务，在图书馆界产生了一定的影响。例如，有些图书馆为了配合地方历史研究，收集玉石、古钱币甚至当地的碑帖、牌匾、书画作品等，且形成了一定的规模，对研究当地的历史沿革、地方志等起到一定的积极作用，产生了较大的影响，在图书馆界也产生了不同的反响。虽然对此举的说法不一，但代表了近段时期我国一些图书馆在特色馆藏建设过程中捕捉到的闪光点，并有不断扩大、竞相模仿的趋势。

实物资源与文字资源的有机整合是多方位建设特色馆藏资源体系，丰富地方人、事、物的立体形象和生命力的重要内容和方式。许多地方历史悠久，物产丰富，人文荟萃，留下的实物资源不少，如古建筑、石刻、匾额、历史照片等特种资料。在对实物资源的采集中，应引起我们充分注意的还包括因城镇建设即将被改变的有明显地方特色的具有历史文化价值的建筑群落和生活群落的照片、录影等。

第二节　公共图书馆文献采访工作

一、文献采访的基本概念

（一）概念名词的变化

图书馆自建立以来，就随之产生了文献采访工作，对这一工作的概念的定义，随着时代的变化而变化。在图书馆学术语中有许多同义词，如：图书采购、图书采访、藏书补充、藏书采访，近年来又称之为藏书选择、文献选择、文献选择与采集、文献收集等。但无论什么样的提法，其图书馆这项工作的实质内容都是变化不大的。

古代藏书楼时期，就出现了对图书的选购活动。那时的图书馆或藏书楼都是以保存图书为主，对书籍的选择主要是选择书籍的版本和书籍自身的文化价值，不考虑其他方面的因素。那时对书籍的选择的方式多以"访""求"为主，"即类以求，旁类以求，因地以求，因家以求，因人以求，因代以求，求之公，求之私"，就是古代的求书八法。现代图书采访中的"访"与古代的"访求"有很深的渊源。

近代时期，图书馆向社会开放，图书馆的功能增加了，服务活动增多了，图书馆怎样满足读者不断增长的对书刊的需要的问题产生了，随之产生了选书理论，提出了选择书刊的概念——藏书补充（也称藏书采访）。

20世纪80年代以来，我国图书情报界专家提出了"文献资源建设"这一概念，并以此为核心，建立了一系列新的理论。藏书补充和藏书采访中"藏书"的概念也逐渐被"文献"所取代，其原因是藏书一词的概念已经不能科学地反映现代社会出版物的本质，而文献一词能很好地涵盖现代各种出版物的形式特征。

近年来，随着信息技术和网络的迅速发展，各种形式的电子化和数字化的信息大量的涌入图书馆，文献一词面对潮水般网络资源也有些无可奈何了，已经有许多学者、研究者提出来用信息资源一词来代替文献资源一词。如果信息资源涵盖了文献资源，那么文献补充、文献采访、文献选择与采集、文献收集是否也将被信息一词代替呢？目前还没有定论，还在研讨中。

（二）文献采访的含义理解

用"文献采访"这一概念来反映图书馆文献采访工作这一现象，必须面对三个问题：一是"文献采访"一词能否统括现行的各种说法；二是"文献采访"一词是否与图书馆其他专业术语相抵触；三是"文献采访"一词的准确定义是什么。

从现行的关于文献采访这一现象的各种说法，如藏书补充、选书与采访、图书馆采访、文献收集、文献采访等比较来看，"文献采访"一词能够涵盖其他说法。首先，图书馆采访工作的对象已不是单一的图书，而是各种文献，图书是文献中的一种。其次，根据汉语词典采用的"采访"一词可以包含文献的选择、收集等意义。又次，在图书馆的行政组织中，文献采访工作就是由采访部或采访编目部负责实施的。"文献采访"一词与行政管理部门相一致，在图书馆工作中已成常用名词。总之，由"文献采访"一词来表述文献采访现象，在当前的各种说法中是优化的，也是合情合理的。文献采访在图书馆学的专业术语中，相并列的有文献分类、文献编目、文献流通……文献采访具有明确的专指性，与其他术语不相冲突，没有矛盾，在使用时也不会产生歧义。

关于文献采访一词的定义，由于对文献采访这一现象的表述不同，至今未见一个完整、明确的定义。相对完整的诠释为黄宗忠主编的《文献采访学》（2001）中提出的："文献采访是根据图书馆的性质、任务和读者需求、经费状况，通过觅求、选择、采集等方式建立馆藏，并连续不断地补充新出版物的过程。"仔细考察这段定义，似有一些可商榷之处：①"文献采访是根据图书馆的性质、任务和读者需求、经费状况……"这里，"性质""任务""需求""状况"指的是图书馆对文献采访工作的要求；②"通过觅求、选择、采集等方式……"中"觅求""选择""采集"三个词的词意有相互覆盖之处；③"……连续不断地……过程"，表示的是文献采访工作的特点之一。

要用文献采访一词来表述文献采访现象，文献采访一词的定义就必须简洁、完整、准确地概括和揭示文献采访现象。那么，文献采访这一现象的关键点何在呢？

《图书馆采访学》（1979年）在采访模式设计中提出，采访应该回答："如何采访，何时采访，何地采访，何人采访。"《文献采访学》（2001年）认为，文献采访应包含四个要素，即："为谁采访、采访什么、何处采访、怎样采访。"笔者认为，要实现文献采访这一行为，四个条件必不可少。它们是：行为主体、行为目的、行为对象、行为方式。也就是说，文献采访应该回答：谁在采访，为何采访，采访什么，怎样采访。

根据上述四个条件，我们可以将"文献采访"定义为：图书馆（文献情报机构）为建立馆藏而进行的有关文献的选择、获取等工作。这一定义回答了"文献采访"的四个问题。

第一，谁在采访——图书馆采访。这一规定指明文献采访工作是图书馆的一项工作，文献采访是图书馆的专业名词。

第二，为何采访——为建立馆藏。这一规定揭示了文献采访工作的目的。这里强调一个"为"字，是要将采访与馆藏有所区别。文献采访为建立馆藏提供必要条件，但两者并非完全等同。建立馆藏还需对采访的文献进行加工、组织等。另外，图书馆馆藏是一个动态的机体，文献在馆藏中不断地积累、完善和更新。

第三，采访什么——采访文献。这一规定指明了文献采访工作的对象是文献。用文献而非出版物来表示采访的对象，一是和文献采访一词相吻合；二是更能反映文献采访工作的实际情况；三是更易被专业外人士所理解。

第四，怎样采访——选择、获取等。这里用"获取"与"选择"进行搭配，而不用

"收集"与"选择"搭配，是考虑到"收集"含有"选择"之意。在采访工作实践中，一般都是先选择，后获取。选择是对图书馆需要的文献进行决策或判断，获取是利用各种方法使选择的成果得以实现。

二、文献采访工作的一般程序

文献采访工作不是即时完成的，而是一个过程。一次采访结束，接着又进行下一次采访。由于各馆的规模和采访工作量的不同，采访文献的种类不同，文献的获取方式不同，各馆对文献采访工作的管理要求差异等，文献采访工作的流程在各馆不尽相同。然而，除去各馆的差异、忽略采访方式的区别，可以概括出文献采访工作的大致程序。这一程序有五个环节，即文献信息收集、文献信息确认、文献选择、文献获取、成果移送与评价。

（一）文献信息收集

文献信息指文献的出版发行信息和图书馆对文献的需求信息。出版发行信息是采访工作的工具，包括各种书目订单、书展消息、书评、新书预告等。文献需求信息是采访工作的根据，包括读者推介订单，图书馆采访的方针、政策，流通、阅览部门反馈的读者需求信息，馆藏评价结果等。对文献信息的收集，要求全面、准确、及时，以便为后续工作奠定良好的基础。

（二）文献信息确认

信息确认指对收集到的文献信息进行整理、筛选、确认，以区分当用信息、备用信息、不用信息。当用信息指当前要处理的信息，如读者的价购单、因时间要求处理的订单、书展邀请函等。对读者价购单要进行查重，分析，确定是否订购；对有时间要求的订单要整理有序，保证留有充分的处理时间；对书展邀请函要及时处理，必要时送相关部门批准。备用信息，指当前不需处理、可做以后使用的信息。这类信息要及时分类、归档、储存，以备用时参考。不用信息指与本馆文献采访目的无关的文献信息。这类信息无须保留。

（三）文献选择

文献选择是文献采访的重要环节，也是采访过程的重要决策。这种选择或决策主要包括三方面的内容：①图书馆文献采访政策，如采访的方针、计划、文献的选择标准等；②具体文献的选择，如采访文献品种、数量的确定等；③文献获取方式的选择。文献选择是建立在大量调查研究、权衡利弊、综合平衡、不断优化基础之上的。它要求采访人员在选择或决策时，有充分的依据，还要有慎重的态度、负责的精神；要避免任何盲目、偏见、草率、不负责任的思想和行为。

（四）文献获取

文献获取指通过一定的方法获得所选择的文献，使文献采访的前期工作成果化的过程。这一环节在文献采访的整个工作中具有占用时间多、内外勤工作量大的特点。包括订单的制作、报送，资金的支付与结算，到馆文献的验收，缺到文献的催询，预订结果的追踪等。这一环节要求采访人员工作及时、细心、有序，确保选择的文献按时按量到馆。

（五）成果移送与评价

成果移送指将采访来的文献经过相关整理后移交给下一道工序加工、分编。这标志着一轮文献采访工作的完成或结束。成果评价指对文献采访的成果进行评价。这种评价来自多个方面，主要有采访者的自我评价；文献在分编过程中得到的评价；文献在使用过程中得到的评价等。评价的结果作为反馈信息回到下一轮采访循环中的信息收集环节。成果评价的作用和目的是不断地提高文献采访工作的能力和质量，使未来的采访工作更加适应和符合图书馆的要求。

上述文献采访工作程序是指一般的情况。在特定的情况下，五个环节的次序也可能会被打乱。例如，对于一个馆的文献采访政策、年度采访经费在各类文献的分配比例等，在具体的文献采访活动前就应该确定。其选择和决策的结果作为文献信息进入文献信息收集环节。

三、文献采访工作的指导原则

在当前学科裂变、知识急剧增长的信息时代，文献信息的数量、类型、载体与日俱增，各种文献浩如烟海。由于每个图书馆的性质、任务、读者对象不同，文献购置费有限，馆舍面积有限，不可能出版什么文献就收藏什么文献。任何一个图书馆要想收集齐全当前以各种载体出版的各种类型的出版物是非常困难的，也是不必要的。因此，每个图书馆都面临着决定哪些文献能够用于充实馆藏的问题。为了避免文献入藏的盲目性，使入藏文献符合本馆文献资源建设原则和发展规划，文献选择人员应对用户需求、馆藏文献资源现状、本地区其他馆文献资源以及馆藏文献资源来源等进行调查研究，从而为文献选择提供标准依据。这就必须要依据一定的原则来指导文献的收集工作。

（一）遵循思想性原则

图书馆，尤其是肩负宣传教育任务的公共图书馆，其文献采集工作必须坚持思想性原则。这是图书馆上层建筑性质和出版物自身特点所决定的。在阶级社会里，不同国家和社会制度的图书馆，首先都是为一定政治制度、生活方式的读者服务的，反映着统治阶层及其国家、民族的意志和利益。出版物（主要是社会科学方面的出版物）常常带有编著者和发行者特定的政治、宗教信仰、世界观、人生观、道德观色彩。作为大众传媒的出版物及文献信息传播工具的图书馆，它们不仅是精神文明建设的重要工具和力量，也是国际政治、文化斗争的重要工具。

我国图书馆的任务与我国社会主义制度和现阶段建设任务密切相关，必须坚持社会主义办馆方向，在政治思想和精神文明方面，宣传党和政府的方针政策，弘扬民族文化和精神，宣传社会主义道德风尚等。为此，文献采集工作应坚持思想性原则。为了贯彻思想性原则，文献采集人员应该具有以下品质：

第一，具有较高的政治思想和审美素质，学会以马列主义观点立场分析鉴别出版物（主要是社会科学）政治、宗教、伦理观念和倾向及审美情趣，学会区别什么是先进、正确、积极、健康有益的东西，什么是落后、错误、腐朽、消极有害的东西。

第二，结合图书馆的政治宣传任务，收藏宣传党和国家方针、政策、法规的出版物，严格控制收藏反映错误或敌对政治倾向的出版物。

第三，结合图书馆弘扬民族文化精神、传播世界各国优秀文化的任务，适当收藏有关方面的出版物，严格控制收藏反映封建迷信、伪科学及腐朽落后思想的出版物，控制收藏与我国国情不符的某些西方文化与价值观的出版物。

第四，结合图书馆宣传社会主义伦理道德的任务，收藏健康、文明、高尚、有益社会文明进步的出版物，严格控制入藏反映淫秽、自私贪婪、狭隘、庸俗思想的出版物。

第五，思想内容消极、有害或反动的出版物，如有研究参考和保存史料的需要，可适当选择收藏。否则，不予收藏。

（二）遵循实用性原则

实用性原则，又称"针对性原则"。文献情报机构必须针对本单位的性质、任务、服务对象，根据读者的需要或地区、单位发展的需要及可能条件，慎重确定收集文献的范围和深度。

现代文献信息机构，不是古代的藏书楼，它收集的文献信息不仅仅是为了保存，更重要的是为用户提供文献信息服务，实现文献信息机构的社会职能。因此，不同类型的机构在文献收集时，都必须根据本机构的文献收藏学科范围、服务范围、用户主流群体、用户结构层次、用户专业层次等方面因素，有目的、有针对性、有重点地收集不同类型、不同载体的文献信息。根据用户的文献信息需求收集文献信息，是解决广大用户日益增长的文献需求和最大限度地满足用户需求的有效措施和方法。所以，实用性原则是文献收集工作中必须坚持的重要原则。

实用性原则要求文献采集人员必须处理好以下问题：

1. 根据图书馆性质和工作任务选书

不同类型图书馆，因其性质、任务、服务对象不同，其收藏范围、重点亦不同。例如高等学校图书馆必须为本校专业教育和科研服务，因而有关专业的教学和科研所需文献信息资源应丰富、系统。省、市、自治区公共图书馆肩负为地方精神文明和物质文明建设服务以及保存地方文化遗产（文献）的任务，所以其文献采集重点应突出三点：①是符合地方经济和社会发展的有关科研、生产、管理等文献重点收藏；②是本地区人民群众学习科学文化知识及进行思想政治宣传所需的书刊资料应能满足基本需要；③是地方文献及反映本地区历史和现状的文献应尽量系统或完整收藏。科研机构图书馆为本单位、本系统或地区科研生产服务，必须配合服务对象的科研生产任务及发展方向，系统收藏有关学科专业文献。此外，各类型图书馆还应根据自身的馆际文献采集分工协调任务，选购相应范围的文献。

2. 根据读者需要采集文献

不同读者因其工作、学历、年龄、兴趣、知识结构和智能特点不同，其阅读范围、深浅和阅读、检索习惯亦有不同特点。同一读者的阅读需要和动机从整体上看也是多种多样、多层次的，有一般浏览、消遣，有系统学习或提高修养，有专题研究、创造发明或重大决策等。采集人员应全面、准确了解本馆读者阅读范围与倾向、动机与目的、利用图书馆的方式等，有针对性选购适用文献。

3. 根据文献价值选书

针对不同的读者需要，准确分析判断文献的情报信息价值、知识价值、科学价值、智力价值等，明确所购文献的功用、用途，结合馆藏情况、馆藏结构与规划以及其他采集原则和标准，选购最有入藏价值的文献。

对于从事科研、生产、管理等活动的"研究型"读者，其需求主要表现为情报信息需要。相对于情报信息需要而言，文献价值表现为情报信息价值。文献的情报信息价值应从可靠性、适用性、先进性、新颖性、信息含量等多种角度（价值尺度）分析文献的价值。

可靠性包括真实性、精确性、成熟性、完善性。适用性可表现在内容性质上对口、应用条件上适合（相符）、时间上适合某种时宜（当前需要或将来需要）三方面。先进性指研究成果有正确或可靠的、富有生命力的创新和发展，可表现在整个成果上的先进，也可表现在成果的理论或技术上、研究方法上或数据材料上的先进。新颖性指有新变化、新影响，其对立面是无新变化、失时、重复。情报含量指有用的情报在信息总量中所占的比重。一般来说，同时具备可靠性、适用性、先进或新颖性及情报信息含量大等特征的才是价值高的文献。但因读者用户利用情报信息的目的不同，衡量文献情报信息价值的侧重点也不一样。如对研究新动态、新进展的读者而言，首先讲究文献情报信息的先进性或新颖性。从事技术应用的读者，则首先讲究情报信息的适用性，即该项技术是否能增产降耗，能否充分利用当地或本企业的劳动力、材料、技术与能源，是否符合当地传统习惯等。

针对"学习型"读者学习知识技术、提高知识智力水平的需要而言，文献价值表现为知识价值、智力价值，即满足读者知识智力发展的需要。采集人员分析判断文献的知识（智力）价值时通常要考虑以下几个方面：所选择书刊在内容性质上与读者兴趣、阅读需要（包括不同学习阶段的阅读需要）及其知识结构相适应；在水平深浅上要与读者知识智力水平相适应；在写作编辑特色上要与读者智力特点、学习理解特点相适应。

不同的知识种类及其组织形式含有不同的智力因素（如观察力、概括力、比较能力等），当学习者掌握、理解新知识时，必须调动自身与新知识所含智力因素相同的那部分智力因素，并花费一定的智力劳动。学习者掌握新知识之后，智力也获得相应发展。采集人员主要根据文献的内容性质（知识种类）及作者（或研究者）表述（获得）知识的角度方式或图书内容的组织特点来判断文献所含的智力因素，结合读者智力特点和智力发展需要，判断文献的智力价值。值得注意的是，同一知识类型和水平的图书，因写作、编辑质量与特色不同，会有不同的智力价值。有的图文并茂、生动有趣，有形象思维、感性思维价值；有的条理清晰、深入浅出、逻辑性强，有思维的组织概括力价值。所以，采集人员不应忽视从文献的写作编辑特色方面选书，尤其是教材、科普类图书。

（三）遵循系统性原则

所谓系统性原则，就是要求文献收藏机构的文献收藏要有一定的特色、完整、全面、配套，形成一定的体系。系统性原则是指要从文献资源体系观点出发，合理确定各个学科之间、各种文献类型之间的结构和比例，处理好文献资源与读者需求系统、文献出版发行系统之间的各种关系。

图书馆收藏文献不是杂乱无章的堆积，而是一个系统的科学的知识体系，是一个"生长着的有机体"。这个有机体通过文献采访不断地积累、更新和完善。因此，系统原则是图书馆进行文献选择时必须遵循的原则。

1. 系统性原则对馆藏文献的要求

（1）馆藏文献体系的完整性。首先，系统性原则体现在重点馆藏的完整性，即以重点学科为中心，重要文献资料和特藏书刊要完整系统地入藏。从纵向系统看，要在内容上保持这些学科内在的文献历史延续性和完整性；从横向系统看，要广泛收集这些学科的各个学派有代表性的专著及有关评选、重要期刊、主要相关期刊及其他类型文献资料。

（2）馆藏文献体系的系统性。现代图书馆收藏的文献具有多种介质、多种类型、多种文字等特点。不同品种、不同类型的文献构成了一个馆的文献体系。在文献选择时要优化和协调这个体系，使不同类型的文献相互补充，有机结合。

（3）馆藏文献体系的连续性。图书馆的文献采访工作是连续进行的，其原因在于社会文献连续不断地产生，社会对文献的需求连续不断地存在。图书馆在建立满足读者需求的特色馆藏时，要遵循连续原则。这一原则在文献选择过程中，表现在两个方面：①在文献选择时要对本馆确定收藏的文献进行连续的跟踪收集，以保证学科文献的完整性和反映学科知识的最新进展；②选择文献要体现本馆采访政策的连续性。一个馆不论大小，对文献的收集都有某种倾向，这种倾向是该馆采访政策的反映。图书馆在选择文献时，要保持采访政策的连续性，不能因人而异，随意更改。

（4）馆藏文献体系的合理性。要注意各学科、各类型、各载体文献之间保持合理的比例。

（5）馆藏文献体系的内在联系性。要注意各学科间相互渗透、边缘交错的内在联系，广泛而有选择地入藏相关学科、边缘学科以及供一般读者学习和阅读的基础书刊。总之，要突出重点藏书、重视一般藏书，建立一个有专有博、有主有从的文献资源体系。

（6）图书馆网络的系统性。当前图书馆界，一个馆不可能也无必要收全所有的文献已成共识。为了满足社会每一个成员对文献的需求，只有走图书馆联合之路。通过馆际之间的文献资源共享共建、通过整个社会文献资源的合理布局来保障社会的需求。图书馆在选择文献时，要摒弃"大而全""小而全"的思想，从大局出发，积极主动地开展馆际之间的分工与合作，切实完成本馆在图书馆网络中应该担当的任务。

2. 系统性原则对文献采集的要求

（1）各种类型出版物的取舍及采购之比例，按既定的藏书结构，即学科主题、文献类型、文献载体、文种、时间和地区等藏书构成成分的比例执行。注意藏书体系内容和形式结构上的系统完整性，以便经过长期积累，形成有最佳结构和功能的藏书体系。

（2）重点和特色藏书，内容上、数量上、品种上保持一定的系统完整性，不同时期的主要、代表性著作应收集完整。

（3）报刊及其他连续出版物、丛书、多卷书、工具书等应尽可能收藏完整和配套，不应随意中断。

（4）文献采集要有计划，包括藏书长远发展计划和中短期采集计划，采购文献要及时。

（四）遵循特色化原则

特色化原则就是要系统完整地收集重点、特色学科或某些专题的文献信息，使馆藏文献信息资源体系带有鲜明特色性和专业性。特色学科和专题的选择应根据本馆主要任务、重点读者需要、原有馆藏特点、区域文献资源分工布局要求来确定。

当代图书馆的文献信息资源建设走特色化和分工协调发展之路是图书馆事业生存发展的必然。现代科技的飞速发展带来的信息爆炸以及读者（用户）对文献信息要求的广泛、专深、复杂化，单靠一馆之力已无法建立适应时代要求的文献信息资源体系。传统的各自为政、求全求大的做法不仅难以为继，而且会造成单个馆和全国范围文献总藏量的相对贫乏，也造成严重重复浪费。

在社会文献数量急剧增长的今天，任何文献机构都不可离开现实的需要和可能的条件，去追求文献收藏的完整、系统。这就要求每个文献机构对入藏文献的主题必须有所限制，使入藏文献具有本地的特色。文献收藏特色化意味着依据文献机构的类型、任务，本地区或本单位的特点、用户群体及其需求特点、本地区文献资源分布状况等，而对文献收集采取有区别的态度，从而有助于完成其所担负的社会服务任务，使文献收藏的内容与结构最大限度地接近本地读者的真正需求。特色化文献资源建设体现为以下几点：

一是专业性特色。即对某些学科、某些专业或专题的文献有完整系统的收藏，形成自己的特色。

二是地方性特色。即根据本地区的地理、历史、经济和文化特点对有关本地的文献资料完整系统地收藏，从而形成特色。

三是文献类型特色。即根据图书馆的任务、历史特点、藏书协调组织的统筹安排等，对某些文献类型完整系统地收藏，形成特色。

四是文献文种特色。由于某种历史渊源或现实原因，对某些语种的文献有系统地收藏，形成特色。

五是文献载体特色。即对某一学科领域的各载体类型的文献（包括电子文献、数据库、网络文献），完整系统地收藏，形成特色。

　　文献收藏特色化是实用性的保证。只有具备特色，才能真正具有实用价值。遵循特色化原则，首先要准确制定本馆特色藏书的学科或专题文献应达到的"藏书级别"，即系统完整程度，然后按既定的建设目标，长期不懈地采集相关文献。

　　各个图书馆的特色藏书是构成整个区域文献资源保障体系的要素。随着网络化的发展，没有特色藏书的图书馆就无法起到一个网上文献资源节点的作用，失去其在网上存在的价值。在共同构建的文献资源共享保障体系中，单个图书馆的藏书结构和功能也得以极大扩展和完善。

　　在特色化建设中需要正确处理和调整好特色收藏与全面收藏、本馆局部利益与协作网全局利益之间的矛盾。此外，还应注意澄清两个观念：①特色化馆藏指内容上较系统、完整反映某一学科或某一专题知识信息领域全貌的馆藏，如果某种文献类型（如电子出版物、报纸、杂志等）收藏丰富齐全，但不能完整反映某一学科或某一专题知识信息领域全貌，也不能构成特色馆藏；因为通常仅仅靠收集一种文献类型，是无法全面、及时反映出某种知识信息领域全貌的；②所谓"重点藏书"并不能等同于特色藏书，只有当它在区域（地区或系统）图书馆文献资源中具备某种与众不同的优势时，才称得上特色藏书。

（五）遵循分工协调原则

　　分工协调原则是通过馆际联合采购或地区联合采购等合作方式，对某些学科、某些文种、某些区域的文献进行分工采购，建立一个在某种范围内布局合理、相互依存、资源共享的文献资源保障体系。

　　图书馆收集文献、建立馆藏是一个系统工程，其规划和协调必不可少，目的是要建立一个优化的、高效的、满足读者需求的文献情报体系。随着现代文献的多样化，随着社会对图书馆文献保障能力要求的提高，文献采访中的协调能力显得日益重要。在图书馆文献选择中，时常会遇到协调问题，如在选择文献品种时，有核心文献和非核心文献之间的协调，有不同文种文献之间的协调等；在选择文献类型时，有图书文献和期刊文献之间的协调，有纸质文献和电子文献之间的协调等；在馆际合作采访时，有文献分工收集的协调等。协调原则要求文献采访者在文献选择时，全面考量本馆对该文献的需求因素，既要看到该文献的自身价值，又要评价读者对该文献的需求程度，还要考虑该文献在本馆馆藏体系中的作用。

　　分工协调原则就是各级各类文献信息机构从整体出发，在统筹规划、协调的基础上，对文献的收集、贮存实行分工合作，建立文献资源的保障体系。馆藏文献资源的储备量并不简单地等于各文献信息机构收藏的文献数量之和，内容相同文献的重复积累并不能增加总的情报量，而分散、自发、自给自足式的文献积累，更无法形成优化的文献资源体系，只能加速文献分布的无序状态，给用户带来使用上的不便。由于每个文献信息机构的文献购置经费有限，不可能将所有的文献资料收集齐全，也不可能完全靠自己的文献收藏满足用户的所有需要。另外，为了避免各文献信息机构不必要的重复，并以最小的花费获取充分的文献资源，各文献信息机构都应将本地收藏纳入整体文献资源系统，通过制定文献分工入藏的方针，规定各文献信息机构文献收集的责任与范围，使不同学科、不同主题、不同类型、不同载体的文献由不同文献信息机构分担收藏，某些罕用而昂贵的文献合作采购，通过馆际互借实现资源共享。要实现分工协调，必须从组织上和方法方面采取必要的措施，馆与馆之间在文献采访中既要有明确的分工，又要有紧密的协作，克服各自为政、贪多求全的思想，逐步形成各地区、各系统的藏书体系，促进图书馆事业的发展。

分工协调的目标是构建某一范围内布局合理、辐射面宽、资源共享的文献资源保障体系。分工协调的范围有部门或系统、地区、国家、国际等。在各种范围之内，分不同专业组，对专业范围内的文献进行重点分工收藏。

文献采集分工协调的工作内容，主要是在文献资源分工协调方案指导下，重点对价格昂贵或一馆不易收集齐全的文献，如外文原版书刊、地方史料、大部头出版物、电子出版物等进行分工采购；对有关学科专题进行分工侧重收藏；在缩微复制、电子文献拷贝、编制新书通报等方面进行合作。

（六）遵循经济性原则

经济性原则就是节约原则。勤俭办一切事业，是社会主义建设的基本原则之一，也是在文献采访中必须坚持的原则之一。要贯彻这个原则，就要反对"大而全""小而全"的思想。要合理地使用经费，不该买的文献买了是有形的浪费，该买的文献不买是无形的浪费。

图书馆收集文献的目的是供读者使用。在文献收集过程中，图书馆要投入大量的资金和人力。为此，经济原则是必须坚持的。经济原则简单地说，就是图书馆要用最少的投入获得读者最需要的文献，满足读者最大的需求。

1. 经济性原则对文献采访效用的要求

（1）文献在本馆中的效用。

最大效用：选择本馆读者的核心文献，选择本馆读者实用的文献。

边际效用：考虑藏书量和使用量的关系，保持其成正比。某些类文献出借量少，可能是由于馆藏量太少的原因。

均等效用：对本馆读者的文献需求要均等考虑，尽可能满足每位读者的需求。

剩余效用：一种文献在甲馆淘汰，但在乙馆可能还有用。因此，要重视复本文献的交换，充分利用文献的剩余价值。

（2）文献收集过程中的附加成本。

文献在获取过程中，图书馆除了要按文献价格支付资金外，还要附加其他成本，如运输费、保险费、包装费、时间成本、劳力支出等。也就是说，同一种文献在不同的地点获取，或者用不同的方式获取，其附加成本可能就不一样。降低成本，提高效益是图书馆选择文献时必须考虑的。

2. 经济性原则对文献采集人员的要求

（1）做好经费分配和使用计划。在全面及时掌握出版物发行信息和熟悉馆藏的基础上，严格按本馆文献采集方针、计划和经费使用计划采购。做到不错购无关或实用价值不大的书刊，不多购不必要的复本和品种，不购或少购价格昂贵的出版物，也不漏购实用价值高的出版物，做好订到的出版物价格及涨幅统计分析。

（2）及时了解读者借阅情况。对多数读者经常需要的书，首先在经费上予以保证。不应为个别读者需求而花费大量经费。对于专业性图书馆，如果无特殊情况，藏书应精专实用，不片面追求数量、规模。而综合性图书馆，除少数重点学科外，其余藏书专题以基本满足现实需要为目标，不必收藏太多的品种和复本。

（3）适当调整采购方针。在网络环境及馆际藏书分工协调、共享条件下，充分估量由此产生的经济意义，据此适当调整采购方针。例如，某些可比较便捷地无偿或低价从互联网或协作馆获取的文献信息，在本馆采集经费中可不再占用或少占用购置费；如果大型印刷出版物有电子版（光盘版），若无特殊需要而且信息技术设备条件跟得上，可只购电子版。

（4）重视收集非卖品书刊资料。通过主动索取、征集、交换等多种渠道收集，以节约经费。

（七）遵循发展与剔除原则

文献收藏机构需要经常进行文献的发展与剔除工作，这是因为文献有个新陈代谢的问题。发展是指新的文献的增长，剔除是指滞呆文献的代谢。由于社会的发展、经济建设的纵深，文献机构的任务有所变化；现代科学技术的迅速发展和文献信息总量的急剧增加，以及文献资源老化加速等因素，文献机构收藏的文献出现一定量的无用呆滞、陈旧过时现象。为了提高文献资源质量，必须不断地对馆藏文献进行剔除，对那些陈旧过时、没有参考价值的文献资料进行剔除工作。新文献的增长与滞呆文献的剔除是文献资源建设发展过程中相互联系的两个方面。只有不断发展，文献资源才具有生命力；只有不断剔除，文献资源才能健康发展，有效地提供给读者利用，发挥其应有的作用。发展性原则要求文献采集人员注意以下三点：

根据科学技术和社会发展以及出版物出版发行的新动态，结合本馆任务和读者需求状况，考虑到必要和可能，不断补充一定数量的出版物，使藏书内容上保持一定新颖性、层次性，使新出版物占适当馆藏比例。

根据各类型出版物（图书、期刊、报纸、科技报告、学位论文、专利文献、光盘、磁带、网络文献等）知识技术和信息的时效性和更新周期，及时补充新文献。例如，年鉴、统计资料等有时间性的文献，应及时补充新版本；科技图书、时事性读物应注意其是否已失效，如已陈旧过时，应及时剔除并更新补充。

不被读者一时的阅读热所迷惑，应分析这种阅读倾向是否长久，是否与本馆任务相符。同样，对于目前鲜有读者的某些新学科、新风格的出版物，应以发展眼光分析其未来的阅读价值和收藏价值，不可一味忽视不购。

（八）遵循多载体文献信息资源一体化原则

多载体文献信息资源一体化原则，是图书馆在实现计算机管理和网络化、数字化背景下，将印刷型、视听型、机读型文献信息载体作为相辅相成的馆藏结构的有机组成部分，将馆藏资源与网上文献信息资源相结合，构建一体化文献信息资源保障体系的观念和工作原则。

现代计算机技术、通信技术、网络技术、数字技术和多媒体技术的发展和广泛应用，使图书馆进入一个全新的生存和发展环境。在社会信息化进一步加快的新环境中，新载体文献，尤其是光盘电子出版物和网络文献的涌现和日渐普及，以及网络信息服务的社会化发展，使人类记载和传递知识信息的手段和人们获得知识信息的途径产生革命性变化。在这种新信息环境中，人们对图书馆的文献信息需求也不再停留在馆藏出版物的借阅上，而是希望获得更广泛、更新颖、更专深、更高层次、经过对原有知识和原始信息进行再加工的信息。图书馆已无法忽视与其生存发展息息相关的信息资源环境、信息技术环境、信息需求环境方面发生的重大变化。通过实现计算机管理自动化和网络化、馆藏资源电子化和文献信息资源共享，图书馆已融合于电子信息资源与网络信息资源为主流的时代，这也是图书馆事业发展的潮流。在这种发展潮流中，传统的藏书结构及藏书建设内涵与外延将不断发生变化。

首先，从馆藏结构看，印刷型出版物已不是唯一的馆藏。缩微出版物、音像出版物，尤其是电子出版物（光盘、磁盘）因其自身的优越性，被现代图书馆视为馆藏资源不可缺少的一部分，并随图书馆计算机网络化的发展而占越来越大比重。其次，从文献信息资源保障体系看，在网络环境下，馆藏文献信息资源虽仍是文献信息资源保障体系的主体，但包括地区网、系统网、全国网、国际互联网在内的网上信息资源已成为文献信息资源保障体系不可缺少的组成部分，二者共同构成一体化的文献信息资源保障体系。从这个意义看，相对封闭的传统藏书建设已进一步演变成开放的文献信息资源建设。在这种形势下，如何有效地使印刷型、缩微型、机读型等载体文献为主的馆藏文献资源与网上有关适用信息资源融为一体，构建新的文献信息保障体系，将成为文献信息资源建设的新任务。

多载体文献信息资源一体化原则要求文献采集人员注意以下几点：

第一，结合当前和长远发展需要，不断调整各种文献载体的比例结构（注意内容上的系统性），明确电子文献的收藏方向和中长期规划，逐渐增加电子文献经费比重。如果经费许可，可配套订购印刷版和电子版；若经费紧张但相应技术设备跟得上，可优先购买价格相对便宜的电子文献（光盘版，尤其是网络光盘版）。

第二，采购不同种类的电子文献（电子图书、电子期刊、电子数据库等），应考虑与本馆信息技术、设备条件相匹配，与原有藏书相匹配，还要符合本馆文献信息资源建设方向及馆际资源共享要求。

第三，网络条件下的图书馆，要根据从馆藏获取信息与从网上获取信息两种渠道的比重、效益与成本，不断调整文献采购经费与网上检索费用的比例。目前，满足读者（用户）知识信息需要主要靠馆藏资源，但网络信息服务在容量大、内容广泛、新颖、齐全和能迅速满足读者（用户）各种检索需求方面有不可比拟的优越性。随着各级各类文献信息资源保障体系和计算机网络的发展与完善，以及将来通信费、联机费的降低和信息技术设备的普及，从网络获取知识信息将占越来越大的比重。

第四，采购电子出版物，须注意适用性和质量方面的问题：①数据种类是一次文献还是二次文献或数值数据等；②数据结构是否符合国际或国家标准，是否便于共享或易于转换数据；③要仔细检查浏览检索软件的种类，是单机版还是网络版，是 DOS 版还是 WINDOWS 版；④看界面是否直观，使用是否方便；⑤是否定期更新；⑥数据新颖性完整性如何。

四、公共图书馆文献采访工作模式

随着计算机技术和网络技术在图书馆的广泛应用，改变和推动了图书馆各项工作，也推动改变着图书馆文献采访工作的方式方法，促使文献采访工作不断改进。图书馆文献采访模式在传统方式基础上发生了很大变化，产生了与新环境、新技术相匹配、相适应的新模式。新老模式融汇在一起，共同托起图书馆文献资源体系建设的任务。不同的文献采访模式各有特点、各有优势，但也从不同角度影响着文献采访工作质量。

（一）现场采访

现场采访是文献采访的一种传统方式，也是采访工作的主要方式。新条件新形势赋予了文献采访新的生机和内涵，现场采访方式也随之增添了许多新手段新技巧。书商和相关机构组建了众多的常设门市（即书店），这是文献采访必须经常光顾的地方，是现场采访的主要场所。书商和有关机构除了常年经营书店外，还视不同情况，经常举办展销会和大型书市。展销会（或书市）规模各有不同，大小各异。有本地区的，也有区域性的，还有全国性的，甚至也有国际性的。展销会（书市）集中展销了一定时期内一定地区的所有出版物，由于展销会规模大、品种齐全、数量大、价格优惠、书刊新等特点，成为图书馆文献采访工作的重要途径。书市采访方式具有直观、集中、便捷的优点，采访人员进行的挑选、查重等程序可集中完成，但时间短、时限性强，市场狭小，人员多杂，现场拥挤，却是书市的短板和弊端。

现场采访是老方式老方法，但在采访细节处引入现代化手段，如扫描、查重、录入等环节都应用网络技术，使得现场采访手段更新、效率更高。

（二）书目预订

书目预订是文献采访另一种重要方式。伴随着计算机管理和网络技术的应用，书目的传递，书目的挑选，订单的制定都融入了现代化手段。采访人员从书商或出版单位获取的书目，现在往往多是电子书目。经过选书、确定、查重等环节，再反馈给供货书商，完成了书目预订的程序。该方式对于采访人员来说自主性强、时间充裕从容、工作机动，足不出户就能完成采访流程。这种方式可以减少出差往返的劳顿之苦，挑选图书时坐守书库和馆藏书目，挑选查重极为方便，准确度和效率也得到大大提高。征订书目在手也可以广泛征求对外借阅部门与同事的意见，还可以征求读者和相关专家的意见，使得采访更贴近需求，更贴近读者，更符合藏书体系构建的总体要求。书目预订方式是采访人员经常采用的不可或缺的一种常规方式，在采访文献中发挥了重要作用。

（三）网上采访

网上采访主要是指通过网上书店采访文献。现在国内规模较大的网上书店有博库图书城、当当网、卓越网、亚马逊网、孔夫子网等。网上书店往往背靠实体书店大山,广泛联系了大量出版发行机构。网上书店书目信息广博且品种繁多,具有更新快、检索功能全、服务便捷、联系方便的优点。网上书店专门开展了对公共图书馆的团购服务,越来越受到采访人员的关注,渐有做大做强趋势。网上采访在文献采访中具有独特作用,是近年来出现的一种新型方式,已成为图书馆文献采访的一个重要渠道,是图书馆补充缺藏的重要途径。如全球最大的中文旧书网——孔夫子旧书网,为图书馆补充馆藏、弥补遗漏发挥着不可替代的作用。

五、文献采访质量控制策略

文献资源体系是图书馆生存和发展的基础,文献资源是图书馆开展各项工作的核心要素。图书馆文献资源体系的构建依赖于文献采访工作,文献采访质量优劣直接决定影响着图书馆文献资源体系的优劣。由此可见,文献采访工作优劣直接关系到图书馆各项工作优劣和图书馆宗旨和任务的实现。因此,控制文献采访工作质量关系到图书馆的工作大局,是直接影响图书馆各项工作的关键环节。加强采访质量控制,必须采取科学有效的措施。

(一)提高采访员素质,实行主观控制

采访人员在采访工作中起着决定性作用,是采访工作诸要素中活的要素。从某种意义上讲,有什么样的采访人员素质就会相应地产生什么样的采访质量。因此,只有提高采访人员的素质才能够相应提高采访工作质量。而提高采访人员的素质,首先要提高采访人员对采访工作的思想认识。采访人员热爱本职工作,忠于职守,才能发挥主观能动性,积极做好采访工作。采访人员应具有广博的文化知识,适应在知识门类繁多的书海中排选适用文献的需要。此外,采访人员要熟悉采访业务,熟练掌握业务技能,做到业务熟悉,技能过硬,对图书馆的宗旨、方针、任务了然于心,熟悉馆藏体系,了解读者需求,这是确保采访工作顺利和高效优质的重要条件。欲确保图书馆文献采访质量,建设一支高素质的采访人员队伍至关重要。

(二)搞好规划,进行宏观控制

采访工作是图书馆工作的重要组成部分,它必须遵从图书馆的方针任务,采访工作必须根据各馆方针任务和经费额度编制好采购工作规划,制定好年度采购计划。在规划和计划中要明确采访工作的原则,经费分配比例。不同文献类型的经费分配,明确划分纸质文献、电子文献的经费使用比例或额度,中文文献与外文文献的经费投入比例,以及不同类

别文献的复本率等。规划和计划是采访工作大的战略方针，从战略上管控着不同文献采访质量。采访工作每年年终还要进行总结检查，以便修正调整采访工作计划，进一步确保宏观控制的落实，确保采访工作的质量。

（三）了解需求，进行目标控制

读者至上是图书馆的服务宗旨，满足读者需求是图书馆工作的出发点。采访文献是实现这一宗旨和目标的关键一环。只有确保采访工作质量才能保障图书馆服务宗旨的最终实现。采访人员必须深入调查了解读者需求和具体要求，听取读者意见。条件允许的图书馆可以邀请读者直接参加选购，聘请有关专家和读者参与选书。有的图书馆采取与书店合作，允许读者在书店直接选择图书借回阅读，阅后还回图书馆，由图书馆买单，确保选书适合读者需求，同时有效提高图书借阅率。

了解读者需求既要考虑当下需求，也要考虑长远需求，更不可忽略潜在需求。采访工作既不能弱视，也不能近视，要综合考虑读者多方面的需求，要考虑本地区历史发展状况，适应当地政治、经济、文化等发展的总体需要。同时也要兼顾本馆文献资源体系构建的整体性要求。各馆在多年积累中形成的特色馆藏要适当关注，要保持延续性，努力构建整体布局合理、结构完善科学的文献资源保障体系。

（四）馆际交换，进行补益性控制

图书馆之间建立馆际资料交换关系，可以互相补充馆藏。建立资料交换关系的图书馆，互相传递交换书刊目录，供对方图书馆挑选，交换资料一般坚持总价值对等原则，互相交换的资料总价值相当对等。交换书刊资料多是具有特色的地方文献，或是发行量少、发行范围有限的文献资料，或是内部发行的资料文献。交换来的文献资料多是其他采购渠道难以获得的，起到拾遗补缺的功效。建立馆际间的资料交换关系是控制采访质量的一种补益性措施，起到增益补偿作用，使图书馆文献资源体系更趋完善优质。

综上所述，文献资料是图书馆开展各项工作的重要基础，是保障图书馆方针任务落实的首要条件。图书馆要确保各项方针任务的落实和完成，就必须掌控好图书馆各项工作的第一道关口——文献采访，就必须保证文献采访工作的质量。针对图书馆采访工作模式的特点，制定严格的采访制度和采访工作规划，采取适宜的工作程序，多角度调控文献采访质量，构建优质适用的文献资源体系，这是图书馆事业发展的需要，更是经济社会发展的必然要求。

第三节　公共图书馆文献资源建设的内容

一、文献资源建设概述

（一）文献资源建设的概念

文献资源建设就是依据文献信息服务机构的服务任务与服务对象以及整个社会的文献情报需求，系统地规划、选择、收集、组织管理文献资源，建立具有特定功能的藏书体系的全过程。换言之，就是一定范围内的图书馆及其他文献情报机构对文献资源进行有计划的积累和合理布局，以满足、保障社会发展和国家建设需要的全部活动。

文献资源作为一种知识资源和智力资源，不是天然存在的，而是需要由人去积累和建设的。文献资源是图书情报部门和各类文献服务机构赖以生存的物质条件，也是宝贵的人类文化遗产。现代社会，随着科学技术和社会文化的高度发展，社会的文献信息量爆炸式增长，文献信息类型多种多样。要开发和利用文献信息资源，就要将分散、无序的文献信息，建设成有序的整体系统。建设是开发的前提，没有对文献信息资源的建设，就谈不上开发和利用。所以说，文献资源建设是一项极为重要的基础建设工作，也是文献情报事业的重要组成部分，也是现代图书馆学、情报学、文献学共同研究的一个分支学科。

文献资源建设一般包括两方面内容：一是各个文献情报机构对文献的收集、组织、管理、贮存等工作；二是一个地区、国家乃至国际众多文献情报机构对现有文献资源的规划和协作、协调收集和收藏，形成整体资源，即从宏观上制定目标和规划，进行协调和分工，以指导各文献情报机构的文献收集工作，突出各自优势，形成比较完备的收藏，并将其作为集体的资源共同享用，从而建立起一定范围内的文献资源保障体制。

（二）文献资源建设是藏书建设的必然结果

随着社会的进步和图书情报事业的发展，藏书建设已逐步被文献资源建设所代替，这种代替是藏书建设自身理论研究和实践发展的必然结果。其原因主要有两个方面：

1. 图书馆藏书类型发生了变化

原来图书馆藏书的类型单一，只有图书、期刊等少数几种文献类型。随着社会上文献出版类型的增多，现在图书馆藏书不但包括印刷型的图书、连续出版物、特种文献，还包括非印刷型的缩微文献、声像文献和电子出版物。而且随着科学技术的发展和用户需求的增加，非印刷型文献的数量在图书馆藏书中的所占比例会越来越大。这样，原来意义上的图书馆藏书已不能代表现在图书馆藏书的实际类型，而实际上，现在图书馆藏书已是各种文献的集合，各种文献的集合就构成了文献资源。因此，现在意义上的图书馆藏书就是馆藏文献资源。图书情报机构所进行的对文献的规划、补充、剔除等项工作也就成为文献资源建设。

2. 藏书建设增加了新的内容

由于当今文献出版量剧增、书价大幅度上涨、购书经费短缺等原因，致使馆藏文献资源的入藏量相对减少，具体图书情报机构所进行的藏书建设已不能满足本单位用户对文献的需求，更无法满足社会用户对文献的需求。这样，就促进了藏书建设自身的发展，相继开展了编制馆藏联合目录、协作采购、文献资源社会调查、文献资源布局、文献资源共享等多方面的理论研究和实践活动。这些理论研究和实践活动已远远超出了原来藏书建设的内容。这样，原来意义上的具体图书情报机构的藏书建设已无法概括现在藏书建设的实际内容，而且随着现代科学技术在图书情报机构应用的发展，正在或将要为藏书建设提供更加广阔的理论研究和实践领域。为此，我国的图书情报理论界认为应该给予藏书建设新的认识。

（三）文献资源建设与藏书建设的关系辨析

所谓藏书建设，就是研究图书馆工作任务和读者需求，系统地建立、发展、规划、组织藏书体系的全过程。藏书建设的概念由藏书采访演变而成，又远远超出藏书采访的含义。50年代初，藏书建设还是作为藏书采访或藏书补充的同义词出现的。60年代，"藏书建设"这个词开始被赋予新的含义，表示从藏书补充到藏书组织或典藏的整个过程。藏书建设已形成完整的系统概念。

"文献资源建设"是从"藏书建设"演变而来的。20世纪七八十年代，随着我们国家经济建设的迅速发展，社会对文献信息的需求量和社会文献的出版量都越来越大。20世纪50年代，全世界每年出版图书28.5万种、期刊2万种。到了80年代初，全世界每年出版图书71万种、期刊6.5万种，增长了2.5倍和3.25倍。因此，藏书建设必须要走50年代中期曾经走过的协调的道路，否则无法满足经济建设和科学发展的需要。而当时国外将信息与原材料、能源并列为三大战略资源，我国也认识到了社会的经济发展和科学文化的发展离不开文献，文献对经济建设、科学研究及文化发展是一种重要资源。在这样的历史条件下，文献资源和文献资源建设的概念便应运而生了。

文献资源建设的概念及其理论的提出，是我国图书馆和文献学理论研究的一大突破，具有重要的理论与实践意义。相比较，文献资源建设能更好地概括文献的本质，反映文献信息工作的实际。"文献资源建设"与"图书馆藏书建设"比较，其工作的立足点更高，涵盖面更广，这有利于图书馆人打破"大而全""小而全""部门所有制"等一系列思想的束缚，从而帮助各馆跳出"自我"，摆脱藏书建设陷入的困境，使其最终成为整个社会文献资源保障体系中的一个重要组成部分，最终使"馆藏"变为"国藏"，使文献资源建设走上跨地域、跨国界的共建共享的轨道。从图书馆藏书建设发展到文献资源建设，不仅反映了文献资源建设实践活动的丰富和理论研究的成熟，也反映了人们思想观念和认识水平的飞跃，也是图书、文献信息工作一体化发展趋势在这一领域的集中体现。

文献资源建设与藏书建设是有区别，又有联系的。藏书建设是文献资源建设的分支，一般指具体文献部门的藏书规划、组织、发展、采选、评价、剔除等工作，而文献资源建设这一概念主要用于对跨部门、跨地区的全局性文献的宏观规划、组织、布局、协作、协调等。

（四）文献资源建设与信息资源建设的关系

20世纪90年代以后，随着信息环境的巨大变化，特别是网络的迅速发展，文献资源建设的实践发生了重要变化，文献资源建设的理论也显露了一些局限性。

首先，图书馆赖以提供服务的资源基础已不再局限于馆藏的物理形态的文献，各种形式的电子化或数字化的信息迅速涌入图书馆。文献资源只是多种形式的信息资源中的一种类型，尽管它在大多数图书馆仍然是主要的信息资源类型。显然，对数字化信息的生产、组织、加工、存储等工作内容不是"文献资源建设"所能涵盖的。

其次，文献资源所关注的主要是图书馆"拥有"的实体馆藏，而在网络环境中，读者获取信息却不一定依赖实体的馆藏。因为互联网将不同系统的图书馆连为一体，读者通过网络可以方便、快捷地获取本馆缺乏的信息。因而图书馆的资源结构发生了变化，即由单一的实体馆藏变成了实体馆藏加虚拟馆藏。显然，虚拟馆藏建设也是原来的"文献资源建设"难以包容的。

再次，文献资源建设已经注意到文献资源保障体系建设和资源共享问题，但只有在网络环境中借助于先进的信息生产、存储与传递技术，才能最大限度地实现信息资源共建、共知和共享，真正建立一个无比丰富的信息资源保障体系。显然，文献资源建设理论也是无力解决信息资源的共建、共知和共享问题的。正是由于上述原因，人们认识到文献资源建设有必要突破原来的概念和理论框架，加以丰富和发展。于是，信息资源理论便浮出水面。

信息资源是经过人类采集、开发并组织的各种媒介信息的有机集合，也就是说信息资源既包括制品型的文献信息资源，也包括非制品的电子信息资源。信息资源建设是人类对处于无序状态的各种媒介的信息进行有机集合、开发、组织的活动。因此，网络环境下的信息资源建设既包括文献性的资源，也包括数据库的建设，还包括对网络信息资源的开发与组织。信息资源建设活动要比文献资源建设活动宽泛得多、复杂得多。只有将文献资源建设、数据库建设与网络资源建设有机结合起来，才能称得上完整的信息资源建设。

信息资源建设与文献信息资源建设和藏书建设是包容关系。信息资源建设犹如一级类目，属于宏观层面；文献信息资源建设犹如二级类目，属于中观层面；藏书建设犹如三级类目，属于微观层面。文献资源建设尽管失去了"统帅"地位，但其作用并未削弱，而且只能加强不能削弱。因为网络环境下更需要文献资源的整体化建设，同时也有条件比过去做得更好。而微观层次的藏书建设则是宏观和中观建设的基础，否则宏观与中观建设无从谈起。因此，我们说三者各司其职，谁也取代不了谁，每一个概念都有其特定的含义。但在称谓上也可以称文献信息资源建设和馆藏建设为"信息资源建设"。

二、文献资源建设的基本任务

社会文献信息资源是一个整体系统，文献情报部门收藏的文献信息是社会文献信息资源体系的基本组成部分。图书馆藏书建设实质上就是文献信息资源建设，因此，文献信息资源建设工作包括宏观规划设计和微观馆藏建设两个方面。文献资源建设的基本任务应包括以下内容：

（一）确定文献资源建设的指导思想

指导思想是一切行动的指南。文献信息资源建设工作所要达到的总体目标，是文献信息资源建设指导思想实践的必然结果。根据我国国情和从我国文献资源分布的实际情况，以及文献信息资源建设所要达到的最终目的，把建立有效的文献信息资源保障体系作为文献资源建设的指导思想，就是建设有中国特色的文献信息资源保障体系，不断满足人们日益提高的文献需求。

（二）制定文献资源建设的发展政策

文献信息资源建设工作涉及国家、地区和文献收藏机构等诸多方面，因此，制定适合我国国情的、正确的文献资源建设发展政策是搞好文献资源建设工作的基本保证。文献资源建设发展政策是一个体系，它的内容随着时代的发展而发展，大致包括以下内容：

1. 文献发展纲要

文献信息资源建设发展纲要是文献资信息源建设工作的基础和前提。因此，制定出以学科体系为基础、资源分布结构合理的文献资源建设发展框架是非常重要的。首先要求划分文献资源的学科范围，制定一个规范统一、详略得当、学科齐全的学科框架一览表，然后根据文献内容和读者的不同需求层次，相应地划分出各学科范围文献的若干层次的收藏级别，并规定各个级别所应达到的收藏目标，再结合文献的语种、类型等设计出一个"文献收藏结构一览表"，以规划文献信息资源建设的发展。

2. 制定协调方案

文献信息资源建设工作无论从宏观建设还是微观建设来讲，都需要国家、地区之间，行业系统之间，收藏机构之间以及收藏机构内部之间的协作、协调。因此，制定出资源发展、合作藏书、资源共享的协作协调政策，确定文献资源合作收藏的目标、任务，参加协作的机构入藏文献的范围、应该承担的责任、文献的报道和共同利用等，是非常重要和关键的。在统一的政策下，各文献信息收藏机构都必须按照协议政策规定的权利与义务，对本机构分担收藏的文献信息进行完整的入藏并承担入藏文献的报道任务，并将本机构入藏文献提供给其他单位读者利用的义务。

3. 文献收集政策

文献收集政策是文献信息资源建设发展政策中较具体的政策，主要阐述文献收集的原则与方案，确定各文献收藏机构文献选择的标准、类别、类型、语种、载体和数量等政策，以及确定采访工作程序及文献交换、接受捐赠的计划等。

4. 经费分配政策

确定文献购置经费、特殊经费的分配和使用的政策分配的原则等。

5. 文献管理政策

确定对各文献机构收藏文献的保存、加工、传递的程序与原则。确定文献保护的原则、技术标准和措施。确定文献评估政策标准和实施方案。确定文献剔除与淘汰的标准、范围、频率。确定文献信息资源贮存系统的建立方案和具体运作方法。

6. 合作馆藏文献、馆际互借与资源共享政策

确定合作馆藏文献的目标、任务，参加合作的文献收藏机构入藏文献的范围、应该承担的责任、文献的报道和共同利用等。在统一的政策下，各馆都必须按照文件规定的权利与义务对本馆分担收藏的文献完整地入藏并承担入藏文献的报道任务和将本馆藏书提供给他馆读者利用的义务。

7. 机读数据库文件政策

在计算机编目和联机联合编目的情况下，要确定机读数据库文件政策；确定电子出版物收藏任务及获得和提供数字文献地址的途径与方法；确定机读目录格式标准和各著录项目、字段的处理细则；确定用于采访、管理、维护数字信息资源经费的数额与比例等。

（三）优化文献信息资源配置

文献信息资源建设工作中极为重要的一项任务，就是优化文献信息资源配置。所谓优化文献信息资源配置，就是文献资源合理布局，根据需要有意识地控制文献收藏与分布的工作活动。具体地说，文献资源布局有两方面含义：①指按学科或按文献类型在地域空间分布的状况或形成的格局；②指导研究和建设合理、方便、经济的分布格局的设计与实际工作。为了达到文献信息资源建设的目标，需要确定一种适当的布局模式，而布局模式的确立取决于国家或地区的规模、需求状况、交通和通信条件、经济发展水平、文献信息事业的发展概况等。

（四）建立特色的文献信息资源体系

我国文献信息资源建设的目标任务之一就是克服长期以来形成的文献收藏重复、雷同的问题。建立各具特色的文献信息收藏体系，是衡量各文献收藏机构文献信息资源建设水平的标志之一。文献特色收藏体系的形成，需要经过长时期的努力。各文献信息机构都应根据本单位所在地区的历史、地理、政治、经济和科学文化发展的显著特点与优势，根据服务区域用户的需要及本单位原有的基础，根据文献信息资源保障中心的分工安排等实际情况，选择与突出某一方面或某几个方面的专业文献作为自己的收藏特色，并集中本单位的人、财、物等有利条件，有重点、有针对性地突出与强化这些特色，在此基础上开展优质特色服务。只有建立起各具特色的文献信息收藏体系，才能使整个体系的文献信息资源既有广度又有深度、点面结合、层次分明、分工适当、布局合理、馆际之间具有互补性的文献信息资源网络体系。

特色化的文献资源体系主要类型有：文献的地方特色、类型特色、专业特色、文种特色、载体特色、时代特色等。

（五）加强协作协调，推进共建共享

文献信息资源整体化建设和分工协调，是当代文献信息情报事业发展的必然趋势之一。当今世界是一个竞争激烈、相互制约、相互依存的世界，世界各国都十分重视文献信

息资源的开发利用。然而，科学技术发展带来的"信息爆炸"，使任何一个国家、任何一个文献信息部门都不可能尽收天下文献信息，经费的拮据和收藏空间的压力更需要各文献信息机构拆除"围墙"，分工协作，实行文献信息资源共建共享。早在20世纪初，欧洲一些国家的图书馆，就已经意识到文献采访上进行分工，在文献的加工整理上进行协作，馆际之间开展文献交换、调配与互借。到20世纪70年代末80后代初，由于计算机网络技术的发展，这种文献资源共建共享的前进步伐大大加快了。

我国文献情报界之间的协作协调活动已有近半个世纪的历史，积累了很多好的经验。在社会主义市场经济体制下，在计算机网络环境下，用新的思想、新的观念、新的手段推进文献资源建设工作，用成功的经验指导馆际之间的协作协调，把文献信息资源共建共享这件大事做好，已成为文献资源建设者的迫切任务。

三、文献资源共建共享的方法及内容

（一）文献资源共建共享的方法

1. 强化共享意识

在公共图书馆文献资源共建共享工作中，信息共享逐渐成为这个工作中的主流趋势。作为公共图书馆，一方面应该将文献资源共享的思想贯彻到整个工作中去，加强文献资源的建设，在进行共享的过程中提高公共图书馆文献资源的利用率；另一方面还要提高公共图书馆的资源宣传力度，不断强化公共图书馆工作人员的共享意识，改进服务创新的理念，在文献共享的过程中完善公共图书馆对社会的开放程度，从本质上把文献资源共建共享工作落到实处。

2. 注重人才培养

在开展公共图书馆文献资源共建共享工作中，公共图书馆应该向相关政府申请一系列的专项经费，还要根据实际情况在社会上加大宣传力度，这样做不仅可以鼓励各方面对公共图书馆扩大资金投入，最重要的是还可以招揽图书馆需要的人才。要做好公共图书馆文献资源共建共享工作，图书馆就要对其工作人员提出更高的要求，注重对工作人员技能的培养，要求工作人员不仅要掌握专业的知识技能，还要学习并掌握公共图书馆管理之外的工作。图书馆工作人员只有掌握了多方面的专业技能，并在工作中加强学习，不断提高自身素养，才能更好地开展公共图书馆文献资源的共建共享工作。

3. 建立组织机构

公共图书馆文献资源的共建共享工作是一项需要长期坚持的工作，图书馆应该建立自身的优势，把文献资源共建共享工作当作图书馆发展的延伸点，以此来促进图书馆的长久发展。在文献资源共建共享工作开展的过程中，公共图书馆要明确其工作人员在工作中的责任和义务，建立完整的文献资源共建共享组织机构，并根据这个组织机构所提供的条件开展一系列的文献资源共享活动，并且还要与其他图书馆进行合作，通过组织机构的建立实现真正意义上的文献资源共建共享，促进公共图书馆文献资源共建共享工作的顺利进行。

4. 提高服务品质

在公共图书馆文献资源共建共享工作中，服务质量是保证工作能够顺利进行的重要因素。在强调深层次开发文献信息产品时，图书馆要开发具有准确性、真实性特征的信息产品，从而使图书馆知识服务的目标能够更容易实现，这是图书馆打造服务品牌的重要策略，也是实现图书馆服务品牌战略的重要内容。因此，在开展文献资源共建共享工作时，图书馆应在研究自身资源的过程中，分析信息资源和读者需求，从而确定图书馆实际的资源开发方向，并在此基础上开展创造性的个性化服务，不断提高服务品质，在当前环境中把服务工作做得更好，促进公共图书馆文献资源共建共享工作的开展。

5. 建立文献数据库

当前，公共图书馆文献资源共建共享工作已经在朝着网络智能化方向发展，在进行文献资源共建共享的过程中，建立文献数据库不仅可以提高图书馆信息服务的质量，还可以扩大图书馆的数字资源。

公共图书馆可以根据自身的情况，通过查看不同的文献分类，在建立数据库时开展文献资源的数字化工作，在数据库中设置规范合格的文献目录，既方便读者的查询，也方便工作人员的管理工作，实现在建立文献数据库的情况下高效开展图书馆文献资源的共建共享工作。

（二）文献资源共建共享的内容

1. 文献数字化资源共建共享

在公共图书馆文献资源共建共享工作中，文献资源的数字化不仅提高了文献资源的利用率，还对文献资源起到了保护作用。在公共图书馆工作中，首先要针对图书馆的实际情况和读者的实际要求，将利用率高的文献资源进行数字化处理，使其在本质上得到很好的利用；其次再根据图书馆之间不同的馆藏图书文献的特色，把特色图书文献也进行数字化。在这一条件下，图书馆对各种文献进行标准化管理，有利于读者方便地检索到文献的信息资源，达到文献资源共享的目的，促进公共图书馆文献资源共建共享工作的开展。

2. 分工合作，定期交流

因为每个图书馆都有自己的工作区域和所在地，进行分工合作的目的就是为了避免文献资源的重复收集，影响文献资源收集的效率。通过各图书馆之间的分工合作，不仅为文献资源共建共享奠定了良好的基础，还避免了许多不必要的文献资源的重复收集。通过各图书馆之间的定期学习交流，可以提高各个图书馆之间的工作效率，同时，在进行交流的过程中通过互相学习，从而促进公共图书馆文献资源共建共享工作的开展。

总之，做好公共图书馆文献资源共建共享工作是图书馆服务于读者的一种体现，公共图书馆要合理规划好文献资源的建设，并及时与其他图书馆开展合作交流，在交流的过程中共同学习、共同进步。在建立公共图书馆文献资源共建共享体系中，公共图书馆要通过强化共享意识，重视人才培养，建立数据库以帮助读者在图书馆文献中查找其需要的资料及建立相关的组织机构，不断促进资源共享工作的开展。

公共图书馆数字信息资源建设

第一节　数字信息资源与数字图书馆

一、数字信息资源

数字信息资源，是指以数字代码方式将图文声像等多种形式的信息存储在光、磁等非纸质载体中，以光信号、电信号的形式传输，并通过计算机或其他外部设备读取使用的信息资源。根据资源的可传播范围，数字信息资源又可区分为网络信息资源和单机信息资源。

（一）网络信息资源

网络信息资源是指借助于计算机网络可以获取和利用的所有信息资源的总和。

1. 网络信息资源的类型

按信息的制度化程度划分，可将网络信息资源分为如下类型：

非正式出版信息：是指流动性、随意性较强，信息量大，信息质量难以保证和控制的动态性信息，如电子邮件、专题讨论小组和论坛、电子会议、电子布告板新闻等。

半正式出版物：是指各种"灰色"信息，受到一定的产权保护，但不属于正式出版信息，如各种学术团体、教育机构、企业和商业部门、国际组织和政府机构、行业协会等在网上发布，在正式出版物上无法得到的信息。

正式出版物：是指通过万维网用户可以查询到的各种数据库、联机杂志和电子杂志、电子版工具书、报纸、专利信息等。这类信息是受到产权保护、质量可靠、利用率较高的知识性、分析性信息。文化共享工程提供的基本上属于此类数字资源。

2. 网络信息资源的特点

网络环境下，网络信息资源的来源更加广泛多样，传递与反馈更加快速、灵敏，具有动态性和实时性等特点，具体表现如下：

第一，增长迅速且数量巨大，但来源复杂。网络的共享性与开放性使任何人都可以在互联网上发布和索取信息，但由于没有质量控制和管理机制，所有信息未经严格的筛选和整理，良莠不齐，大量不良和无用的信息充斥其中，形成了一个纷繁复杂的网络信息世界，给读者选择和利用网络信息带来了障碍。

第二，获取方式的多样化。图书馆传统文献资源主要是通过购买、交换、捐赠等方式获取，受资金、地域等因素的限制，资源的获取范围也相对有限。网络环境使图书馆获取信息资源的方式更为多样，还可通过网络快速便捷地与外界进行各种信息资源的交流与传递，实现资源共享。

第三，表现形式多样化。网络信息资源是以文本、图像、音频、视频、软件、数据库等多种形式存在的，涉及各个领域，文献类型更为全面。

第四，存储数字化，以网络为传播媒介。所有网络信息资源最初都是以数字化的形式存在的，并通过网络信息技术，达到信息广泛传播的目的。图书馆通过数字技术，将实体馆藏的纸质文献数字化后，在网络上发布，使其传播范围更广、利用率更高。

第五，读者信息需求的多样化、个性化、无限制性。网络环境下，读者的信息需求更为多样化与个性化。他们希望图书馆提供的信息资源是经过精心筛选和加工整合的，符合其个性需求。同时，网络信息资源没有复本数量的限制，获得授权的读者可无限次地访问及复制使用。

第六，传播方式动态化。网络环境下，信息的更新淘汰周期短，变化快，不稳定，传递和反馈快速灵敏，网络中的任何信息仅需要短短的数秒钟就能传递到世界的每一个角落，从发布者到接收者之间信息的传递毫无滞后性。

（二）单机信息资源

单机信息资源是指通过计算机存储和阅读但不在网络上传输的数字化信息资源，人们常称之为机读资料。它与网络信息资源的区别就在于其存储的空间范围。主要的单机信息资源类型是磁盘和光盘。

在基层公共图书馆数字资源建设实践中，常按照数字资源的建设方式，将其分为购买的商业数据库、自建数据库和网上免费链接资源三种类型。

二、数字图书馆

(一) 数字图书馆的定义理解

"数字图书馆"（Digital Library，简称 DL），"Library"这个词，在英文中它有两个解释：一是"图书馆"；二是"库"。"Digital Library"的英文本意更强调的是"库"，而不是"图书馆"。现在关于"数字图书馆"的概念，很容易产生认识上的误区：认为数字图书馆就是将现有的图书馆数字化，这恐怕有点"望文生义"，失于简单、片面。"Digital Library"是一个内涵很丰富的概念，其"解"并不唯一，数字信息馆、数字信息库、数字图书馆等都是 DL 的可能解释。

计算机技术、通信技术、网络技术、多媒体技术等新技术的飞速发展对当代图书馆的各个方面都产生了极大影响。其中关于数字图书馆的理论与实践研究是其中最热点的问题之一。1993 年，在德国的埃森（Essen）召开了首届国际电子图书馆会议，1994 年，在美国得克萨斯又召开了国际数字图书馆会议。美国计算机协会（ACM）和美国信息科学学会（ASIS）及其他一些著名学会、协会的会刊都出版了与数字图书馆有关的专辑。

1996 年 3 月，美国计算机协会信息检索专业组（ACM SIGIR）、美国电气与电子工程师学会（IEEE）、美国信息科学学会（ASIS）等几大学术组织在 Bethesda 召开了规模很大的首届 ACM 数字图书馆国际会议。

数字图书馆是用数字技术处理和存储各种图文并茂文献的信息库，实质上是一种多媒体制作的分布式信息系统。它把各种不同载体、不同地理位置的信息资源用数字技术存贮，以便于跨越区域、面向对象的网络查询和传播。它涉及信息资源加工、存储、检索、传输和利用的全过程。从数字图书馆角度来看，就是收集或创建数字化馆藏，把各种文献替换成计算机能识别的二进制系列图像，在安全保护、访问许可和记账服务等完善的权限处理之下，经授权的信息利用因特网的发布技术，实现全球共享。数字图书馆的建立将使人们在任何时间和地点通过网络获取所需的信息变为现实，大大地促进资源的共享与利用。

数字图书馆是一门全新的科学技术，也是一项全新的社会事业。简言之，数字图书馆是一种拥有多种媒体内容的数字化信息资源，能够为用户提供方便、快捷、高水平的信息化服务机制。

数字图书馆不是图书馆实体；它对应于各种公共信息管理与传播的现实社会活动，表现为一种新型信息资源组织和信息传播服务。它借鉴图书馆的资源组织模式、借助计算机网络通信等高新技术,以普遍存取人类知识为目标,创造性地运用知识分类和精准检索手段,有效地进行信息整序,使人们获取信息消费不受空间限制,很大程度上也不受时间限制。

(二)数字图书馆的构成要素

1. 数字化资源

大量的数字化资源是数字图书馆的"物质"基础。对于传统图书馆来说,是否能发挥其资源优势关键在于数字化工作,而数字化面临的第一个问题,就是做什么和怎么做。

"做什么"是一个领导决策的问题,需考虑馆藏特色,社会要求以至于市场需求等等。

"怎么做"是一个技术问题,需要在一套较为完整的数字图书馆规划方案指导下,建立类似于目前图书馆运作的"采编流"机制,依照规范标准进行数字化,使数字图书馆这种馆中馆的运作正常化,形成一套人马、两个馆的格局。数字图书馆对数字化资源并无偏好,虽然它的目的是直接提供读者所需的最终信息,而不只是二次文献(获得文献的线索),然而二次文献也可能是某些读者的最终信息需求,因而书目数据、索引文摘等也是数字图书馆的组成部分。万千世界统一于数字图书馆中的 0 和 1,书籍、期刊、录音录像带乃至古籍善本、稀世字画甚至 X 光片,都消失了原本的物理形态,只要有相同的属性,就能被同时获取。

2. 网络化存取

高速的数字通信网络是数字图书馆的存在基础,数字图书馆依附于网络而存在,其对内的业务组织和对外的服务都是以网络为载体,得益于网络也受制于网络,只有利用网络至极限,才能发挥数字图书馆作用至极限。数字图书馆内部本身由局域网构成,一般是高速主干连接数台服务器及工作站,外部通过数台广域网服务器面向浩瀚的互联网。

3. 分布式管理

分布式管理是数字图书馆发展的高级阶段,它意味着全球数字图书馆遵循统一的访问协议之后,数字图书馆可以实现"联邦检索",全球数字图书馆将像现在的互联网连接网站一样,把全球的数字化资源联为一体,连接成为一个巨大的图书馆。分布式管理之所以是数字图书馆的基本要素,在于它强调标准协议的重要性,只有全球共同遵循 TCP/IP 协议,才有互联网的今天,数字图书馆技术还没有这样一个公认的标准协议,因此技术标准的选择和参与制订,对每一个数字图书馆先驱者来说都是至关重要的。

4. 规范的软件系统

一整套符合标准规范的数字图书馆赖以运作的软件系统,主要分信息的获取与创建、存储与管理、访问与查询、动态发布以及权限管理五大模块，类似于图书馆集成管理系统对于传统图书馆所起的作用：数字图书馆的维护管理和用户服务。

（三）数字图书馆的特点分析

数字图书馆与传统图书馆在基本的文献揭示和信息传递上所起的作用是相同的。从本质上讲，都是信息的有序化与增值传递，但在处理对象、工作程序、表现形态等方面却有极大的差异。数字图书馆建设使传统图书馆迈入了一个崭新的天地，数字图书馆及其组成部分虽然仍称为图书馆，但其与传统图书馆相比，具有独有的特征：即物理空间实体不再是特定标志。

1. 数字图书馆的独有特点

数字图书馆是在科技知识呈几何级数增长的学习化社会背景下发展起来的。数字图书馆的服务内容和结构多元化形成的"即时生产"型的服务体系，使人们可以根据工作、生活、休闲等需要，在可能的场合随时随地自主进行学习，随时获取知识、提高能力；读者成了图书馆服务过程中的认知主体，图书馆员与读者在时空上处于准分离状态，读者的学习可以是灵活、多样、开放的，这些都构成了数字图书馆以下的显著特点：

（1）具备高效的计算机管理能力。

数字图书馆利用计算机管理数字化信息资源，并且对全部业务工作实行计算机管理。

第一，信息储存空间小不易损坏。数字图书馆是把信息以数字化形式加以储存，一般储存在电脑光盘或硬盘里，与过去的纸质资料相比占地很小。而且，以往图书馆管理中的一大难题就是，资料多次查阅后就会磨损，一些原始的比较珍贵的资料，一般读者很难看到。数字图书馆就避免了这一问题。

第二，信息查阅检索方便。数字图书馆都配备有电脑查阅系统，读者通过检索一些关键词，就可以获取大量的相关信息。而以往图书资料的查阅，都需要经过检索、找书库、按检索号寻找图书等多道工序，烦琐而不便。

第三，远程迅速传递信息。图书馆的建设是有限的。传统型图书馆位置固定，读者往往要花费大量的时间在去图书馆的路上。数字图书馆则可以利用互联网迅速传递信息，读者只要登录网站，轻点鼠标，即使和图书馆所在地相隔千山万水，也可以在几秒钟内看到自己想要查阅的信息，这种便捷是以往的图书馆所不能比拟的。

第四，同一信息可多人同时使用。众所周知，传统图书馆中一本书一次只可以借给一个人使用。在数字图书馆则可以突破这一限制，一本"书"通过服务器可以同时借给多个人查阅，大大提高了信息的使用效率。

(2) 以数字化信息资源为基础。

数字图书馆采用先进的数字化信息存储处理技术，利用光盘存储技术、超文本、超媒体技术等，对信息资源建立分布式的大型文献信息库及超文本检索系统。

数字图书馆利用现代信息技术对各类传统介质的文献进行压缩处理并转化为数字信息，以"0"和"1"来组成信息资源的细胞。现代图书馆数字化信息资源的来源一方面是传统馆藏资源的数字化，一方面来源于电子出版物和网络上的信息资源，同时还有自行开发的各种各样的专题资源库。中国数字图书馆工程开发的数字化信息资源包括中华民俗、百年敦煌、中国书史、宇宙探秘、海洋百科、千家诗、科普知识、法律法规等。

信息资源数字化是数字图书馆的基础，因为数字图书馆的其他特点都是建立在信息资源数字化的基础上的，这也是数字图书馆与传统图书馆最大的区别。因为数字图书馆的本质特征就是利用现代信息技术和网络通信技术将各类传统介质的文献进行压缩处理并转化为数字信息，以"0"和"1"来组成信息资源的细胞，并组成无数个比特（bit）和字节（byte）的信息元素和单元。数字是信息的载体，信息依附于数字而存在。

(3) 以网络化传递为手段。

数字图书馆通过各种电子通信手段，特别是因特网等网络，连接数字图书馆和网上信息中心等，提供各种分散的地区、国家和国际上的信息数据库的联网查询服务。

数字图书馆跨越了时间和空间的限制，使用户通过国际互联网，在任何时间，从任何地点都可以进入数字图书馆，获取符合自己需求的信息内容。数字图书馆具有信息传播与发布功能。

与传统的图书馆不同，数字图书馆已经开始并将实现由文献的提供向知识的提供的转变。数字图书馆将图书、期刊、照片、声像资料、数据库、网页、多媒体资料等各类信息载体与信息来源在知识单元的基础上有机地组织并链接起来，以动态分布式的方式为用户提供服务；而自动标引、元数据、内容检索、不同数据库的互联等知识发现与组织的技术将成为数字图书馆发展的技术关键。数字图书馆信息提供的知识化将会为广大读者用户提供"知识水库""学术银行""数据仓库"。由于信息加工组织的知识化、智能化和完备的信息检索系统的建立，使数字图书馆能够为读者用户一次性地提供所需要某一主题的目录、论文和著作的全文、图片、图像、声音等各种知识信息。总之，数字图书馆信息提供的知识化，使信息加工趋向智能化，为读者用户创造了一个良好的有利于产生和发现新知识的信息环境。

2. 基于功能角度的特点

(1) 虚拟性。各种载体的数字化转换与藏取，使得虚拟性成为数字图书馆的最大特点。各种文献载体将被数字化,包括各种印刷型文本(古籍、善本)、地图、缩微资料、视听资料和动画片、电影片等。在数字图书馆中,将以多媒体数据为主。

(2)重复性。组织有效的访问和查询。数字图书馆的储存功能使图书馆资源重复使用不会被消耗,并无磨损,使数字图书馆资源成为一种取之不尽的资源,能够保存和积累。同时数字图书馆资源使用者又成为数字图书馆资源提供者。数字图书馆储存着丰富优质的资源,为人们长时间反复使用信息资源提供了可能性。全球数字图书馆将像现在的Internet连接网站一样,把全球的数字化资源联为一体,成为一个巨大的图书馆。通过有效的文本数据库查询技术和多媒体资料的查询技术,直接对图像、声音建立索引,可以按照颜色、形状、纹理在图像中的位置对图像进行查找。

(3)替代性。数字图书馆可以代替人进行图书馆服务,即人-机图书馆服务;可以代替或演示事物的反应与发展过程,使服务内容更生动、直观、形象、具体。数字化图书馆大多采用客户机/服务器的模式,客户、图书馆服务器和对象服务器构成信息传递的核心结构。海量数据的存储和管理显示了数字图书馆的规模与能力。

(4)隐蔽性。多媒体网络为数字化图书馆提供了一个资料的传输环境。今后的NII和CII就是最好的环境。可以说,宽带综合业务数字网(B-ISDN)将成为多媒体通信的基本传输网络。数字图书馆通过现代网络信息技术提供给读者的是虚拟和虚拟化的空间。网络的隐蔽性使人们处于时空的隔离。只要有网络设施,人们就可以在任何地点、任何时间通过网络浏览数字图书馆看自己想看的东西,且很难被人察觉,这有利于保护个人隐私,也有利于个体的发展。

(5)开放性。开放性是指数字图书馆向任何人在任何地点、任何时候,以任何内容、任何方式提供学习机会。开放性带来读者使用数字图书馆的自由性、灵活性、针对性和适应性;开放性也带来了人们思想价值观念的开放,使人们的视野更为开阔,思维方式更具全局性和整体性。

(6)平等性。数字图书馆的隐蔽性使人的身份隐蔽,人面对数字图书馆都是平等的。数字图书馆使以往的图书馆服务模式发生了深刻的、根本的变化,世界性的图书馆服务已成为一种现实,图书馆服务也由单向性向交互式转变。

第二节　数字信息资源建设

　　网络技术、通信技术以及数字化技术的飞速发展,使数字信息资源呈现几何级数增长;同时,读者也越来越倾向于通过数字资源来解决自身的信息需求。因此,图书馆必须以全新的视角去审视和发展图书馆的数字信息资源。图书馆发展数字信息资源通常有两种方式:一种是将图书馆馆藏的纸本资源数字化,自主建设各类相关数据库;另一种是直接购买商业数据库,或通过收集、加工网上免费信息资源集合而成的数据库。如此建成的数字信息资源更为开放、有序和便捷,可最大限度地满足读者多层次、多种类的信息需求,提高数字信息资源的利用率。

基层图书馆的数字信息资源建设通常包括书目数据库建设、特色数据库建设、商业数据库的采购、网络信息资源的开发和利用等几个方面。

一、书目数据库的共建共享

(一) 书目数据库的作用体现

"书目数据库是图书馆信息服务系统的基础,是图书馆馆藏资源数字化建设的重要内容,它是对图书馆馆藏进行揭示、帮助读者检索和利用图书馆的信息资源,是开发图书馆信息资源的基础数据库,也是图书馆全面实现网络化、自动化和资源共享的基础与关键。"[①] 它的规模、质量和标准化程度对整个信息系统的效益有着决定性的作用。

(二) 书目数据库建设的方式与程序

书目数据库的建设通常有三种方式:自建;标准书目套录;套录和自建相结合。其中自建书目数据库比较灵活,自主性强,容易操作,但数据库质量不易控制,非标准的数据会直接影响到数据的交换和共享效果;采用套录书目数据虽省时、省力、速度快,书目数据的标准化也能得到保障,但套录数据不能涵盖所有新书的书目数据,有时还需要通过自建数据予以补充,所以多数图书馆都是采用套录与自建相结合的方式来建设本馆的书目数据库。

为保证书目数据库的质量,必须做好以下几项工作:

第一,编目系统的选择。管理系统中的编目子系统对编目质量起着决定性作用。目前,公共图书馆中使用较多的管理系统有:深图图书馆自动化集成系统(ILAS)、金盘图书馆集成管理系统(GDLIS)、文津图书馆管理集成系统、汇文文献信息服务系统、博菲特文献管理集成系统等。图书馆可根据本馆的实际状况,从中选择一个稳定性、兼容性兼

---

① 马春燕. 数字信息资源开发与建设[M]. 北京:经济管理出版社,2009:73.

备的功能齐全的管理系统。

第二,数据录入。在数据录入时要严格按照国家制定的著录标准,进行规范化、标准化著录。

第三,建立严格的工作程序。在书目数据库建设的准备、数据录入、数据核校三个阶段中建立严格的工作规范,确保数据的准确性。

第四,人员的组织培训。编目人员的综合素质是保证数据库质量的关键,因此,应强化他们的技能培训和责任心教育。

(三) 书目数据资源共建共享的模式

1. 联机编目方式

"所谓联机编目,就是各成员馆与联机编目中心通过计算机自动化系统和网络连接起来,按照标准的机读目录格式著录书目数据,实现联机共享编目。"[1] 各成员馆可联机实时检索查询其他成员馆或联机编目中心的书目数据,瞬时获得所需数据;对未检索到记录的新书,按联机编目中心统一标准进行编目并上载,供其他成员馆查询使用。

在联机编目网络中,可以对地理位置分散的书目资源实现实时的集中管理,而且是实时检索,可进行交互对话,数据传输及时准确,数据质量和标准化程度高,从长远来看,联机编目方式是一种比较理想的模式,也是我国文献编目的发展方向。

2. 集中编目方式

集中编目又称统一采编,是指在一个地区、行业或系统内,多个图书馆通过协商,由一个能力和条件较强的图书馆承担各成员馆的采购编目业务,其他成员共享其成果的一种工作方式。集中编目避免了各个图书馆在编目工作中的各自为政,使文献达到一次制作多次使用、一方编制多方共享、一种形式输入多种形式输出的目的,书目数据以最快的速度、最短的时差进入联机书目数据库,缓解了过往新书书目数据制作时滞过长的矛盾。同时,集中编目方式还从根本上改变了以往分散编目造成的浪费和书目数据不标准、不规范的缺陷,保证了编目数据的质量。

但是集中编目方式也有两个明显的缺点:①这种编目方式的适用范围仅局限于一个地区、行业或系统内,只能实现小范围的书目数据资源共享,在一定程度上影响了书目数据的检中率。②文献信息量过度集中,使编目中心承担较大压力,容易造成工作量的积压,影响到编目数据的时效性。

---

① 杨玉麟,屈义华. 公共图书馆资源建设与服务[M]. 北京:北京师范大学出版社,2013:114.

总之，基层图书馆应根据本馆的办馆条件、人员素质、资金状况、规模大小、读者需求等实际情况，选择最符合自身特点的建库模式。但无论采用何种书目数据库建设模式，都应将标准化、规范化摆在首要位置，强化书目数据间的兼容性，以免造成书目检索和数据资源共享的困难。

（四）书目数据库建设的注意事项

书目数据库是图书馆实现计算机化、网络化的关键，是信息资源共享的物质基础。因此，在进行书目数据库建设时必须注意以下几个问题：

1. 书目数据库的质量

质量是数据库的生命，也是数据库建设中最核心的问题。因此，在书目数据库建设的过程中，必须既要保证书目数据的完整性，又要保证数据源的全、准、新，还要建立严格的质量监督体系，强化数据库的标准化、规范化，提高书目数据的质量。可以说，书目数据的标准化、规范化、准确化、完整化、一致化是书目数据库正常运转的保障，也是实现书目数据共建共享的前提条件。

2. 功能优化

数据库的功能是否完善直接影响其检索效率，总体来讲，检索入口越多，越便于读者使用。因此，要不断完善数据库的检索系统功能："提供单机版、局域网版、网络版等运行环境；提供多角度同时检索；支持定性检索和定量检索等方式；提供多个检索入口，并实现各项间的逻辑组配检索和标引词的位置算符检索，以及一次检索结果基础上的多次循环检索。"[①]

3. 书目数据库的再开发

在完成书目数据库建设后，图书馆还应对文献的内容进行深层次揭示，对全文数据库进行开发与应用，形成二次或三次文献信息数据库，提供增值性服务。

总之，基层图书馆在建设书目数据库时，必须根据自身的实际情况，转变旧有观念，坚定走联合建库、资源共享的道路，协调好书目数量和书目质量的关系，以最适合本馆发展特点的建库模式来推进书目数据库建设的各项工作。

二、特色数据库的建设

由于服务区域及服务对象的不同，公共图书馆的馆藏资源也各具特色。在数字资源建

---

① 马春燕. 数字信息资源开发与建设[M]. 北京：经济管理出版社，2009：80.

设的过程中应该结合不同图书馆的具体情况，选准定位，突显特色馆藏，这样才能使数据库具有旺盛的生命力，才能吸引读者。特色数据库的建设是特色馆藏的延续，是数字资源建设中必不可缺的一部分。

（一）建设特色数据库的作用体现

特色数据库是指图书馆依托馆藏信息资源，针对读者的信息需求，收集、分析、评论某一学科或某一专题有利用价值的各类型信息资源，并按照一定标准和规范将其中特色化的资源进行数字化，最终以数据库的形式存储起来的信息资源集合。可以说，特色数据库是图书馆特色资源的集中反映，充分展示了其个性化特征，是吸引更多读者、扩大社会影响力的核心资源，对提升自身的社会形象、体现生存价值都具有非常积极的意义。因此，图书馆若想在数字化、网络化市场争得一席之地，必须以自建的特色数据库作为亮点。

特色数据库建设的目的是满足读者的特殊文献信息需求，在建设过程中应当遵循实用性、独特性、共享性、规范性等原则。

（二）自建特色数据库的基本流程

1. 数据库选题

图书馆在建设特色数据库之前，应依据读者的信息需求，结合现有的资源特色，对建设的可行性问题进行调研分析。具体来说，内容如下：

（1）调研已有的或在建的数据库资源分布状况，选择特色数据库建设的切入点，避免重复建设。

（2）分析研究特定的读者群，掌握其对数据库的特色化、个性化信息需求。

（3）分析特色数据库资源的学术价值、利用价值、社会效益、信息源的充足性，以及信息搜集渠道的畅通性等问题。

（4）分析特色数据库建设中所需的人才队伍和配套设备。

（5）资金问题。通过多种渠道积极筹集经费，这是特色数据库建设的关键问题。

2. 实施数据库开发方案

经过详尽的选题可行性分析论证后，制订并实施数据库开发方案。

（1）数据收集。建立并拓展畅通的信息采集渠道，广泛采集信息资源后，对其进行汇总筛选、整理集中，并制订相关工作计划。另外，还应随时对信息资源进行查漏补缺，保证数据的完整性、权威性、及时性。

（2）配备硬件和软件设备。建设特色数据库，需要配备相应的硬件和软件设备，具体数量视数据库建设规模而定。

（3）数据加工。对数据的筛选、数字化处理、标引、录入、审核、数据发布等处理与加工的过程。

3. 数据库更新维护

数据库的更新维护是其旺盛生命力的重要保障，特别要注重读者在使用数据过程中的反馈信息，及时对数据进行更新维护，保持数据信息的新颖性。

（三）自建特色数据库的注意事项

特色数据库的建设有利于文献资源的合理配置，在建设过程中除了要注意标准化、规范化、人才、质量、维护等问题外，还应注意以下几个方面：

1. 数据库建设协调规划

规划是数据库建设的重要环节，图书馆不能盲目求大求全，而应根据自身的实际情况，确定数据库建设的规模，充分利用有限的资金，建设出高质量、精品化的特色数据库，避免重复浪费。

2. 知识产权问题

特色数据库建设过程中面临严峻的知识产权保护问题，图书馆应该在适应知识产权国际秩序的基础上，充分利用知识产权保护的信息资源合理使用的权利，开发建设不以盈利为目的的特色数据库，在避免引起知识产权纠纷的同时，为社会公众提供更丰富的信息资源。

3. 数据库的宣传推广

图书馆耗费人力、物力、财力建成了特色数据库，大多数却忽略了对其的宣传推广，使它们处于"养在深闺无人识"的处境。因此，需要借助各种宣传渠道，加大特色数据库推广力度，让更多的读者了解与使用。

三、商业数据库的选择

（一）商业数据库的含义及类型

商业数据库是指由数据库生产商或数据库服务提供商开发的各种文献数据库。图书馆以购买或获得授权的方式，通过图书馆的界面供内部读者或远程读者使用。购买商业数据库产品或服务已经成为公共图书馆数字资源建设的重要手段。

目前国内的商业数据库，在出售时一般有两种方式：①包库方式，购买者只有使用权，没有所有权。②镜像方式，购买者既有所有权又有使用权。具体来说就是，如果只以包库方式购买数据库，一旦不再续订，所有数据库的资源就全都没有了。采取镜像方式是指将所购买数据库的数据内容装在本馆的存储设备上，数据库公司还定期不断地充实和添加内容。即便图书馆不再续订，那些已经购回的数据库资源，其所有权仍然是图书馆的，读者照样可以使用。

（二）商业数据库的采购程序

第一，制订馆藏数字资源发展规划。图书馆应根据自身的发展目标、服务对象、经费来源等状况，制订发展规划，明确规定数字资源建设的发展方向和建设目标。

第二，争取经费。在制定数字资源采集的年度财政预算中，不但要考虑维持现有数据库的经费，还要根据规划，增加其他需采购资源的费用。

第三，熟悉、了解数字资源发展动态，及时了解、掌握读者的需求。

第四，初始评价、试用和最终评价。根据评价结果最终确定需购买的数据库。

第五，签订数字资源使用许可协议。

第六，租用、获取、购买数字资源。双方签署许可协议后，将开展数字资源的正式安装或开通调试工作，进行用户使用培训，待数据库运行正常后才支付购买费用。

第七，管理、发布数字资源。对已采购的数字资源，图书馆应对其进行管理维护，及时向图书馆的合法读者进行发布。

（三）商业数据库的集团采购

商业数据库的集团采购是指某一地域、行业或系统内的图书馆自愿组成采购联盟，共同推举谈判代表与数据库商进行价格与使用条款的谈判，联合采购某种数字资源，共同承担购买费用，以最少的经费，获取最优价格、最佳服务和最符合需求的资源。集团采购的优越性已为各图书馆普遍认可：首先，通过联合的优势，享受批量购买的优惠，集中各个成员馆的人、财、物资源进行核心资源购买，节省时间和人力资本，降低总体费用；其次，克服重复购买的问题，实现资源的共建共享；最后，由于是多馆的联合采购，资源评价能够更加客观公正。

集团采购的方式主要有三种：①图书馆联盟扮演集团采购代理商，以最优价格购买数据库后，各个成员馆根据自身需求选择少量购买。②图书馆联盟代购数字资源，统一安装到本地服务器上，提供给成员馆使用。③由图书馆联盟为成员馆签约获得产品的使用许可，提供网关或由成员馆直接访问产品网站，图书馆联盟内成员馆不论规模大小都能为各自的读者提供大范围的核心数字资源检索服务。

数据库的集团采购是一种应用广泛的采购模式，但是它也存在一定的缺陷，主要表现在：数字资源所有权问题、集团内各成员馆的利益平衡问题、使用中的读者管理问题等。因此，应采取以下策略，解决集团采购中存在的问题：首先，成立专门的数字资源建设领导小组，制定采购政策和价格模式，平衡各成员馆间的利益，协商处理采购中遇到的重要事务；其次，积极寻求长期的数字资源保存机制，建立切实可行的保存方法；最后，加强数据库的统一宣传与管理，增加读者使用数据库的意愿，提高使用率。

总之，对于图书馆来说，集团采购不仅可以使经费使用更为合理化，还扩充了数字资源馆藏，提高了数字资源的质量及利用率，进而深化图书馆的服务功能。

四、网络信息资源的开发与利用

网络环境下，图书馆正逐步由传统型服务模式向网络化、电子化、虚拟化、数字化的新型服务模式转变，其中网络信息资源以数量庞大、信息存储量大、检索功能强等优势，越来越成为读者使用率不断提高的资源类型，在图书馆数字资源中所占的比重也逐渐加大。

开发网络信息资源有助于弥补图书馆馆藏的缺失，丰富图书馆的数字资源，更好地满足各类型读者的需求。图书馆应该将网络信息资源的开发和利用作为数字资源建设的工作重点之一，发展馆藏资源和网络资源并重的馆藏发展模式正逐渐为各级图书馆所接受。

（二）网络信息资源开发与利用的内容及方法

1. 网络信息资源开发与利用的内容

（1）重视馆藏资源数字化，加强网络信息资源采集，完善馆藏资源结构。图书馆有限的购书经费及办馆空间与读者不断提高的信息需求之间存在巨大落差，严重影响了其职能的发挥。因此，图书馆应该充分利用现代网络技术，一方面加大对馆藏文献资源的数字化处理，使之成为读者通过网络可检索使用的二次文献信息资源；另一方面，通过对网络信息资源进行再加工，使其成为读者通过本馆网页即可查找到的信息资源，充实完善图书馆的馆藏资源结构。

（2）多渠道开发利用网络信息资源，发挥图书馆的知识导航作用。主要方式有：①数据挖掘，可准确掌握读者的文献使用规律和信息需求，优化馆藏布局，提高网络信息资源服务的质量。②网络信息资源导航，方便读者浏览和查询重组信息。③信息推送，实现从"人找信息"到"信息找人"的转变。④个性化信息服务，满足特定读者的特殊需求。

⑤企业信息资源服务，促进地方经济发展。

2. 网络信息资源开发与利用的方法

（1）站点导航。即网址导引库，这是利用最多、最简单又最直接的网络信息资源开发模式。具体来说，就是图书馆员对网络信息资源进行科学系统的组织、标引，建立网络导航、学科导航或专题资源库，帮助读者尽快获得有价值的信息。

（2）搜索引擎。运用网络自动搜索技术，跟踪网上站点并对站点信息进行收集、整理、分类、索引等处理，同时对每个网站加以注释，给出范畴词或关键词，以产生新的数据库供读者利用。

（3）信息下载。利用站点导航和搜索引擎等手段，有选择地下载所需信息，再按统一格式整理、建库并建成检索系统。

（4）按专题栏目采集和提供信息。不同栏目可由不同的信息类型构成，并可能有不同的价值选择。

（5）创建以网上信息资源为收藏对象的各类专业虚拟数据库。例如，建立指引库、网上联机检索数据库等，使读者在馆外也可便捷查找到所需信息。

（三）网络信息资源开发与利用应注意的问题

虽然网络信息资源具有不可比拟的优势，总体发展呈现出一片繁荣的景象，但毋庸置疑的是，在这个快速发展的过程中，网络信息资源也存在着一些不容忽视的问题。这些问题如果得不到有效的解决，势必会影响网络信息资源的健康、快速发展。具体来讲，主要是以下几个方面：

1. 网络信息的甄别、选择问题

互联网上的信息资源虽然丰富，但大量信息垃圾充斥其中。因此，在开发与利用网络信息资源时，首先必须要对网上的信息进行鉴别、选择。鉴别与选择的标准一般应考虑信息内容的学科范围、深度、广度、准确性、时效性、便捷性，以及信息的类型、语种等因素。

2. 网络信息资源的标准化问题

（1）内容格式的标准化。目前，国际公认的网络信息资源的内容格式标准是元数据标准，因此建立各种元数据系统间的相互转换关系和转换方法已成为规范数字化信息、保障网络信息资源开发与利用顺利进行的必要条件。具体来说，就是严格按照统一标准，对数据进行加工和管理，采用统一的技术规范与标准要求，对网上信息资源进行整合，使其处于有利于网上传递与检索的良性状态，提高网络信息资源的检索效率。

（2）导航服务的标准化。网络信息资源是以超文本格式，通过节点链接起来的非线形结构，这种链接的方便性造成了网络信息错综复杂和交叉分布的状况，加大了读者查找信息的复杂性。因此，网络信息资源的导航服务必须以内容全面、航标明确、界面友好、链接功能强为标准，以提高读者信息的查全率和查准率。

3. 开发建设的质量问题

目前，我国网络信息资源开发建设的总体质量不高，直接影响了读者对网络信息资源数据库的信任与使用，因此在开发过程中应注意如下两点。

（1）信息的完备性。为满足读者一次检索到尽可能多相关信息的需求，图书馆员要善用多种搜索引擎，尽可能全面、系统地查找信息，同时注重信息的连续性和完整性，及时增补新的信息，保证有足够的相关信息量。

（2）信息使用的方便性。网络信息资源库如果检索途径不方便、不顺畅，就会影响读者对其的质量评价和使用选择。因此，在开发网络信息资源时，应充分考虑信息资源的组织是否科学、合理，界面是否友好、易用，检索功能是否完善，检索方式是否灵活多样，是否提供多种方式输出数据等。

4. 有关政策和法律法规不完善

目前我国还没有任何一部法律来确定如何对网络信息资源进行开发和利用，仅仅依靠一些政策是不能完全发挥导向和制约作用的，由此造成侵权纠纷频发与信息资源搁置浪费的矛盾局面。因此，图书馆在利用网络信息资源时，应坚持合理使用原则，着重强调图书馆的公益性特色和公平免费原则，尽可能规避侵权纠纷的风险。

5. 网络信息的安全机制问题

网络在带来便利的同时，计算机病毒、黑客攻击、网上窃密及有害信息传播等安全问题也日益凸显。但有些图书馆对信息安全缺乏应有的认识和警惕性，有必要强化网络信息的安全措施。

6. 网络信息资源开发与利用的人才问题

网络环境对图书馆员的信息素质提出了更高的要求：他们不仅是资源组织者、信息提供和传播者，也是信息的导航者，是图书馆网络信息资源开发与利用的关键和基础。

总之，在有效解决以上问题的基础上，对庞大的网络信息资源进行有序、规范化整合，并提供有效的检索工具，将有利于网络信息资源的开发与利用，提升图书馆的服务质量和服务能力，更好地为读者服务。

第三节　数字信息资源建设案例

一、德清县图书馆数字资源建设的实践

人类已经进入数字时代。在现实世界和虚拟世界同时生活已成为现代人的常态。以存储、传播知识信息资源为己任的公共图书馆，除了在现实之中做好文献资源建设、开展阅读推广活动外，还面临着如何应用数字信息技术在虚拟世界中完成同样的工作。德清县图书馆新馆开放以来，进行了有益的尝试。

（一）德清县图书馆信息化建设概况

德清县隶属于浙江省湖州市，南邻杭州，区位优势明显。德清东西狭长，地貌西高东低。西部是天目山余脉莫干山，东部是杭嘉湖水乡，有山有水，自然生态优越。德清县是中国百强县，人文历史深厚，沈约、孟郊、俞樾等历史名人，给德清留下了丰富的文化资源。

2014年1月18日，德清县图书馆新馆开放运行，因其宽敞舒适的馆舍、高雅温馨的环境和丰富的资源，一开放即成为德清百姓向往的阅读学习、文化休闲的公共场所。除常规的书报刊、数字资源外，图书馆还有报告厅、展览厅、视障人员阅览室、视听室（HIFI室）、24小时自助区、读者沙龙区、创客空间、咖啡吧等，其服务功能大大拓展。

德清县图书馆的数字化建设和其他县级图书馆一样，得益于文化信息资源共享工程的建设和推广。2003年，德清县图书馆运用了图书馆管理软件ILAS II进行数字化编目、检索，实现了条码扫描借阅；建立电子阅览室，配置了20台电脑向读者开放。当时，上网读者主要还是社交、游戏、看片、检索；数字阅读方面，既没有丰富的资源，也没有好的方式。

随着电脑、手机的不断升级换代，功能越来越强大，价格越来越低廉，迅速普及到家庭，人们纷纷登录互联网高速公路，越来越多的人开始过着虚拟和现实并行的生活。在这个时候，德清图书馆新馆开始规划。除了馆舍、环境等硬件条件外，图书馆的资源建设十分重要，而加强数字资源建设又被作为弥补县级图书馆资源不足问题的一次极好机遇，占据着相当突出的地位。

德清县图书馆聘请浙江图书馆时任信息技术部主任陈晔担任德清图书馆信息化建设的

设计规划师，在此之前，他刚刚完成杭州图书馆信息化建设的设计实施。根据当时数字化发展的形势和德清图书馆的功能定位，县里给图书馆的定位标准是"国内领先、浙江一流"，采用目前的信息化设备要中等偏上，五年不落后。根据这一定位和要求，编制了《德清县图书馆信息化建设设计方案》，总投资1360万元。经过专家的可行性论证后，又编制《德清县图书馆信息化建设实施方案》，经专家再次论证后，报县政府批准实施。

德清县图书馆的信息化建设共拆分有48个标，根据相关规定采取公开招标、单一来源采购、协商采购等方式进行，进展比较顺利。

目前，德清县图书馆信息化的主要设备有：IBM FLEX 刀片服务器、IBMV7000 存储、热冗余的H3C万兆核心交换机等；网络配置为万兆主干，千兆到桌面，58个Wi-Fi热点全馆覆盖；实现自助办证、自助借还图书、定期盘点，建设24小时无人值守图书室、24小时ATM式街区自助服务等；资源平台有数字图书馆、移动图书馆、微信图书馆、方正阅知系统等。

（二）数字资源服务、推广的主要做法

1. 构建数字文化服务网络，提供泛在的服务

第一，将分馆和流通点与总馆用VPN设备联网，实现数字资源共享。目前全县建立了80多家图书馆分馆和流通点，这些服务基层的重要阵地基本实现与总馆的网络互联互通、数字资源共享。

第二，建设企业电子阅览室，为分馆、流通点配置数字化设备。例如，在上市公司浙江佐力药业公司建立职工电子阅览室，并通过专用网络设备连入图书馆专网，使职工可以在线使用数字资源。在每个分馆标配一台歌德电子图书借阅机和一台方正多媒体读报读刊机。

第三，在人员密集的场所如社区等地方放置数字化设备。例如，在德清县内的群安社区、上柏社区等放置多媒体读书读报机，方便社区居民的使用。

第四，建设多种移动客户端，如方正移动阅读、超星移动图书馆等。这些系统和平台都适用于手机和智能终端，使用户无论在任何时间、任何地点都可以获取到德清图书馆的数字资源，全力打造一种泛在的服务模式。

2. 与相关部门通力合作，最大限度地方便特定用户群体

受历史条件的影响，读者比较习惯图书馆纸质文献的服务。德清县图书馆提供数字资源服务以后，读者一开始并没有这样的意识，以至于在初期，图书馆的数字资源乏人问津。为推广数字资源的使用，德清县图书馆采取了一系列措施，具体如下：

第一，与教育部门联系，将教育信息网的 IP 纳入服务范围，网站做链接并通过 OA 系统和短信告知，可以使用县图书馆的哪些数字资源。

第二，和各大医院合作，如浙江省皮肤病医院、县人民医院、县中医院等，通过组建 VPN 网络，或者开通账号的形式，为 400 多名医务工作者使用提供了方便。

第三，将县党政信息网的 IP 地址段加入数字图书馆的系统地址池，使广大政府部门的工作人员可以零门槛、无障碍地使用。

第四，将数字图书馆服务加入德清"丰收驿站"的服务网络。"丰收驿站"是一个以实体店铺为核心，融合了公众服务、普惠金融、网络代购、跨境电商、集成采销、配送服务为五农一体的乡镇 O2O 融合模型，是"互联网+"环境下农村电子商务多元化发展的新形式。通过"丰收驿站"，德清数字图书馆搭建起服务广大农民的阵地。

3. 开展形式多样、内容丰富的资源推广培训

第一，馆内常年开展各种读者培训活动，主要的形式有：在大厅摆摊发放宣传资料，接受读者咨询；请数据库厂商的讲师做讲座；开展针对少儿的趣味培训活动，等等。

第二，深入全县各所学校，发放各种宣传资料，办理账号（借书证），开展培训等。

第三，到社区、企业宣传推广数字资源：与报社的"今日微公益"一起到祥和、群安等 10 个社区提供现场服务；到一些上市公司的职工生活区发放宣传资料、放置易拉宝的广告。

4. 借助各种媒体做大力宣传

第一，在馆内的数字视窗系统、触摸屏等媒介滚动播放图书馆的平台和资源介绍，营造浓厚的氛围。一般是一个星期选一种数据库产品，采用图文并茂的方式，详细介绍产品的内容、使用方法和途径，然后滚动播放，让读者一到图书馆就能感受到它的存在。

第二，在德清的新闻报纸上开辟专栏，在每个月一期的德清新闻英溪阅读专版上开辟专栏，详细介绍每种数据库及使用方法。

第三，在德清电视台播放专题片，通过技术制作将德清数字图书馆、移动图书馆等平台的功能、使用说明等拍成短片，在德清本地电视台上播放，广而告之。

第四，在人流集中的场所发放宣传资料，主要是结合镇（街道）的节庆活动，利用人流集中的场面，图书馆工作人员到活动现场发放各种数字阅读的材料，如新市的蚕花庙会、乾元的元宵灯会等。

（三）德清阅读节：借助资源平台，整合"分散阅读"

数字阅读具有分散随意的特点，随时、随地、随人、随景，如何以活动的形式将数字

阅读整合起来，是一个值得思考的问题。受微信运动的启发，在主管局的大力支持下，德清县图书馆在 2016 年 4 月份推出了贯穿全年的"德清阅读节"。

1. 德清阅读节的主要做法

第一，借助超星数字阅读平台，整合阅读产生的数据。关注"德清县图书馆"微信公众号，然后下载"德清移动图书馆"的 App，首次使用 App 的读者需登录（账号密码即为借书证的账号和密码），登录成功后方可在客户端进行各种阅读，内容包括图书、报刊、视频、公开课等。

第二，在德清县图书馆微信公众号、在图书馆主入口外竖立"阅读榜"，并对名列前茅者予以奖励。以翻书页码为基本计数单位，每周、每月、每季、每年排名，推出周榜、月榜、季榜和年榜。上榜名单为前 3~10 名，奖励名额在前 50 名内抽取。

2. 德清阅读节的活动效果

图书馆开展"德清阅读节"活动后，大大增强了读者数字阅读的趣味性。有读者评价，德清图书馆推出"阅读节"，使潜伏于线上的阅读者浮出水面，同时使数字阅读更加生动、有趣。

3. 德清阅读节活动存在的问题及改进措施

目前，"德清阅读节"的活动内容还是以数据为排名标准，对书、对人还缺乏足够的关照，活动显得缺少温度和厚度；在线下也只是一张榜单和奖品，缺乏面对面的互动与交流，活动显得缺乏热度。

德清图书馆的数字阅读推广活动在逐渐增加。中国图书馆学会阅读推广委员会推出"扫码看书、百城共读"活动，浙江图书馆举办"21 天阅读"等活动。德清图书馆既要做好整合推广，也取其之长，把德清"阅读节"从手机电脑办到读者心里。一是积极加入推广联盟，利用他们的新技术、新思维来丰富"阅读节"的形式，如在微信平台上挂接"21 天阅读计划"分享读书心得，利用"扫描看书、百城共读"的名人效应大力推广阅读等；二是发动社会力量来推广"阅读节"，德清民间人士将设立德清阅读奖，并委托德清图书馆来实施，发动社会人士积极参加从而带动德清阅读节的开展，年终为阅读推广的突出贡献者给予重奖。

（四）德清县图书馆微信平台的建设与运行

1. 德清县图书馆微信公众号的建设

从微博到微信，大众传播已进入自媒体时代。每个人每个机构都可以利用自媒体创建媒体平台，第一时间发布相关信息。微信作为新媒体，是移动互联网与智能终端的完美结合，因其便捷性、信息传播的及时性、多样性等特征，迅速被广大用户群体所接受，具有强大的传播影响力。德清县图书馆抓住机遇，较快地建设了微信公众号。

（1）组织机构及工作。

德清县图书馆微信公众号于2014年2月25日上线运行。为运行好这一新媒体，图书馆安排了专职人员进行信息的采集发布，还安排技术人员负责后台技术支持。为保证信息质量，图书馆成立了以馆长为主编、分管副馆长为副主编、办公室主任为审校的工作班子。还多次召集班子、部室负责人召开专题研究等会议，商议微信公众号的运行。

德清县图书馆微信公众号实行栏目化运行，将责任分摊到各个部室。目前，馆内动态、馆际互动、英溪文苑等栏目已经有了一定的影响力。

（2）微信的功能。

经过两年半的运行，微信公众号的功能也在不断拓展，具体如下：

一是宣传广告功能。建立之初，微信公众号只是作为一般的宣传媒体，报道图书馆的工作、推送活动、推介新书等，省下一笔广告费。

二是业务功能。德清图书馆活动多，年均在250场左右，读者参与活动报名、签到、抽奖均可以在微信上进行，既方便了读者，又方便了活动的组织管理。

三是利用微信推广数字资源。每星期一举办"数字竞答"活动；另外，还有"数图微讲堂""数据库简介"等栏目。

2. 微信平台的宣传推广

微信公众号建立容易，难在吸粉和发挥影响力。德清县图书馆微信公众号建立之后，就把公众号自身的宣传推介放在重要的位置上。策划多种活动，开展关注德清县图书馆微信送小礼品活动。在各种活动中，利用微信的抽奖功能，读者通过微信报名参加活动，可以参与活动中的抽奖环节。此外，与县内的一些主流的自媒体做互动活动。日常办证、借阅、活动等工作中，也将推荐读者关注作为重要的内容。

总而言之，互联网时代，特别是随着移动互联网的飞速发展，数字阅读越来越普及，在全民阅读中的比例也越来越大，公共图书馆唯有不断适应这快速发展的节奏，不断地引入新思维、新技术，拓展和创新服务的内容和范畴，才会越来越有它存在的价值。

二、广州少年儿童图书馆三维信息资源建设实践

图书馆汇集了丰富的信息与知识，在数字时代下，图书馆营销的重点研究方向将是如何利用新技术手段，发挥自身优势，吸引更多的读者主动走进和利用图书馆。

（一）多维数字资源服务体系的组成

广州少年儿童图书馆在数字资源建设规划中将新媒体技术的应用作为数字图书馆建设的重要目标，在 2018 年分别引入 3D 知识模型系统、VR 科普阅读系统以及 AR 电子书系统作为多维数字资源服务体系的重要组成部分，给读者带来了更直观、更立体和更深层次的阅读体验。

1. 3D 知识模型系统

该系统的应用原理主要是利用人眼的视差特性，在裸眼观看的情况下即可获得具有空间感的逼真立体影像，观察者不需要任何辅助设备。目前系统内含 200 多个涉及历史、地理、生物、化学、物理、技术、数字、视觉艺术等学科领域的知识单元，融合了仿真模型、3D 动画、文字、声音、图片及互动游戏的多维度富媒体阅读方式，内置的仿真模型可以 360 度旋转和触摸缩放，让读者能够探究 3D 动画体现出的更复杂的结构，满足他们从多角度深入了解目标的学习需求。同时，系统内置语音解说、动画以及小测试题，结构图或者剖面图都设置有相应的名词注解并提供多种语言的翻译。目前该系统的资源及配置的 55 寸触控大屏部署在电子阅览室，提供给到馆读者使用。

2. VR 科普阅读系统

VR 技术是一种能为用户创建虚拟空间的计算机技术，它能通过对用户感官意识的刺激，使用户脱离现实环境置身虚拟情景当中，从而产生一种身临其境的感觉。通过该 VR 系统及设备，建立"广州少年儿童图书馆+VR 科普阅读"项目。该 VR 设备的工作原理在于通过内部的陀螺仪及时触发图片引擎更新画面，从而使人转动头部时感觉到自己是在看一个环绕的立体空间，产生 360 度的立体空间感。目前，读者可以通过馆内的活动预约平台进行预约体验。

3. AR 电子书系统

增强现实技术是随着虚拟现实技术的发展而派生的，可以将虚拟信息、文字、图像叠加在真实生活场景当中的一项高新技术，在现实的同一环境中实现虚拟信息与真实世界的融汇整合，并具有实时、交互等功能特点。目前，该系统主要提供远古时期动植物的科普知识，内含 10 种古生物物种。读者在个人的智能移动端下载安装 AR 电子书客户端，通过扫描系统内置的识别图即可显示对应图片的三维立体模型。读者可以用手指触动屏幕改变图片的空间位置关系以便从多角度观察模型细节，读者除了可以通过屏幕对模型进行互动操作之外，还可以通过系统内设的语音功能来听取与模型相关的语音讲解。该系统还具有可抽离拍摄对象、云端存储及下载等简单便捷的移动终端体验功能。由于该系统基于网络进行搭建和部署，读者可以通过微信端及 PC 端在线使用，不受时间和空间限制。

（二）三维数字资源系统的思考与展望

三维数字资源系统形式新颖，借助三维数字技术让知识服务更立体、更多维，同时能加深使用者对环境的认识能力，增强知识服务的体验度。广州少年儿童图书馆通过引进新技术手段，以吸引更多读者走进图书馆，促进知识更好地传播、交流与共享，既可以增强图书馆知识服务的趣味性与科技性，也为少儿图书馆开启创新性服务模式提供了良好的平台。

1. 提高新技术相关的资源建设意识

参与对广大群众的社会教育是当今图书馆的重要职能之一，新时代的图书馆早已从纸质化进入信息网络化、文献电子化以及资源数字化的新技术融合时期，图书馆的社会教育职能也必须要紧随科技时代发展进步的节奏。要勇于打破图书馆教育职能传统守旧的执行方式，将教育从简单平面式、艰苦奋斗式向精细立体化、兴趣主导化迈进，做好资源建设工作才能为读者服务提供有力的保障，图书馆应提高对新技术相关资源捕捉的敏感度，促进图书馆建立立体化的知识服务体系，更好地实现图书馆服务的创新与转型。

2. 重视馆员信息素养培育

联合国教科文组织认为，信息素养是一种能力，此项能力能够帮助人们来确定、查找、评估、组织和有效地生产、使用和交流信息，并解决面临的问题。新技术资源的建设与应用离不开馆员的实施与推广，三维数字技术作为新型的技术应用到图书馆必然对图书馆人才队伍的信息素养提出更高的要求，图书馆应通过加强学习和交流等多种途径，对馆员进行相关业务知识的综合培训，提升人才队伍对新技术和设备的管理和维护技能，为新技术资源的应用和推广提供良好的人才基础保障。

3. 合理规划空间功能布局

信息技术与通信技术的发展让人们不得不重新审视图书馆的空间设计。传统图书馆的空间布局主要围绕纸质文献附以音像资料和电脑阅览室来建设，科技的发展日新月异，文献的储存及展现形式也不断推陈出新，图书馆物理空间的布局与功能也需要适应新阅读方式的变化做出调整，灵活的空间设置变得越来越重要。图书馆应重新考量空间功能布局，合理规划新媒体和技术体验专区以更好地支持面对面的交互服务。

4. 做好安全使用宣教工作

结合新技术的阅读方式常常会引发广大读者的使用热潮，馆员要做好现场秩序的维护和引导工作，同时对一体式的头显设备亦需做好安全防护和清洁工作。另外，沉浸式的阅读体验能给读者带来身临其境的逼真感受,然而个别使用者会在体验过程中产生诸如眩晕的不适感,这要求馆员要对读者做好设备使用须知等宣教工作,让读者懂得设备的使用方法和注意事项,明确可能出现的问题和解决方法。

5. 促进三维资源区域共建共享

三维信息资源的利用并不只是局限于图书馆,也可以在流动书车内配置小型头显,部署 VR 资源,随着流动书车的服务将新技术资源带到各街道、社区与校园服务点。另外,针对在线使用型的三维资源,可以通过网络共享的方式为各县(区)图书馆开通使用,让更多读者在身边的图书馆也可以感受新技术带来的阅读体验。同时,图书馆可通过与社会机构、企事业单位合作、共建共享新技术资源,一方面可以节省财政资金,另一方面也有助于图书馆公共关系的优化,创造更多的社会效益。

总之,在当今信息技术飞速发展的时代,人们对信息获取的渠道大大拓展,读者对图书馆的需求也不再局限于普通的图书流通功能。图书馆作为现代社会文化资源汇聚和传播的中心,社会的发展进步必然会推动其社会功能的不断完善和丰富,落后守旧的资源建设与服务方式必将被飞驰的时代列车所抛弃。目前,读者对基于互联网的图书馆二维空间服务模式的兴趣已不再高涨,因此,图书馆必须通过学习和利用先进技术来拓宽服务渠道,为其持续而稳定的发展注入新力量。在智能化以及物联网技术的发展背景下,图书馆在利用新技术创新服务理念与方式上出现了新的契机,引入新技术,是图书馆适应社会发展的必由之路,有助于图书馆为读者推出更优质和高效的服务。

 公共图书馆馆藏信息资源的组织管理

第一节 文献资源的分类

一、文献分类概述

文献分类是指根据文献内容和形式的异同,按照一定的体系有系统地组织和区分文献。

(一)文献分类的含义

第一,对图书馆藏书的整体而言,"同其所同,异其所异"。也就是根据每种文献内容的学科属性把不同的文献加以区别和分开,又称区分。把相同的文献放在一起,把相近的文献联系起来,整理成有条有理的系统,又称类集。对于藏书的区分和类集是文献分类的本质含义。

第二,对一种具体的文献来说,根据其内容将它归入到所采用的既定分类体系当中去,叫作归类。

(二)文献分类的任务及要求

文献分类的任务主要包含三个核心方面,具体如下:

第一,其需要充分揭示每一种文献的学科知识内容,以及其涵盖的其他重要特征。这需要分类者对文献进行深入的研读和理解,挖掘其内在的信息和知识结构。

第二,文献分类的主要要求是将学科性质相同的文献聚集在一起,这是为了方便用户根据学科分类查找自己需要的文献。同时,对于不同学科性质的文献,也需要进行明确的区分和隔离,以避免不同学科的文献混淆在一起,影响读者的阅读和研究。

第三，根据各类文献之间的亲疏关系将藏书组成一个体系，并编制反映该体系的检索工具，这是文献分类的另一个重要任务。这是因为，只有当藏书的组织结构合理，检索工具完善，用户才能更方便、更快捷地找到自己需要的文献。同时，对于图书馆或资料室而言，也能更好地管理和维护其藏书。

（三）文献分类的工作内容

分类工作包括两个内容：编类（编制分类表）和归类。具体的文献分类是分析文献内容的学科属性，确定所属类目，予以提示藏书，并将它们分门别类地组织起来。文献的分类工作，是一项十分细致而带有一定学术性质的工作。其工作程序为：查看；分析文献内容；归类；给分类号；校对分类目录；编索书号等几个步骤。为便于文献检索，文献分类方法必须做到科学合理。

二、常见的文献分类法

任何图书馆（室）要进行文献分类，都必须要有一个依据。这个依据就是文献分类法。

（一）文献分类方法概述

文献分类法（简称分类法）是由许多类目根据一定的原则组织起来的分类体系，并用标记符号来代表各级类目和固定其先后次序。它是情报图书部门日常用以类分文献、组织藏书的工具。文献分类法的表现形式是分类表，因此习惯上常将分类法和分类表等同于一个概念。但实际上二者是有区别的，即文献分类法并不单纯是一份分类表和该表的说明，还应包括分类的实践。分类法有多种多样，其中常见的有：等级分类法，标题分类法，组面分类法（或叫冒号分类法），二进位分类法，十进位分类法，字顺分类法，自然分类法，人为分类法，主题分类法等。

（二）中国图书分类法简史

自从有了图书的收藏，也就有了对图书的分类的研究。从西汉到现代，我国先后出现了《七略》《四库全书总目》《中国图书馆图书分类法》等有代表性的图书分类法。主要有以下几种：

1. 六分法

西汉刘向、刘歆父子编制的《七略》，是我国第一部综合性的系统反映国家藏书的分类目录，也是我国最早的图书分类法。《七略》原书已失传，我们只能从《汉书·艺文志》识其概貌。《七略》将当时的图书分七种，分别是"辑略、六艺略、诸子略、诗赋略、兵书略、术数略、方技略"，其中"辑略"是序，因而《七略》实际上是把图书分为六种，是我国古代图书分类的一大体系。

2. 四分法

《隋书·经籍志》总结前人经验，采用了经、史、子、集的专名，成为我国第二部综合性的图书目录。清乾乾隆时纪昀等人编制《四库全书总目》，成为四分法的集大成者，把四分法提高到了一个新的水平。四部分类法是我国古代图书分类的另一大体系。

3. 古代其他分类法

除《七略》、四部外，我国还有一些其他的分类法，最主要的是南宋郑樵的《通志·艺文略》。该书标新立异地将图书"总十二类，百家，四百二十二种"，体系完备，精详周到。但因为不是"正统"，影响不是很大。

4. 近现代的分类法

我国近代，由于西学的影响，产生了一批新的分类法：《西学书目表》《古越藏书楼书目》《南洋中学藏书目》等，打破了四部分类的传统，摆脱了尊儒思想。

1910年，《杜威十进分类法》开始传入中国，此后中国图书分类法的研究出现了一个繁荣局面，出现了一批"仿""补""改"《杜威十进分类法》的分类法，如《中国图书分类法》《中国十进分类法》等。

中华人民共和国成立后，我国先后出版了30多种综合性和专门性的分类法。其中影响较大的有：《中国人民大学图书馆图书分类法》（简称《人大法》）、《中小型图书馆图书分类表草案》、《中国科学院图书馆图书分类法》（简称《科图法》）、《中国图书馆图书分类法》（简称《中图法》）等。其中，《中图法》已经修订出版了第五版，名称改为《中国图书馆分类法》。《中图法》是我国图书馆使用最广泛的分类法。

（三）国外著名分类法简介

1. 《杜威十进分类法》（DDC）

《杜威十进分类法》又叫十进分类法是美国图书馆学家杜威创制的图书分类法。初版于1876年，至今已出至19版。被许多国家的图书馆广泛采用，是一部创制最早，流行最广、影响最大的分类法。采用严格的10进制等级分类体系，共分10个基本大类，每个基本大类分10个大类，每个大类再分10个小类，小类还可逐级细分。使用阿拉伯数字1到9标记9个大类，"0"表示"总论"所有数字作为小数看待。该分类法具有结构层次分明，易懂易记的特点。

2.《国际十进分类法》（UDC）

《国际十进分类法》是比利时的拉芳田和奥特勒创立的国际目录学研究所在《杜威十进分类法》基础上编制的一部国际性图书分类法。1927—1929年间出版了法文版，以后陆续翻译成德、英、日、西等多种文字，中文版译本于1959—1961年间分册出版。体系结构比《杜威法》有了进步。该分类法分类详细，灵活性强，通用性好，同时经常修订以保持它的实用性、科学性。

3.《美国国会图书分类法》（LCC）

《美国国会图书分类法》是根据美国国会图书馆藏书情况而编制的一部综合性等级列举式分类法。在国会图书馆馆长普特南主持下编制，自1902年起分别由各类专业人员编制，以各大类分册形式先后出版，各大类分册可单独为专业图书馆使用。因此，LCC可以说是各专业分类法的机械综合。该分类法完全依据美国国会图书馆的藏书情况而编制，实用性强；由于按大类独立编制、分册出版、类目详细，既适用于综合性图书馆，也适用于专业图书馆；设有专门的机构负责经常性的修订；采用顺序号，类号简短，便于扩充。

第二节　文献资源的编目

一、文献编目的有关概念

（一）文献著录

著录是文献目录编制过程中一个非常关键的环节。它按照一定的著录规则，对文献的内容特征和形式特征进行深入的分析、选择和记录。这个过程不仅需要著录人员具备专业的知识和技能，还需要他们根据文献的不同特点进行灵活的处理和记录。通过著录，我们可以更好地了解文献的内容、形式以及其他特征，从而更好地利用和管理文献资源。同时，著录也是图书馆、档案馆等机构进行文献检索和利用的重要基础。因此，做好著录工作对于提高文献目录的质量和利用效率具有非常重要的意义。

（二）款目

在编制图书馆目录的过程中，把文献内容、形态特征记录在卡片上，每一张卡片就是一条款目（或叫一条记录）。款目是文献目录的基本要素，是按照特定规则对文献进行著录及标目的结果。它揭示文献的形式和内容特征，指引文献的检索途径。根据检索途径的不同，款目可分为题名款目、责任者款目、分类款目、主题款目等。也就是说，款目是记录或描写文献特征的结果。现在计算机编目后又称机读目录，即"MARC 记录"。

（三）文献编目

传统的文献编目是指依据一定的规则和科学方法，对馆藏文献资源的内容及形式特征进行分析、选择、做出记录，并将其组织成目录的过程。即包括文献著录和目录组织两个过程。计算机编目后省略了人工的目录组织的过程，这个过程通过对数据库内部的数据提取来实现。

（四）目录

将一批款目按照一定的次序编排而成的一种文献报道和检索工具。在我国，"目录"广泛应用于社会生活的各类物品的名称表册。例如：产品目录、商品目录、展品目录等等。这些名称"目录"者，与文献目录具有不同质的区别。文献目录类型一般划分为：出版发行目录、国家书目（现行国家书目、回溯性国家书目）、读书书目、藏书目录（私家藏书目录、图书馆目录、联合目录）、机读目录。目录的主要作用表现在传递文献信息、指导阅读和提供检索三个方面。

（五）图书馆目录

图书馆目录是揭示文献、识别文献、检索馆藏文献的工具。也就是说图书馆目录是通过每一条款目对文献的内容和形式的描述，揭示给读者，使读者对文献内容有所了解，向读者提供鉴别、选择、确认文献，成为借阅文献的依据。同时读者还可以利用各种不同排列形式的目录，按照不同的途径选择、索取文献。一个图书馆的目录，只是反映本馆所收藏的文献，供读者检索本馆收藏文献使用。

二、图书馆目录的性质、作用及种类

人类社会在产生了文字之后，产生了图书。大量的图书文献产生之后，须对这些图书文献进行整理，这就导致了管理图书文献机构的出现。文字、图书、图书馆和图书馆目录的产生，有着悠久而漫长的历史。古埃及的莎草纸文稿、罗马的羊皮纸卷，契刻记事及我国古代甲骨文的出现，仓颉造字的传说到"六书"的演变，从孔子整理"六经"到官私藏书处所的出现……图书及藏书处所迅速发展。图书馆目录的编制随之出现。

（一）图书馆目录的基本性质

1. 检索性

图书馆目录是一种便于读者检索的工具，能满足读者各种各样的阅读需要和检索要求。它可以帮助读者从书名、著者、主题、类目等任何一个角度查检文献；同时也能提供某一特定文献资料的馆藏情况。在实现图书馆自动化、网络化管理后，它还能根据读者的特定指令，从数据库中迅速准确地调出所需要的书目数据。

2. 馆藏性

过去一个图书馆的目录，往往只反映本馆所收藏的文献资料，供本馆读者检索本馆馆藏文献资料使用。随着社会信息化程度的日益提高，图书馆文献资源共享水平也越来越高。一个图书馆不可能也没有必要搜集古今中外的全部文献，我们可以通过目录来反映数个图书馆甚至一个地区、一个国家的馆藏文献。现在图书馆的联机编目技术已经非常成熟，国外已有大型联机编目网络，它能对图书馆网络的全部文献及各个知识项目实现较为完整的记录与检索，以达到资源共享的目的。同时，MARC目录的出现使得所有的文献检索点都能被所有用户识别，并且可以从一种语言转换成另一种语言。但不管目录的信息化程度多高，其本质却没变，它始终是揭示馆藏、组织馆藏的工具。

3. 学术性

图书馆目录是一种具有一定学术性的文献目录，它收录丰富、著录完备、揭示深入。从古至今，文献资料的数量是无限丰富的，在图书馆藏书及出版业日益发达的今天，目录正以它丰富的收录，成为图书馆藏书和学术文化的一个缩影。通过目录，我们可以了解一个时代的学术概貌，把握科学发展的脉络，博古而通今。此外，图书馆目录还为读者学习研究指引方向和途径。它不仅能从形式上反映文献的基本特征，更主要的是还能从分类、主题词、提要等方面进一步揭示每种文献的基本内容和观点，为读者充分传递文献的情报信息，以便读者能"即类求书"，"因书就学"（章学诚《校雠（chóu）通义》）。

4. 思想性

图书馆承担着对读者进行思想政治教育的职能。社会形态的不同决定了图书馆思想政治教育的目的和内容的不同。它们为不同的阶级意识服务，为一定的政治制度服务。有些文献资料本身就带有一定的倾向性，作为揭示其各方面特征的目录，也担任评价、推荐图书的责任。一个好的图书馆目录必须明确突出什么、宣传什么。无论是从怎样的角度组织目录，都必须贯彻一定的思想政治教育目的，完成它所承担的任务。

(二) 图书馆目录的作用体现

图书馆目录揭示馆藏文献的内容，为读者提供图书馆藏书的相关知识，提供各种检索途径，并向读者推荐、宣传文献。它的作用是多方面的，主要有以下几点：

第一，揭示馆藏文献的功能。图书馆目录是读者了解馆藏的工具。图书馆目录的作用首先是全面地揭示馆藏文献的内容和形态，使读者通过每条款目对文献的内容特征和形式特征有所掌握，进而确认和了解每一种文献。它解决了图书馆丰富的藏书和读者特定需要之间的矛盾，成为沟通馆藏和读者之间的桥梁。

第二，检索馆藏文献的职能。图书馆目录是读者检索文献的工具。图书馆收藏的文献资料浩如烟海，读者的需要也是各种各样，很复杂，而图书馆目录能较好地解决这一问题。图书馆工作人员通过组织目录和建立目录体系，编制分类目录、书名目录、著者目录、主题目录、总目录与部门目录、专题目录、新书通报、特藏目录等，建立起完整的目录体系，向读者揭示馆藏并指示其入藏地点，这样就能满足不同类型的读者对检索途径的多样化要求。

第三，管理馆藏文献的职能。图书馆目录是图书馆工作人员管理图书、服务读者的工具。在采购新的文献资料时，通过公务目录，我们可以了解现有的馆藏情况，以便于开列采购计划，使馆藏更加完善、合理；在编目时，也要通过目录进行查重，了解是否为复本书，防止同书异号或同号异书以及著录前后不一致；在开展宣传辅导、参考咨询、指导阅读等服务时，要利用目录提供有关的文献信息；在对馆藏进行清点统计时，也必须借助图书目录才能顺利开展。

总之，不管是对读者，还是对工作人员，图书馆目录都是不可缺少的。图书馆目录工作信息化程度的提高，不仅可相应提高编目和检索的速度，增加检索途径，提高检索质量，还可以大大提高目录工作的标准化程度，真正实现资源共享。

(三) 图书馆目录的种类

图书馆根据读者对所需图书、资料的不同角度和检索习惯，以及馆内开展业务工作的需要，编制多种目录，各种目录具有不同的功能，各种目录之间相互区别、相互联系、相互补充，构成一个完整的图书馆目录体系。

1. 公务目录与读者目录

公务目录是图书馆工作人员在对文献资料进行补充查重、分类编目、参考咨询、典藏保管时使用的目录。它是图书馆全部馆藏文献的总目录，它详尽无遗地反映着全部馆藏，记载着文献的登录号、索书号、在库室中的位置、款目根查等信息,是图书馆开展业务工作必不可少的工具。

读者目录是供读者使用的目录,也称公共目录或公用目录。它反映的是读者使用的馆藏,一般放在外借处、阅览区。读者能够通过目录对文献内容形式的揭示,从而了解文献的内容和用途,方便读者选择自己所需要的文献资料。读者找不到可以直接利用的文献,能够通过目录间接找到需要使用的文献。目前,在高校已普遍建立现代化的读者目录——联机公共检索目录。这种目录与网络技术、多媒体技术、超文本技术相结合,是增强型的文献信息检索系统。读者可以在网络环境下检索和利用书目信息,并能够直接利用目录中揭示的网络信息资源。

2. 按目录的物质载体形态划分

按目录的物质载体形态划分,分为卡片式目录、书本式目录、活页式目录、张贴式目录、幻灯目录、缩微目录、机读目录、网络目录。

机读目录是以编码形式和特定的结构,将文献信息记录在计算机存贮载体上,可以自动控制、处理和编辑输出的目录。有磁带、磁盘、光盘等,它是通过机器来读取数据的目录。它一次输入、多项输出,为读者提供的检索途径多,如题名、责任者、分类号、版本、出版者、标准书号等。这种目录有强大的检索功能,检索速度快,实现计算机编目网络化后,读者的检索范围会无限扩大,可以冲破馆界甚至国界检索到自己需要的文献。

因特网上的目录型检索工具一般称为网络目录(Web Directory),又称分类站点目录、专题目录或主题指南、站点导航系统等。它是由网络开发者将网络资源收集后,以某种分类法进行组织整理,并和检索法集成在一起的信息查询方式。网络目录一般是通过引导网络读者的查询概念(而不是确切的词条)来帮助读者找到所需的网络信息。

3. 按目录反映的文献范围划分

按目录反映的文献范围,分为总目录、部门目录、特藏目录、报道多馆收藏的目录即联合目录。

4. 按目录反映的文献类型划分

按目录反映的文献类型划分,可以分为图书目录、报纸目录、期刊目录、地图目录、古籍目录、工具书目录、教材教参目录、技术标准目录、录音资料目录、影像资料目录、电子资源目录等。

录音和影像资料目录是按照录音和影像制品的载体特征和内容,依据一定的方法为收藏的录音带、唱片、CD、VCD、DVD、MP3、MP4和各种录像带、电视片、电影片等录音、影像制品所编制的目录。

电子资源目录分为非网络电子资源目录和网络电子资源目录。非网络电子资源目录是指为收藏的电子图书、电子期刊、软件出版物、数据库等电子资源编制的存贮在磁盘、光盘等介质上的文献目录，这种目录不仅可以阅读文献名称、著者等，而且可以直接阅读文献内容。

网络电子资源包括从网络上搜集的无序资源，进行分类整序后成为有用的、便于查找的资源，或购买的网络出版物，存贮在磁盘上，通过计算机或类似阅读器阅读的文献目录。这种目录可以阅读篇章名目，也可以通过链接直接阅读文献内容。

5. 按目录编制时间划分

按目录编制时间划分，可以分为回溯性目录、现行目录；按使用目的划分，可以分为导读目录、专题目录、报道性目录；按资料来源可以划分为受赠文献专藏目录、交换资料目录、征集文献书目等；按目录文种划分，可以分为中文目录、西文目录、日文目录等。

6. 按揭示文献特征划分

按揭示文献特征划分，可以分为题名目录、分类目录、责任者目录、主题目录。

题名目录是根据文献题名的字顺编制的目录。它是按文献多种多样的不同题名，为读者提供文献信息、回答读者从题名角度检索文献的各种问题的目录，是最符合读者检索习惯的一种目录。

分类目录是按照文献内容的学科体系和图书馆所采用的分类法编制的目录，它可以满足读者"因类求书"的需要，这种目录把学科内容相同的文献集中在一起、内容相近的联系在一起，回答读者某一知识门类都有什么文献，还可以指示读者由此及彼地查找所需文献。分类目录是图书馆的主要目录。

责任者目录就是人们常说的著者目录，它是按个人或团体的名称字顺组织起来的目录。这种目录能够满足读者从责任者这一特征查询文献的需要。

主题目录又叫标题目录，它是按照文献所研究内容的主题词字顺编制的目录。它能从内容方面揭示文献中包含的各个主题，反映每个主题都有哪些文献，满足读者从某个主题角度搜集文献的需要。

三、文献编目的工作流程

文献编目工作流程如下：盖馆藏章—贴磁条（开架借阅）—打图书登录号（手）或贴条形码—查重—给分类号—给书次号（手）—著录（机编时形成 Marc 记录）—贴 RFID 标签—印制目录卡片（手）—打印书标—贴书标—贴借期卡袋（手）—印借期卡插入借期卡袋中（手）—复查（检查分类号，著录项目等）—组织目录（手）—统计（手）—

流通部门验收—新书排架—借阅流通。

其中图书登录号和条码号是一本书一个号,分类号是一类书一个号,书次号是一种书一个号。目录卡片是一种书一张,Marc 记录是一种书一条数据。

第三节 文献资源的组织与管理

一、文献资源组织管理的概念及意义

图书馆要建立科学的文献资源体系,不仅要依赖于对文献资源的连续不断收集和积累,而且要有赖于对现有的文献资源进行科学、合理、系统、规范的组织管理。系统结构的功能原理指出:系统组成的要素相同,但结构不同,其功能的发挥是不一样的。对图书馆整体文献资源来说,其结构体系,不仅仅指各类型、各载体、各文种文献构成和在空间上的分布,而且还包括对文献资源的组织管理方式、方法。同样的文献资源,采取不同的组织方式,其功能的发挥是有相当悬殊差别的结果的。对一个馆藏文献较少的图书馆,其文献资源的组织科学合理,它的作用往往大于文献数量庞大而组织混乱的图书馆。因此,对馆藏文献进行科学、合理、系统、规范的一系列有序的组织,是充分发挥馆藏文献整体功能的重要手段。

馆藏文献组织管理是文献资源建设的中间环节,具有重要的作用。

(一)文献资源组织管理的基本概念

馆藏文献资源组织管理,就是文献资源收藏机构对所收集的文献资源进行有序化与优质化组织。就是以现代技术为手段,对文献资源进行计划、组织、调节、控制的活动过程。也就是按照一定的要求采用一定的科学规则和方法,通过对文献资源外在特征和内容特征的表述和排序,从而实现无序的文献资源流向有序的文献资源流的有机转换,使文献资源的集合达到科学的排序、有机的组合和有效流通,促进用户对文献资源的有效获取和利用。

(二)文献资源组织管理的意义体现

文献资源收藏机构收藏了大量的文献资源,这些多样化的文献资源,拓展了用户选取文献资源的时空,在很大程度上满足了用户对文献资源需求的意愿。但同时,这些多样化的文献资源又给用户利用文献资源造成了新的困难。

不同载体形态的文献资源之间缺乏关联，影响了文献资源查询的查全率。

不同来源的文献资源不可避免地出现重复、冗余，影响了用户对文献资源查询的准确率。

不同类型、载体的文献资源缺乏有机的必要的联系，造成用户查找、检索的困难和时间的浪费。

不同的文献资源系统由于其所依赖的技术环境不同，造成文献资源检索方法、检索界面的复杂性、差异性，要求用户要掌握多种检索方法，增加了文献资源查询的难度。

因此，文献资源收藏机构对入藏的文献资源进行科学合理的整合，使分散无序的文献资源有序化；使各类型、各载体文献资源分布规律化；使重复、冗余的文献资源被剔除掉；使纷繁复杂的查找方式、检索界面得到统一，从而使用户轻松地获取所需的文献资源。因此，文献资源收藏机构对入藏的文献资源进行科学合理的整合，是十分必要和重要的。现代图书馆无论在管理观念上，还是在服务的技术手段上，都比传统的图书馆更重视也有条件从事信息资源的开发利用，图书馆员提供的不应再是被动的服务和简单的文献保存与传递工作，而应当成为信息的管理者和导航员。其首要任务就是通过对不同载体、不同类型的文献资源的有序化、优化整合，为用户在文献资源海洋中寻求知识提供帮助甚至直接提供知识，增强文献资源的活性与利用价值，进而通过对文献资源的分析、研究，把研究成果提供给社会，从而实现文献资源的增值。

二、馆藏文献资源管理的过程及内容

馆藏文献资源的管理就是将已经收集入藏的文献资源，按照一定的要求，进行登记、调配、典藏和保护等工作过程。其目的在于保持馆藏文献处于良好的工作状态，充分有效地为读者所利用，长期完整地保存下去。

（一）馆藏文献登记

1. 馆藏文献资源登记的现实意义

文献资源的登记是馆藏文献管理的第一步。文献收藏机构对新收集到馆的文献以及文献收藏的变化情况（如遗失、剔除、寄存等）进行准确记录的工作，又称文献登记。文献登记一般是按入藏或注销的先后次序进行，通常是按照登记号登记在空白本册上、卡片上或计算机数据库中。每一种文献的登记号又称入藏号或登录号。文献登记要求做到：登记制度完善，各项记录准确无误，登记表格简明实用。

馆藏文献资源通过完善的登记，可以准确、全面、具体地反映馆藏文献的情况和动态，有利于掌握和了解馆藏、预算经费、文献清点、文献保管等。并为文献资源收藏机构提供准确的统计资料，为制定计划、总结工作、文献补充、文献发展等提供依据。凡是到馆的文献，无论是购买的、赠送的、呈缴的，还是通过其他方式到馆的文献资料，都要进行登记。同时对于遗失、损毁、剔除的文献也必须予以注销登记。馆藏登记的基本要求是：完整、准确、及时、一致。登记账目记录的文献数量要与实际馆藏文献数量及目录体系所反映的文献数量相符合。

2. 馆藏文献资源登记的方法

馆藏文献登记按登记的文献内容可分为入藏登记和注销登记，按所登记的文献类型可分为图书登记、期刊登记及其他文献登记等。入藏登记又可按登记方法分为总括登记和个别登记。

（1）总括登记。

总括登记又称"总登记"，就是将收集补充的文献或注销的文献按批次进行整体登录的工作。

以某一次、某一批或根据某一单据同时到馆的文献为单元进行的入藏登记。登记的内容有：登记日期、登记编号（一批文献一个登记号、连续不间断）、文献来源、单据号码、种数、册（份）数、金额、各类（各单位根据各自的实际需要确定类目）的种数和册（份）数、个别登记的起止号以及备注等。通过总括登记可随时掌握全部馆藏情况。

总括登记有三个组成部分：入藏部分、注销部分和总结部分。这三部分记录分别反映在"馆藏总括登记簿"中。

入藏部分。入藏部分必须登记每批文献的验收凭证，每批文献的总册数、种数、总金额，各类别、各类型、各文种文献的种册数与金额应该分类统计。

注销部分。注销部分必须登记每批剔除文献的批准文据，每批注销文献的总册数、种数、总金额等详细信息应该分类统计。同时，注销的文献应该注明具体的原因：如不实用、多余复本、过时、破损或丢失等。

总结部分。总结部分必须登记按年度统计的各类别、各类型、各文种文献的实存累积数量，全馆实存书刊累积总数等。

文献资源收藏类型、载体复杂的图书馆，往往有多个总括登记簿，一般按文种、文献类型和载体分别建立总括登记簿。

通过总括登记，可以了解和掌握全馆馆藏文献发展的总动态，统计分析各类文献发展变化的数量比例，检查购书经费的分配使用情况，为制定和修改馆藏补充计划和馆藏发展规划提供精确的统计资料及可靠的书面依据。

(2) 个别登记。

个别登记又称"分登记"。文献经总括登记后再以册（份）为单元进行的入藏登记。

登记内容包括：登记日期、个别登记编号、文献名称、著者、出版者、版次、页数、单价、文献序号（如国际标准书号、专利号、标准号）、总括登记号等。

个别登记簿是入藏文献的财产账，是清查某一文献入藏情况的主要依据。经过个别登记后的每一份文献都有自己一个特定的号码，即个别登记编号，它一般写（印）在登记簿上、文献上及主要目录卡片上，在文献的编目、贮存、传递使用中将经常使用。由于文献的类型和文种多种多样，因此在进行个别登记时一般都采取分开登账、分别编号的方法，根据本单位划分入藏文献的实际情况设置相应的登记簿，如按中文图书、外文图书、中文期刊、外文期刊、特种资料、内部资料、声像资料、缩微资料等分别设立登记簿。

个别登记号必须以册（件）为单位，一册一号，杂志、报纸装订成合订本后，每本给一个号。登记号的编制可以采用大流水号，即按文献入藏的先后登记次序，依次给号，登记号不能重复。

传统的个别登记是以册为单位，一册一册地登记。这样在进书量很大、复本量多以及剔除注销量很多的图书馆，登记要耗费大量的时间和精力，效率比较低。为此，有的图书馆改革登记方法，简化登记形式，将每册文献的登记改为每种文献的登记，注册每种文献的复本数的个别登记号的所有号码，从而大大提高了登记速度。不过，这样的登记，如以后分批剔除时，注销较麻烦。

此外，对那些不准备长期保存使用的复本文献资料，采用临时性简化登记的形式，登在非财产登记簿上，便于日后注销。

个别登记的特定功能是总括登记所不能代替的，它反映了每种具体文献入藏与剔除的动态，作为清点和补购文献的依据。馆藏文献登记的发展趋势，是登记项目、登记单位、登记格式的规范化、登记文本与登记形式的统一化，登记方法与登记手段的自动化，分散、烦琐、落后的馆藏文献登记工作，势必要被科学、统一的馆藏文献登记管理体制所代替。

总括登记与个别登记的作用虽然不同，但它们互相联系，互相补充。总括登记号码是连接个别登记的关键所在，因此，总括登记号码在两种登记中都应当记录齐全。如果要了解一批书的具体情况，就可根据个别登记的起止号，在个别登记的账上查询；反之，如要了解某一册（件）文献的来源，则可按该文献的总括登记号在总括登记簿上查找。

(3) 期刊登记。

期刊由于本身出版的特点，需做现刊登记和过刊登记。

现刊登记。现刊登记是指现期期刊到馆后的登记，也称记到登记，简称登到。它是期刊管理中的一项基础工作，应当及时、准确地登记。通过登记能掌握期刊到馆情况及期刊本身的变化情况，有利于期刊流通管理、参考咨询及催缺和装订工作的开展。现刊登记的项目一般包括：刊名、刊期、卷号、期号、编辑单位、出版地点、创刊年月、停刊时间、备注。这些项目一般印制成现刊登记卡。

过刊登记。过刊登记是指过期期刊合订成册及直接购进合订本经过验收后进行的期刊财产登记。登记项目包括：登记日期、登记号码、刊名、卷号、期号、出版年、价值、装订费、装型、备注等。过刊登记大多在"期刊财产登记簿"上进行。

(4) 其他文献的登记。

其他文献的登记主要指非纸质文献（如音像文献、机读文献、缩微文献等）和特种文献（如专利文献、科技报告等）的登记。图书馆对它们的登记与对图书期刊的登记有所不同，主要表现在登记项目上。例如，音像文献与图书不同的项目有：色彩、资料尺寸、播放时间、转速、附属资料、件数等。

(5) 注销登记。

馆藏文献在出现丢失、损坏、剔除、寄存、调出等情况下，需要从总括登记簿、个别登记簿及图书馆目录中注销。为保证这一工作的顺利进行，通常都要制定统一的注销原则和方法、审批手续、工作程序及注意事项等。

注销登记方法和步骤是：先填写文献注销申请书，其内容包括日期名称、著者、版本、登记号码、索书号、册数、价值和注销原因等。经批准后，将注销申请书一份送申请部门保存，一份通知编目部门抽出或注销目录卡片，最后注销个别登记簿上的财产登记号。文献收集部门根据注销文献申请书建立文献注销簿，其内容与注销申请书基本一致。一般包括：日期、注销号码、名称、著者、登记号码、原价、注销原因、总注销号和备注号等。注销号码应在个别登记簿中予以反映，以便使实际馆藏文献与财产账目相符。

在注销情况很少的单位，可不设藏书注销登记簿，当需要注销时，就在总括登记簿和个别登记簿内用红字标出，在月底或年终分别做出统计。

(二) 馆藏文献的调配

图书馆馆藏文献的管理是一个动态的过程，为了使馆藏文献的布局达到最佳状态，必须对文献的布局、文献收藏地点的分配进行科学合理的调配，从而使馆藏文献随时随地都能得到最充分的利用。

馆藏文献的调配包括两个方面的内容：新入藏文献的收藏地点的分配和原有文献的馆

藏地点的调整。

新入藏文献的分配必须根据每个图书馆制定的新书分配原则，如本馆馆藏文献的布局模式、复本分配的标准、基藏书库的标准、外借与阅览的比例、总馆与分馆的关系、接收新的入藏文献的各个书库或阅览室的性质和任务以及它们之间的分工等，将文献分配给各书库或阅览室。

原有馆藏文献的调整是因馆藏文献地点的设置发生变化，如增设新的阅览室、撤销原有的阅览室、几个阅览室合并到一起或者是出于某种需要，而在各收藏文献地点之间，进行馆藏文献的调剂工作。

建立和健全统一的馆藏文献的调配制度，是对馆藏文献进行科学合理管理的保证。

当馆藏文献布局模式由传统的"单一典藏制"逐步向按文献的利用率区分的三线典藏制转变以后，全馆的馆藏文献便形成多层次、多形式的布局结构，而这个结构各点面之间，不是静态的而是动态的，不是彼此孤立而是相互保持联系。只有建立和健全统一的馆藏文献调配制度，才能保证馆藏文献在各个藏书点的科学合理的布局，从而使文献在图书馆发挥最大的作用。

（三）馆藏文献的清点

馆藏文献的清点是按照一定的馆藏记录，核对馆藏文献，以核实馆藏文献的实存情况和短缺情况。

清点工作的目的有两个：一是摸清家底，了解掌握馆藏现状；二是发现问题，纠正错误，改进工作。

有些文献收藏机构长期存在馆藏文献数字不准，丢失情况不明，有书无卡，有卡无书等混乱现象，通过清点，可以准确统计出馆藏文献入藏、注销和实存文献的数量，做到心中有数。同时，清点工作还可以检查馆藏文献的完整与否，找出图书馆业务工作中（如采购、分编、典藏和流通借阅）存在的问题和错误，及时加以纠正。通过清点，要堵塞文献保管和流通工作中的各种漏洞，改进馆藏文献的管理，使馆藏文献与目录体系保持一致，维护馆藏的安全与完整。

馆藏文献清点是一项复杂细致的工作，要有组织、有计划地进行。它分为准备、实施与收尾三个阶段进行。在清点工作开始之前，首先必须制定清点工作计划，明确清点工作的目的、范围、方法、要求、时间及人员的安排等。清点的范围可以是全部馆藏，也可以是局部馆藏。一些大中型图书馆，由于馆藏文献多，工作量大，牵涉的人力多，旷日持久，为了不影响或少影响读者的正常使用，一般不采取全面清点的方法，而采取分库、分区、分类的办法进行局部轮流清点。另外，准备工作还包括催还图书、整理书架和目录、集中分散的馆藏文献。

在馆藏文献的清点过程中，还要求将清点与复选剔除、破损书修补、内部书提存、改正分编中的差错等结合起来进行，边点边选边改。每个图书馆都应该使清点工作经常性、制度化。

馆藏文献清点的方法主要有以下三种：

1. 排架目录清点法

大中型图书馆由于馆藏文献数量多、类型复杂、书库和阅览室各种各样，通常备有排架目录。排架目录的排列顺序与馆藏文献的排列顺序完全一致。清点时用排架目录逐一核对架上文献，如发现有缺漏的文献，可将相应的目录做上记号，等清点完架上的文献后，再用做了记号的目录同外借记录核对。这样既迅速又准确，而且可以使乱架的图书恢复正常的排列次序，具备完整排架目录的图书馆均可采用该方法。

2. 个别登记簿清点法

个别登记簿清点法是利用图书馆个别登记簿直接核对书架上每一种文献，达到书、卡、账三者一致。这种方法只适用于按个别登记号顺序排架的馆藏文献，适用面不广。

3. 检查卡清点法

首先是为每一种文献资料制作一张检查卡，检查卡上有每种文献资料的题名、责任者、索取号、登记号等内容，然后按登记号顺序排列，与个别登记号逐一核对，达到书、卡、账一致。清点后，检查卡保留，按类别排列，可充当排架目录，或者插入书中，作为书袋卡使用。这种方法比较灵活、准确，但工作量大、费时，往往只适用于没有排架卡和书袋卡的小型图书馆。

清点结束后，还需收尾总结工作。内容包括：统计清点后各类馆藏文献的数字；对一时还找不到下落的文献要有专人负责继续清点；对那些丢失的文献，要填写注销单，经有关领导批准后输注销手续；对清点工作进行总结，对存在的问题提出解决的办法，制订今后工作的计划和实施办法。

4. 计算机清点

随着图书馆自动化系统的广泛应用和书目数据的机读化，图书馆文献清点工作也脱离了手工清点时代，而进入了计算机清点管理阶段。

计算机文献清点有多种方法，但由于各图书馆应用的自动化集成系统不同，利用计算机对文献进行清点的方式、方法就不同。一般情况下，是利用条码识别器进行清点。

图书馆对入藏的文献加工后都赋予了一个条码号（相当于流水号），条码号是文献的唯一标识，具有定位文献的功能。

文献条形码是文献流通的依据，是文献借阅的基础数据，在一个图书馆内，一个条形码只能用于一本（件）文献，一个读者借阅证。而一本（件）文献，一个读者借阅证，只有一个条码号，两者之间是一一对应关系。这种唯一性决定了条形码在图书馆管理和图书清点中的地位及应发挥的特殊作用。

（四）馆藏文献的注销

馆藏文献的注销包括注销读者遗失和损坏的文献，因剔除和工作丢失的文献。各种类型的文献资料在其流通利用的过程中，必然有遗失、损坏的现象发生。同时，由于文献资料的老化有一部分文献需要剔除。及时地将这些文献从典藏目录、读者目录、公务目录、机读目录和有关财产登记簿上注销，才能消除有卡、有记录而无文献的混乱现象，使各种目录能准确无误地反映馆藏实际情况，既为图书馆对文献的补充、保管提供了依据，也有利于提高读者服务工作的质量。

（五）典藏目录的编制

典藏目录又称排架目录，是图书馆为典藏工作专设的工作目录。它能反映现时馆藏文献资源的总貌和动态，可作为各书库调节文献资源的依据、馆藏文献资源统计的准绳、馆藏文献资源清点和注销的工具。典藏目录这些特有的功能，是图书馆其他目录所不能代替的。

典藏目录一般有两种：一种是全面反映馆藏文献调配、变动情况的目录，叫调拨目录。它是全馆馆藏信息的记录，全面、准确、及时地反映了馆藏的每一种文献的数量、具体所在位置及变动情况。另一种是反映某一书库或阅览室入藏文献资源情况的目录，称为清点目录。它记录了本库或阅览室是否藏有该文献，以及收藏的数量及变动情况，其主要作用是用于清点馆藏文献。

典藏目录只供图书馆工作人员使用，一般不供读者使用。其组织方法与图书馆其他目录和登记簿有所不同。传统的典藏目录以卡片形式组成。每卡片可记录一种文献，要详细记录该种文献的每册登记号以及每册文献的变动情况。以册为单位的典藏卡片可用一张书袋卡代替。为了便于清点，清点目录卡片的排列顺序与架上的文献排列顺序完全一致。调拨目录也应尽量与全馆馆藏文献的排架一致。

典藏目录的著录项目不必详尽，一般只著录索书号、题名、个别登记号即可。有必要时可著录作者、价格。为简便起见，有时可用简单的符号代替著录内容。

计算机技术和机读目录在图书馆的运用，为编制典藏目录提供了新的手段和形式。

（六）馆藏文献的保护

收藏文献的目的是利用，而利用则必须以文献资源的有效保管为前提。有效地保护好馆藏文献，延长其使用寿命，为现在和将来的人们利用这些文献资源创造条件，发挥文献资源潜在的使用价值，是馆藏文献保护的重要任务。

要保护好馆藏文献，必须了解和研究馆藏文献损失的原因、保护的方法。

1. 文献损失的原因分析

造成馆藏文献损失的原因是多方面的，但归结起来主要为社会原因和自然原因两个方面。

（1）社会原因。社会原因主要是指图书馆藏书遭到人为的丢失和损坏，如一部分读者，甚至个别图书馆工作人员不爱惜馆藏文献，不认真执行馆藏文献的保护制度，造成文献资源的丢失、损毁，甚至有少数读者撕毁、涂划、踩踏、偷窃图书馆的藏书。还有种种社会原因造成的书厄、文化灾难更是大规模毁灭文献资源的原因。

（2）自然原因。自然原因主要是自然界中各种物理、化学及生物因素对馆藏文献的影响。任何文献的载体都是一定的物质，它们都是有自身老化、变质、丧失原有的力学、化学和光学性能的过程，如变黄、变脆、变散、折卷、开胶、脱落等现象。而馆藏文献所处的环境条件，如温度、湿度、光照、清洁状况以及各种微生物、昆虫、水火的侵袭都会影响这个老化变质过程的速度。如果在保存中缺乏适宜的条件，再加上客观环境中各种有害物质的催化和侵蚀，这种过程便会加速，甚至造成毁灭性的损失。

2. 馆藏文献保护的不同方法

针对馆藏文献损毁的原因，采取一系列的安全保护措施，以预防为主，最大限度地改善馆藏文献保存的条件，消除导致馆藏文献损失变质的各种隐患。

不同载体的文献，有不同的保护方法，就一般图书馆而言，文献保护的方法和措施主要有防火、温湿度控制、防光、防虫、防霉、防鼠、防酸、防破损等。

（1）加强教育。加强工作人员自身的职业道德教育；加强对读者的道德素质教育；建立健全赔偿、惩罚制度；安装自动防盗报警系统。

（2）温湿度控制。控制温湿度最有效的方法是采用空调设备，另外还可以采取在书库建筑上设置隔热层、库外植物绿化等方法。通风也是调节书库温湿度的一种简便易行的措施，还有安放干燥剂吸潮等办法。

（3）防尘与防菌。书库、阅览室内应保持通风，使室内外空气得到交流；要经常进行卫生清扫，清除灰尘；控制书库温湿度；用浸蘸甲醛的棉花团揩拭等消毒灭菌。

（4）防虫防鼠。书库内经常通风、防尘、防潮，除去虫、鼠滋生繁殖的条件；堵塞书库的各种漏洞、墙缝，放置杀虫、灭鼠的药物。用化学药物熏蒸法、低温法、缺氧法、射线辐照法、诱捕诱杀法等方法消灭虫害、鼠害。

（5）防火防涝。采取一切有效措施，防止火灾的发生；图书馆内严禁吸烟；严禁携带易燃易爆物品入馆；定期检查电路及电器设备是否完好；定期检查灭火器材是否有效；最好安装自动火灾探测报警系统。馆藏文献又最怕水浸。要注意防涝；书库尽可能建造在地势高处；平时要注意防漏。

（6）装订修补。及时裱糊、修补磨损、撕页或脱线的书刊；期刊、报纸及时装订成合订本。

（7）缩微复制。对于珍贵的文献资料进行缩微复制，备份保存。

（8）缩微、音像、磁盘等文献的保护。①大量资料应辟耐火的贮藏室或资料库贮存，少量资料可用耐火橱柜或保险箱贮存，需要长期贮存的磁盘应装在密封的塑料袋中。②贮存设备应高出地面一定距离，以防水的侵害。③降低空气中相对湿度，控制好室内温度，一般应安装空调设备。④贮存的磁带要定期检查或抽样检测。⑤要尽量减少光线对文献载体的照射；各种录音带、录像带和计算机可读的磁带、磁盘等，远离电机、电缆等电磁源。

第五章 公共图书馆基础服务

第一节 外借阅览服务

文献资源借阅服务是指图书馆将馆藏各类文献资源通过各种文献流通方式提供给读者利用的服务方式，分为文献外借服务、文献阅览服务等。文献资源借阅服务是图书馆读者服务工作中的最基本、最主要的服务方式，其工作质量的好坏是评估图书馆工作效益高低的重要内容。

一、文献外借服务

文献外借服务是指读者与图书馆建立一定的契约关系后，图书馆将馆藏文献资源在一定期限内出借给读者，使读者可在馆外使用的一种服务方式。

（一）文献外借服务的主要形式

根据外借服务对象、文献来源、外借方式等的差别，图书馆外借服务的形式主要有个人外借、集体外借、馆际互借、预约借书、邮寄外借、流动外借等。

第一，个人外借。读者持借书证以个人身份办理借书手续的一种外借形式。个人外借能满足读者个人的不同需求，是文献外借的基本形式。

第二，集体外借。读者以集体为单位，批量从图书馆外借图书的一种外借形式。集体读者按照图书馆的规定办理集体借证，由专人代表向图书馆集体办理文献批量外借，以满足集体读者共同的阅读需求。

第三，馆际互借。图书馆之间根据协定相互利用对方馆藏以满足本馆读者需求的外借形式。其主要作用是各馆之间可互通有无，弥补本馆藏书的不足，多途径地满足读者需要。

第四，预约借书。读者向图书馆预约登记某种暂时被借出的图书，待图书归还后有图书馆按预约顺序通知读者借书的外借形式。

第五，邮寄外借。图书馆借助邮政传递手段，为远离图书馆而又需要文献的单位和个人读者寄送外借书刊。《中华人民共和国残疾人保障法》中规定，盲人读物邮件免费寄送，由此可以通过邮局为视障读者邮寄图书，让他们能轻松、便捷地使用盲人图书资料，图书馆也可以有效地节省人力、物力。

第六，流动外借。图书馆通过馆外流动站、流动服务车等途径，定期将馆藏文献送到读者身边开展借阅活动的服务形式。

(二) 文献外借服务的内容

1. 办理借书证

公共图书馆发放借书证的对象是全体市民。凡持有个人身份证或其他有效证件（户口本、驾驶证、护照、军人证等）的人，都可以办理个人借书证。

借书卡的材质有普通纸质卡、PVC（聚氯乙烯）卡、智能卡等。普通纸质卡造价便宜，但易磨损；PVC条码卡造价中等，可通过条码识别读者信息；智能卡识别方便、功能扩展性强，但造价高。随着身份证、市民卡、社保卡的智能化和统一化，不少图书馆也开始尝试使用现成的居民身份识别证件作为借阅图书的凭证。例如，佛山市联合图书馆、杭州图书馆、青岛图书馆、济南图书馆等都可以使用二代身份证作为借书证，苏州地区各公共图书馆普遍使用当地市民卡作为借书证。

读者办理借书证可收取一定数量的押金，押金的金额可根据读者申请的借阅权限调整。近年来，图书馆界也在进行免押金借阅的讨论和尝试。

2. 文献外借

外借文献要有一定的规定和制度：规定每次可借的册数；限制外借时间（一般为一个月）；明确续借制度、损书、超期的处罚制度；等等。传统的文献外借需手工进行，通过借书证、索书单、书袋卡、借书记录卡等进行管理。随着计算机在图书馆的使用，外借服务大多使用计算机进行管理，大大提高了工作效率。

3. 文献续借

读者根据需要，在文献未过期的前提下延长借阅期限的方式。文献续借的方法有到馆续借、电话续借、网上续借、短信续借等。不同类型的文献可按需求制定不同的续借规则。通常规定在某些情况下不容许进行续借，如读者证已过期、读者有过期未还文献、读者欠费到一定额度、已经超过可续借的次数等。为了保障每个读者公平享用资源的权利，一般同一读者当前借阅的图书最多续借一次。

  4. 文献催还

  文献催还服务分为三种：预期催还、超期催还和预约催还。预期催还就是读者所借阅的文献即将到期而进行的催还；超期催还是读者所借阅的文献已经超过规定期限没有归还而进行的催还；预约催还指读者对正在借出状态的文献提预约要求，提示持有者按期归还（即催还），并不再续借。文献催还的方式主要有电话通知、手机短信提醒、邮寄催还单、网上发布等。

二、文献阅览服务

  文献阅览服务是指图书馆利用一定的空间设施，供读者在图书馆内阅读、利用馆藏文献的一种服务方式。通过馆内阅览，可以使读者更全面、更有效地使用馆藏书刊。

  文献阅览服务主要通过各类阅览室展开工作。阅览室的种类很多，为了正确地设置阅览室，科学地管理阅览室，可按以下标准划分阅览室的类型：按知识门类划分，可以设置社会科学阅览室、自然科学阅览室、地方文献阅览室等；按读者对象划分，可以设置少儿阅览室、视障阅览室等；按出版类型划分，可设置期刊阅览室、图书阅览室、参考工具书阅览室、视听资料阅览室等；按文献文种划分，可设置中文阅览室、外文阅览室和少数民族阅览室等。文献阅览服务的内容包括：合理规划和合理布局各类文献资料；认真布置阅览环境和营造阅读氛围；积极推进阅读指导和阅读推广服务；努力加强参考咨询服务；等等。

  公共图书馆作为公共文化设施，应提供免费阅览服务，让所有市民自由出入图书馆，真正体现公共图书馆的公益性和开放性；同时应建立开架阅览和藏、阅、借结合的服务模式，为读者提供多元化阅读服务。

  对于开放时间，《公共图书馆服务规范》中规定："公共图书馆应有固定的开放时间，双休日应对外开放。其中省级馆每周开放时间不少于 64 小时；地级馆每周开放时间不少于 60 小时；县级馆每周开放时间不少于 56 小时。各级独立建制的少年儿童图书馆每周开放时间不少于 40 小时。"

第二节 讲座、展览服务

一、公益讲座服务

  图书馆的公益讲座是图书馆工作者通过策划、组织、演讲对话来进行知识传播以进行读者教育的图书馆业务。公益讲座作为一种免费的教育资源，成为公共图书馆开展读者服务的重要载体。它是公共图书馆传播知识、进行读者教育的重要形式，是开展公共文化服务的一项基本内容，也是图书馆构建公共文化服务体系的一项重要措施。

（一）公益讲座的类型划分

根据讲座的主题不同，公益讲座的类型可以分为：文学艺术类型，如名著解读、戏曲研究、美术欣赏、文物鉴定等；科学普及类型，如食疗养生、汽车保养、天文知识等；政治历史类型，如"两会"精神解读、中国古代政治制度等；经济法律类型，如经济学大讲堂、知识产权法等；地方文化类型，如乡土课堂、当地家族世系源流等；读者教育类型，如入馆知识、文献检索等。

根据讲座的演讲方式不同可以分为：单人演讲，双人对话，多人对话，演讲与朗诵、演唱、演奏相结合，演讲与展览相结合等。

根据讲座的举办形式不同可以分为：图书馆独立举办、图书馆与政府联合举办、图书馆与企业合作举办等。

根据讲座的听众群体不同可以分为：为青少年举办的讲座、为残障人士举办的讲座、为再就业职工举办的讲座等。

（二）举办公益讲座的流程

1. 公益讲座的策划

首先，由讲座策划小组对本馆讲座开展的实际情况、读者的需求做出详尽的调查和严谨的分析，这是开展讲座策划的首要环节。调查内容包括时事动态、社会热点、经济趋势等总体社会环境，也包括本地读者的主要构成、大部分读者所关心的热点话题、讲座宣传的覆盖面等。其次，对未来一定时期内的讲座工作进行系统、全面的构思和规划。规划的内容包括讲座举办的周期和时间、讲座举办的形式、讲座主题的选取、主讲人的选择、人员的分工、场地的安排等。最后，根据工作开展的实际情况对策划方案进行及时修改、调整。

主题、主讲人、听众是讲座的三大要素，讲座主题的选取是讲座策划的一项重要内容，应以贴近读者、贴近生活、贴近社会为主要原则，要做到普及性与专业性结合、趣味性与科学性结合、系统性与专题性结合。

2. 邀请讲座主讲人

首先，在选定了讲座的主题和主讲人以后，组织者应尽快与主讲人进行沟通与交流。组织者在交流的过程中判断主讲人是否符合讲座的要求，主讲人通过组织者的介绍确定是否应邀。

其次，确定了主讲人的受邀意向以后，组织者对其发出正式的邀请，然后明确讲座的时间、地点、讲座酬劳、主讲人的行程安排、讲座内容的权属问题等相关细节，并签署授权书，自觉地为双方权利的保护提供法律保障。

3. 公益讲座的宣传

讲座宣传应包括的基本信息有：讲座的内容介绍、主讲人的个人介绍、讲座的举办时间和地点等。

图书馆宣传讲座的途径多种多样，一方面组织者可依靠固有平台对讲座进行宣传，平面宣传的途径包括图书馆的宣传栏、馆刊、宣传单、电子显示屏等，网络宣传的途径包括图书馆网站公告、博客、微博、QQ群、网络论坛等；另一方面，组织者也可依靠与媒体合作进行讲座的宣传推广，如广播电台、新闻报纸、数字电视、电视台等。

4. 公益讲座的实施

首先，组织者应做好细致、周到的接待工作。准备好主讲人的交通工具和住宿处，及时跟进主讲人搭乘的飞机、列车等的出发及到达情况，准时迎接主讲人的莅临。

其次，要做好讲座的现场布置，人员的安排要明确分工、协调合作，落实工作责任，各司其职。现场布置的内容包括现场背景布置、讲台布置、场地卫生状况检查、讲座设备检查、安全设施检查等。

最后，在讲座的开展过程中，讲座的主持人应对全场的时间、节奏和效果进行掌控，提高主讲人的演讲热情，并留意听众的反应，活跃现场气氛。组织者同时还可通过签名售书、读者沙龙、巡回展览、媒体采访等多种配套活动的开展，提高听众的参与积极性，扩大讲座的影响力，推动讲座的品牌效应。

5. 讲座的后续工作

组织者在讲座后应当尽快对讲座形成的文字资料、视频资料、音频资料、照片等进行整理和归档，优秀的讲座资源还可以编辑成书籍、制作成光盘再次传播，在版权许可的情况下实现资源的多次利用和资源共享。组织者在讲座举办后应及时收集主讲人和听众的反馈信息，包括收集主讲人对讲座的开展形式、组织方式、主持风格等各方面的意见和建议，也包括倾听听众对讲座主题、讲座形式、主讲人演讲情况、讲座配套活动开展以及听众对讲座的特殊要求等方面的反馈，并在以后的工作中及时改进。

（三）开展公益讲座的要点

1. 注重公益讲座活动的团队建构

图书馆公益讲座是一个系统工程，从策划、选题、确定主讲人、宣传推广、开展讲座及后期资料整理，每一个环节工作的开展都是讲座团队成员共同协作的结果，因此，建立一支高效率、高素质的团队是做好公益讲座的根本。公益讲座的团队成员包括讲座负责人、策划人员、主持人、接待人员、现场控制人员、宣传推广人员、后期资料整理和制作人员等，团队中的每个人员应该分工清晰、目标明确，具有统一的团队理念、协作精神和创新精神。

2. 做好公益讲座的宣传推广

讲座的宣传推广包括前期推广和后期推广，前期推广决定着本次讲座听众覆盖面的广度，后期推广决定着讲座品牌影响力的大小。讲座在宣传推广的过程中，应秉着效用最大化的原则，充分利用阵地宣传、媒体宣传、网络推广、现代通信设备宣传的多层次、立体化的传播优势，使有限的平台资源发挥最大的宣传效用。

3. 开展公益讲座的延伸服务

公益讲座的延伸服务是指由图书馆讲座衍生出来的其他讲座形式，包括流动讲座，以及电子讲座、网络讲座，以及在遵守著作权法的前提下编辑出版公益讲座系列图书等内容。

流动讲座是相对在图书馆内开设的阵地讲座而言的，流动讲座开展的地点可以是学校、社区、企业或其他图书流通点，可以采用巡回讲座的形式进行，其听众是特定的人群。流动讲座针对不同群体听众的特定需求，选择特定的讲座主题，充分展现了流动讲座的灵活性与便利性。

电子讲座就是利用数字化技术，把公益讲座刻录成光盘，在保护主讲人著作权益的前提下利用光盘开展讲座服务，同时图书馆还可以购买电子讲座资源，在版权的允许范围内开展公益讲座作为本馆讲座资源的补充。电子讲座成本低、传播广，在图书馆经费、人员不足的情况下是开展讲座延伸服务的良好方式。

网络讲座就是把公益讲座的内容放在图书馆的网站上，读者足不出户即可在线欣赏图书馆的讲座资源，这是网络技术为图书馆资源共享提供的巨大便利。

编辑出版公益讲座系列图书是公益讲座积累、传播知识的重要途径，也是公益讲座成果的一种展示。在遵守著作权法和尊重主讲人的著作权益的前提下，图书馆可以把积累多年的公益讲座文字资料、图片、经验介绍集结成册，正式出版，实现知识的多次传递。

4. 搭建公益讲座的共享平台

公益讲座的资源共享不仅包括讲座视频、音频、文字资料的共享，还包括讲座团队的协作经验、专家学者信息库、选题库等资源的共享。共享的模式包括图书馆之间共建共享、图书馆与政府部门合作共享、图书馆与媒体及企业合作共赢等。共享的方法有远程直播、讲座资料馆际互借、数据库共享等。公益讲座要得到最大限度的传播，需要一个开放获取的共享平台。在资源共享的过程中，要把知识产权的管理放在首要位置，按照《中华人民共和国著作权法》充分尊重讲师的知识产权，与讲师签订录制视频、制作光盘、视频点播的许可协议，同时要保护图书馆讲座自身的知识产权。

5. 推动公益讲座的品牌塑造

公益讲座品牌是图书馆的无形资产，对树立图书馆的形象、深化读者服务具有巨大的促进作用，塑造图书馆公益讲座的品牌是打造图书馆服务品牌的重要内容和途径。

要打造公益讲座的品牌，需要做到：①要有一个易识别、有内涵的讲座名称和讲座标志。②要引导市民培养获取知识的习惯，让讲座成为市民文化休闲生活的一部分。③讲座要注重内容的创新、形式的多样化，大众讲座与精英讲座相结合，同时注重讲座的延续性和系统性。④除了做好讲座的服务外，应该注重讲座的宣传推广，让讲座在时间、空间上产生广泛、持续的影响，扩大讲座的影响力和知名度。

二、展览服务

图书馆的展览服务是指图书馆在一定的地域范围或网络空间内，用固定或巡回的方式，将某一个主题通过艺术作品、图版图片、图书资料或实物、模型、标本的形式进行展示，对读者进行信息传播、直观教育的服务。公共图书馆的展览服务由于宣传范围广泛、报道内容具体、利用方式简便、发挥作用迅速及时而受到读者的普遍接受和喜爱，已成为图书馆文化展示、文化交流的重要组成部分。

（一）展览的不同类型

根据展览的主题不同，公共图书馆展览的类型可以分为：馆藏资源与服务成果类展览，如馆藏家谱展、特色地方文献展等；艺术类展览，如书法展、油画展、摄影展、陶瓷展等；科技类展览，如功能性新材料成果展等；社会热点类展览，如抗震救灾新闻图片展、"两会"宣传图片展等；当地特色民俗、支柱产业类展览，如民间剪纸展、纺织材料展等；生活百科类展览，如家庭装潢图片展、花卉园艺展等。

根据展览的载体不同可以分为实物展览和网上虚拟展览。

根据展览的活动方式不同可以分为阵地展览和巡展。

根据展览的举办周期不同可以分为常设展和临展（短期展），常设展的展期一般为一年以上甚至更长，临展（短期展）一般为三五天至一个星期，或者十天半个月，但一般不会超过两三个月。

（二）举办展览的流程

1. 展览策划

展览策划人需要根据本馆、本地、本区域的文化特色以及用户需求、展览设施等条件，就展览名称、办展机构、展览经费预算、布展设计、展览宣传、展览服务、办展时间、办展形式、展览风格定位等进行短期和长期的策划。在展览主题的选择方面，馆藏特色、当时的社会背景和观众需求、重大的纪念日或是重大事件、是否具有可操作性等都是影响展览主题的因素。在展位的设计方面，应充分考虑展位利用率的最大化、人流心理及流向、参观对象的审美导向、施工难度及成本因素、安全性等因素。在展台的设计方面，应尽量突出本馆特色，充分考虑布局、照明、色彩、展品、展架等因素，做到突出焦点产品、明确表达主题、充分考虑空间和人流、易建易拆。在展会的安全设计方面，要充分考虑展示场地安全、人员安全、展品安全、交通物流安全、治安管理等因素。

2. 布置展区场地

图书馆的场地有限，利用有限的空间营造舒适的办展环境是进行场地布置的首要考虑因素。首先，要根据展览的内容和目的、活动规模、经费预算、所需提供的服务来确定展览场地的选择，室内场馆一般用于展示常规展品，室外场馆多用于展示超大超重展品。其次，图书馆的展区场地通常包含的功能区域有：接待处、展览区、开幕式或闭幕式场地、现场服务中心等，要遵循分类明确、指示清晰、安全合理、美观和谐、节约高效的原则进行展览场馆布置。

3. 展前的宣传工作

展览的宣传工作首先要确定目标人群，进行分阶段、有计划、连续性的宣传。其次，要准备足够的宣传资料，有条件的图书馆还可以编写展刊，展刊的内容应包括展品介绍、举办单位信息、嘉宾介绍、联系人员信息、图书馆其他服务活动推介等。图书馆的办展宣传可以采用多种方式，如召开新闻发布会，联系各类新闻媒体进行报道，配合展览举办讲座和会议；在图书馆网站上进行宣传，包括观众在线登记、展览在线报道、展览项目信息公告、展览服务信息说明、展览动态信息发布等；在图书馆展览场所外悬挂大幅宣传广告，派送展览宣传材料和参观券等。

4. 展览的实施

首先由开幕式宣布展览的正式开始，然后由讲解人员对展品进行介绍，展览实施的过程中，工作人员要负责展场秩序维护，协调处理展会现场各种矛盾和问题，协调各相关职能部门进场办公，负责开展期间物品进出馆手续的办理，做好观众问卷调查，最后按照展览计划的时间进行展品清点，统一撤展。

5. 展后总结与评价

在展览结束后，图书馆首先应对展品提供方、媒体合作方、提供过帮助的相关单位表示感谢，为再次合作打下良好的关系基础；其次要对本次展览形成的文字、图片、视频资料进行归档整理，便于后续宣传工作和资源共享；最后要对展览过程中的参观人数、宣传资料发放数量、展会现场气氛、媒体评论、观众反馈的问卷调查表进行统计和分析，对宣传效果、展览效果、效益分析等进行评估，并进行经费核算，为下次展览提供宝贵的经验。

（三）开展展览工作的要点

第一，培养一支专业化的办展团队。展览是一项专业性较强的工作，要做好图书馆的展览服务，必须要有专门的业务部门和具有专业素质的人员来进行管理和运作。首先，它要求展览策划人员不仅有敏锐的审美能力，还要具有展示设计师的艺术创造力，对整个展厅的布局、灯光、美感做出全局规划。图书馆有必要招聘专业人才或者对现有工作人员进行这方面的专业培训。其次，它要求办展人员具有较强的公关能力，联系办展方、新闻媒体，协调团队内各个工作人员的关系以及馆内各个部门的关系，还要负责读者意见的收集与反馈。因此，一支素质过硬的办展团队是开展展览服务的必要条件。

第二，多渠道解决办展经费。图书馆的展览服务是公益性活动，办展过程中产生的展位费用、展位搭建费用、展览物料费用、宣传物品制作费用、交通费用等都需要人力、物力和财力的支持，只有多渠道解决办展经费才能创造较高的社会效益。办展经费的解决一方面是努力寻求政府支持，争取专项经费；另一方面是联合办展，分担办展经费，还可以发动社会各界力量予以赞助。

第三，展览资源共享。展览资源共享的方式包括网上展览、巡展等，巡展是应用广泛、效果明显的一种资源共享方式，可以将某一家公共图书馆举办的优秀展览项目输送到全国各家兄弟图书馆，让各地的观众有机会欣赏到异地的艺术和文化，节省了其他兄弟图书馆的办展成本，促进了多地的文化交流，提升了办展馆在图书馆界和社会上的知名度，真正实现了资源共享。

第四，带动展览与讲座、会议、读者活动组合开展。展览是作品与观众的交流，图书馆还应该创造机会让艺术家与观众进行交流，展览与讲座的有机结合为这种交流提供了可能。在图书馆展览服务工作的开展过程中，可以将图书馆的展览与讲座、会议资源进行整合，发挥图书馆服务资源的整体效益。展览工作也可以与图书馆的读书活动结合起来，形成展览、讲座、会议、读书活动为一体的系列活动，使图书馆的业务发展呈现规模化效应。

第五，推动图书馆展览的品牌塑造。影响图书馆展览品牌塑造的因素有三个方面：①从展览本身来看，要有精准的科学定位、较高的专业化水平、鲜明的展览主题、相对固定的展览时间和地点。②从展览的管理方面来看，要有优良的网上展览资源共享平台、不断创新的品牌发展理念、科学的管理模式、丰富的媒体资源。③从展览的环境方面来看，要有一定数量的欣赏群体、相对充足的经费预算、良好的图书馆形象。

第三节 用户教育与培训服务

一、用户教育服务

随着信息技术日新月异的发展，用户教育在图书馆工作中所占的位置愈来愈重要。图书馆不仅要添置先进的设备，建立网络系统，购买数据库，更要帮助用户从不同的数据库资源和分散的信息源中有效地获取信息，培养他们的信息获取能力，这是全世界的图书馆面临的一个重要课题。图书馆用户是推动图书馆业务工作的外在动力，图书馆的发展、信息环境的改善都离不开图书馆用户对图书馆信息资源和信息检索技术的了解和熟练程度，所以开展用户教育越来越受到图书馆界的普遍关注。

（一）用户教育的内涵阐释

用户教育是指图书情报部门对图书情报系统的潜在用户和现实用户施行情报意识和情报技能的教育，即教育用户利用图书馆，使他们从图书馆保存的文献资料中获得最大收益，其内容是使用户熟悉各种技巧和方法，从而引导他们获得印刷型文献或电子型文献中蕴藏的知识财富。它是随着参考工作和服务这一概念的出现而延伸的。用户教育是图书馆服务工作的重要组成部分，在网络环境下，信息传播的途径及用户获取信息的方法都发生了前所未有的变化。网络图书馆是以传统图书馆为基础，实现传统图书馆与数字图书馆共存互补、信息存储实体的物理场所和虚拟的信息空间的有机结合体；它应用数字技术、网络技术与传统技术等，根据版权法的规定，对印刷型、电子型和网络等信息资源进行收集、组织、转化、管理，实现一体存取，为用户提供馆内服务和不受时空限制的网络服务。总之，网络图书馆既不是纯传统的，又不是纯数字化的；既不是完全的实体，也不是完全的虚拟，而是二者的综合体。网络图书馆的这种特性给用户教育工作带来了一系列新变化，必须重新研究、确立用户教育的目标、内容和方法，才能取得事半功倍的效果。

（二）用户教育的基本目标

用户教育的目标是用户教育必须达到的基本设想，它和用户教育的目的完全一致。理想的用户教育目标是用户教育的起点，也是用户教育的关键，它指导着整个用户教育过程。

概括地讲，图书馆用户教育的目标就是提高用户的文献信息意识和培养用户的信息能力，这其中包括：一是帮助用户了解、熟悉和充分开发图书馆等文献信息机构的资源，并能最大限度地满足自己的需要；二是帮助用户将他们特定的文献信息需求与图书馆等文献信息机构的具体服务建立有机的联系，从而以最快的速度获取服务；三是培养用户利用图书馆服务的信心，以及他们对文献信息服务人员的信任；四是帮助用户熟悉、掌握文献信息检索的基本技能方法，进而达到对文献信息应用自如的能力，从而能最大限度地利用图书馆等文献信息机构的资源；五是帮助用户掌握一些工作和生活的必备技能。

培养用户的信息能力，就是提高用户的信息表述能力、信息选择能力、信息利用能力和对新的信息技术的掌握能力等。在全社会的信息意识普遍得到提高后，用户信息素质的高低将主要表现在信息能力的不同上。信息能力是用户职业能力的基础，是各种职业能力加深发展的条件和依托，信息能力是满足信息需求的前提，信息能力又是发展信息业的动力。用户信息能力必须经过系统培训和自觉实践才能获得，通过培训可以增加其关于信息的理论知识，强化信息意识，养成信息思维的习惯，了解和掌握获取所需信息的手段和途径，从而提高使用信息的效率和效益。

（三）用户教育的三个特性

用户教育应充分利用传统和现代的教育手段，发挥图书馆的资源优势，满足信息用户的特定需求。现代用户教育具备以下三个特性：

1. 行为理性化

现代图书馆对用户的极大重视不仅表现在服务理念上对"用户第一"的认同，而且非常强调用户教育的科学适用。因此，把用户教育活动建立在科学的用户研究的基础上是图书馆的必然选择。用户教育行为的理性化表明：用户教育行为的各项决策都不是随意做出的，图书馆以其全面、准确、完善、前瞻的用户研究成果作为教育活动必备的前提。现代图书馆的用户研究中，对特定用户和用户群的需求研究必须具有包容性，也就是要从信息用户的主题需求和形式需求、现实需求和潜在需求、重点需求和一般需求等多个方面进行有效的调查分析和内容研究。

2. 成果适用性

在"用户是上帝"思想指导下的现代用户教育行为十分强调成果的适用性，它把教育行为建立在用户的需求上，因而对教育行为所获得的效益提出了更高的标准，要求针对不同用户和用户群有相应的教育成果体现。如在高校，对学生用户，要通过入馆教育让其掌握图书馆的资源及其布局、文献目录体系、工具书的使用及各项规章制度。对有科研要求的用户，要通过教育使其掌握课题查新的技能，同时针对不同学科，要求其掌握相应的信息获取与处理技能。概括地说，用户教育的成果必须最终得到用户的最大限度的价值认可。

3. 手段对象化

用户教育手段的对象化，目的在于实现特定用户的特定信息需求与特定信息资源的有机结合。在进行用户教育活动时，既要重视教育手段的共性，又不排斥针对特定对象的专门的教育方法。用户教育的手段对象化特别强调专门的教育手段和特定用户二者结合的实用性和有效性。总之，现代图书馆的用户教育非常关注对教育对象及其相关的内外环境的准确认知，并因地制宜地实施特定的教育手段和方法，这一特征在现代用户教育活动中日益明显。

（四）用户教育应遵循的原则

图书馆用户教育要受社会环境和图书馆自身条件的种种制约，因而，图书馆用户教育内容、教育方法与形式的确定，要充分考虑到各类图书馆的教育任务、教育对象、专业特点、知识水平等因素。我们在确定用户教育前，应遵循以下几个原则：

一是目标性原则。用户教育应紧紧围绕图书馆用户教育的目标来确定图书馆用户教育内容，凡有利于用户教育目标实现的内容都可考虑选用，但最终是否选用还需结合其他原则进行衡量。目标性原则是图书馆用户教育内容首先要遵循的原则。

二是计划性原则。用户教育是一项长期的连续的教育过程，应根据所在地区和本馆用户的实际需要及具体条件，制定相应的教育目标和中长期计划，并照此有组织、有步骤地安排用户教育工作。

三是针对性原则。是指各类型图书馆用户教育内容应根据其不同的教育对象来确定。受个人因素如文化教育水平、职业工作经验、外语水平、信息行为等的影响，用户的文献信息意识、文献信息的利用能力和利用效果都会有明显的差别，因此用户教育的内容和方式方法，不仅受一定时期科技发展水平的制约，而且还应根据用户的智力结构如知识结构、认识规律、思维习惯、理解能力等来设置。

四是灵活性原则。图书馆用户教育的方式方法多种多样，如个别辅导、集中培训、口头讲述、书面辅导材料等，集中培训还有正规上课、专家讲座等形式。究竟采用什么样的教育教学方式，取决于用户的数量、用户接受教育的方便程度以及用户的水平层次等因素，在具体实施时，可以灵活运用。

五是系统性原则。它是指图书馆用户教育内容应按涉及到的图书馆学、文献学、目录学、情报学等知识固有的逻辑序列进行选材和组织，用户教育的内容不应是一些支离破碎、彼此孤立的知识的"堆积"。

六是高智力价值原则。用户教育应选择智力价值高的内容作为图书馆用户教育的主要内容。高智力教学内容一般有理论性、基础性、结构性、典型性、深度性五个特点。

七是高效原则。它是指通过短期学习就能使图书馆用户得到益处，使他们在短时间内找到他们所需的文献情报资料，从而产生较好的效益。

（五）用户教育的主要内容

1. 对用户进行素质教育

对用户进行素质教育的内容包括很多方面，如：树立正确的价值观；塑造崇高的民族精神，培养对人类命运的关注和责任感；培养知行合一，注重实践的工作态度；确立正确的挫折意识，在任何情况下能够保持积极的心态；养成善于沟通的意识，学会与他人合作；改变思维方式，培养创新意识等。素质教育的目的可概括为"如何做人、如何处世、如何独立学习、思索和创新"。图书馆在素质教育方面可在多方面发挥作用。

（1）智力开发。所谓智力是指人的智慧和才能，指人们认识世界和改造世界的能力，包括：较强的自学能力、敏锐的思维能力、清晰的表达能力、深刻的研究能力、系统的组织管理能力和娴熟的操作能力等。图书馆将丰富的智力资源传递给用户，使这些知识内化为用户的人格、气质、修养、学识等内在的品格，这对智力开发，形成合理的智能结构有着重要意义。

（2）阅读教育。阅读在某种意义上说是一种科学、一种技能。图书馆可对用户在多方面进行阅读教育，包括：对阅读动机的分析、研究；阅读内容的引导；阅读方法的指导；阅读心理的教育；阅读卫生教育等。目的是使用户养成良好的阅读习惯，掌握正确的阅读方法，不断提高知识水平。

（3）终身教育。终身教育可以看作是学校教育在时间上和职能上的延伸。由于知识更新更快，要求人们要不断地学习，否则就要落伍，所以终身教育势在必行，终身教育的宗旨是通过不断地教育，使人在价值观念、科技知识、工作和生活能力等方面，都能适应社会发展的变化，并与之保持同步发展。

图书馆拥有丰富的知识信息，先进的技术手段，完善的服务设施，幽雅的学习环境和富有经验的文献检索馆员，能够辅导用户在知识的海洋中，迅速获得自己所需要的知识，学会获取信息的途径和方法，这对于更新知识，扩大知识结构具有重要意义。近年来，不少图书馆配合继续教育课程的需要，宣传和提供光盘资料或在远程教育中，提供计算机和网上教学等现代化手段。

2. 图书馆指导教育

图书馆指导是指对用户进行图书馆的服务和馆藏等图书馆基本知识方面的教育服务，以引导用户了解使用图书馆的一般方法和有关的服务项目以及某一图书馆的组织、结构和设施。图书馆指导在有的图书馆被称作图书馆指南、用户指南或图书馆导引，国外的提法还有图书馆导向、虚拟导向、图书馆之旅、虚拟之旅等。图书馆指导教育包括指导用户了解图书馆特征和功能，指导用户使用图书馆目录，指导用户查找各种工具书以及指导用户遵守图书馆规章制度。具体内容包括：

（1）图书馆概况，向用户介绍图书馆的基本情况，例如介绍图书馆的历史沿革、现状、地理位置、机构设置与服务理念等。

（2）图书馆的开馆时间，包括中心馆开放时间和分馆开放时间及节假日开馆时间等。

（3）馆藏分布，介绍各楼层、各阅览室、出纳台的藏书安排与布局情况。

（4）馆藏资源介绍，包括馆藏总量、馆藏特色、电子资源种类、各种类型的参考书和参考资料的分布和使用方法。

（5）图书馆馆藏组织体系，介绍分类法基本知识、分类体系及其特点、分类号代表的主题，目录的内部形式及著者、书名、主题等目录的分布，索书号的结构和含义及其排列方法，分类法和目录及联机目录的使用方法等。

（6）图书馆的有关政策和各种规章制度，例如入馆规定、借阅规则、违规处理办法、用户利用图书馆的权利和义务等。

图书馆指导的作用在于使用户对图书馆有一个基本认识，能够熟练利用图书馆。图书馆开展图书馆指导的形式多种多样，有的是以个人为单位，有的是以集体为单位，有的是在图书馆里接受图书馆指导教育，有的则是通过图书馆网站接受图书馆指导教育。图书馆在网站设置的图书馆指导也是多种多样的，有的是用文字来介绍图书馆指导的内容，有的是利用多媒体手段制作专门的课件来演示如何利用图书馆。

3. 文献与信息知识教育

向用户介绍图书馆与文献方面的基础知识，包括图书馆的类型、图书馆的功能、图书馆的工作机制、文献的类型、不同类型文献的功能和获取途径、图书馆馆藏资源的组织体系。随着信息技术在图书馆的应用，还应该增加对电子图书馆、数字图书馆、虚拟图书馆方面知识的教育，如数字图书馆的基础知识、数字图书馆的技术基础、数字图书馆的信息存取与利用、数字图书馆相关政策和规则等。同时还要向用户介绍计算机基础知识、互联网络和多媒体使用的基本知识，因特网的起源与发展过程、如何上网、浏览器的使用、收发电子邮件、电子讨论组、远程登录、FTP文件传输、主要搜索引擎及其使用。文献与信息知识教育可以帮助用户了解和掌握图书馆及其馆藏文献分布，掌握不同文献的特点及其相应的编排、组织方法和检索途径，电子信息资源以及信息技术等方面的基本知识。

4. 信息意识教育

信息意识是用户对信息的作用、信息的需求、信息的检索行为、信息的吸收和利用具有的自觉意识。用户教育能够帮助用户树立强烈的信息意识，提高对信息重要性的认识，使他们具有较强的信息敏锐感和洞察力，教会他们信息分析和研究的方法，培养他们对信息的搜集、吸收、选择和综合能力。一个具有较强信息意识的人才能适应现代信息社会的需要，才能创造出更大的信息效益。

图书馆进行信息意识教育包括：

（1）对信息重要性的认识。

（2）掌握检索和处理信息的能力。

（3）培养对信息的广泛的注意力和敏锐感。学会通过日常生活或公开出版的文献，搜集信息、追捕信息。

（4）培养信息社交能力。获取信息有正式渠道（如：报刊、书籍等）和非正式渠道。即"面对面"的信息交流。要想获得这种信息，需要有较强的个人活动色彩和社交能力。因此，培养信息社交能力也是信息教育的一个方面。

（5）学会分析、处理信息。通过分析、筛选、综合、判断、推理，形成具有重要价值的信息，这是信息教育的最终目的。

5. 信息技能教育

信息技能教育包括信息获取能力教育、阅读方法教育、信息检索知识教育、电子文献的检索与利用教育、网络信息资源的检索与利用教育等方面。具体内容包括：

（1）信息检索方法的教育。如介绍文献检索途径与方法，信息检索的理论知识和技术，有关手工检索、光盘检索和联机检索、网络信息检索的知识，检索语言，各种大型的著名检索系统的使用方法，索引、期刊文摘、资料汇编、引文索引、样本手册等工具书的使用，如何使用引文，在版书目等。

（2）导读教育。可以对用户的阅读战略、目的、内容、方法等给予积极指导，从而诱发用户潜在的阅读欲望，提高用户的阅读修养，帮助用户掌握推荐书目、导读书目的使用方法。

（3）电子信息资源检索方法的教育。如各种综合性、专题性数据库的收录范围及检索方法、检索途径和检索策略，联机公共检索目录的使用，电子图书和电子期刊的使用方法。

（4）网络信息资源的检索方法。网络信息资源检索工具的利用，搜索引擎的使用方法，网络信息的生产、组织、存储以及传递方法，如何利用因特网远程登录功能进行国际联机检索，网络数据库的使用与评价，网络信息资源的搜集、选择和评价，馆际互借和文献传递服务的网络申请方法等。

6. 信息政策、法律和道德教育

信息政策、法律和道德教育是用户教育工作的一项新内容。当代信息环境日益强调遵守信息政策与法律，重视信息伦理体系的建构，图书馆在这方面能够发挥重要作用。用户信息法律意识的树立、信息道德建设、信息文明素质的培养是新环境下精神文明建设的重要内容。信息政策、法律和道德教育的内容包括帮助用户学会合理、合法地使用信息，使他们掌握并遵守有关信息道德规范及相关法律规范，文明地使用互联网，规范自己的信息行为，学习著作权法尊重知识产权，尊重网络隐私，信息安全教育，帮助用户树立信息平等和真实原则，摒弃和反对信息虚假、信息污染、信息侵权、信息犯罪。

二、公益培训服务

公共图书馆是国家重要的文化设施，是传承和弘扬优秀传统文化，建设社会主义新文化的重要机构，更是一个国民终身教育的场所，对于提高全民的文化素质，促进人的全面发展，具有独特的优势。因此，公共图书馆要适应新形势的要求，切实做好读者服务工作。

在建设学习型社会这一新形势下,伴随着计算机、网络通信等新技术的迅猛发展,图书馆工作面临着新的机遇和挑战。如何为读者提供更全面、更优质的服务,如何推进图书馆的建设和发展等问题,已摆在图书馆工作者面前。至关重要的一点是要强化读者服务工作,改变传统的"以馆藏和馆员为中心"的服务观念,树立以读者为中心的全新服务理念,拓展读者服务工作的新领域。

(一) 公益培训的必要性分析

1. 符合公共图书馆的基本职能

图书馆公益培训是指图书馆整合现有教育资源,以免费培训的方式有针对性地对公众进行专业技能教育,达到提高素质、增长知识、掌握某些专业技能的目的。

联合国教科文组织发布的《公共图书馆宣言》中明确规定,公共图书馆原则上应当免费服务,图书馆不分读者身份、宗教信仰、语言等差别而向其提供平等的服务是其最核心的内容。开办公共图书馆是国家和地方政府的责任,并由国家和地方财政拨款支持。公益性和服务性是公共图书馆的基本特征。

随着经济的发展,我国人口流动不断加速,大量农村人口进入城市,向所有社会大众敞开大门,是公共图书馆的责任和义务。图书馆作为一个社会教育机构,是社会大众终身教育的最理想场所,它的教育职能与学校同等重要,是学校教育的延续和发展。特别是在数字化、网络化时代,消除由于城乡差别、地域差别、经济发展水平差别而日益加深的数字鸿沟,是图书馆人的责任。

公益培训能使更多的弱势群体以极低的门槛进入图书馆,通过培训获取知识和信息,实现社会成员平等享有的文化权益,符合图书馆的基本职能,是公共图书馆应大力开展的一项工作。

2. 顺应时代的要求

当今社会正处于一个"知识爆炸"的时代,知识更新日新月异,每个人都面临着市场竞争和生存的压力,人们对知识的渴望比以往任何一个时期都更为迫切。对于成功的创业者而言,需要不断提高自身素质,增强驾驭市场和经营管理企业的能力,促进企业的发展;对于接受过高等教育的大学生来说,也只有通过加强学习更新知识、调整知识结构,才能在社会上立足;而对于那些下岗失业人员、残障人士等弱势群体,学习掌握新的知识技能是他们赖以生存的重要途径。因此,每个人都需要不断地调整自身的知识结构,提高生存的技能,以应对来自各方面的竞争压力,实现人生发展目标。

网络时代的到来,打破了信息传播的多种限制,人们获取信息的渠道日益多元化,用户不用出门就可以利用网上图书馆查阅各类信息资源，甚至通过网上书店购买、阅读书刊，网络已经基本涵盖了图书馆传播信息的职能。图书馆能否继续成为社会大众获取知识和信息的首选，面临着严峻的考验。为此，图书馆应从单纯提供文献信息服务向依托知识开展服务转变，主动开发新的读者服务方式。公益培训就是一种直接而主动的知识信息传递方式，它回应了广大读者要求图书馆为社会提供更多更好的教育的呼声。在培训过程中，专家学者们利用图书馆的交流平台，将筛选、整合、创新出来的专业知识传播给社会大众，体现了图书馆"以人为本"的知识服务理念。

3. 有利于发挥图书馆的资源优势

图书馆拥有独特的文献资源、人力资源和技术资源优势，是公益培训的重要前提。图书馆历来被称为知识的宝库、知识的海洋，它收藏了各学科领域重要论著和最新研究成果。图书馆特有的软硬件资源以及丰富的文献信息资源，构成了独特的优势。组织整合全国文化系统丰富的信息资源，实现资源共享的全国文化信息资源共享工程，其文化资源的丰富性更是其他社会机构所无法比拟的。公共图书馆作为人类文化知识遗产的主要保存地，市民获得终身教育的重要场所和知识信息的集散地，对一个地域的文化发展和人才培养起着信息提供和智力支持的重要作用。

公益培训是以人的知识为基础，以人的智力为资源的一项工作，对人力资源有着特殊的要求。作为社会知识信息枢纽之一的图书馆很强调人才的引进和培养，不少馆员拥有扎实的专业基础和广博的知识结构，而且在不断学习，富有创新精神和创造能力。图书馆员具有较强的现代信息意识和图书馆学专业知识，正在由传统的"图书保管员"变成"信息领航员"和"信息工程师"。图书馆员队伍素质得到进一步提高，其社会作用为人们所公认。

随着计算机和网络技术在图书馆的普遍应用，公益培训可以充分享受现代技术所带来的各种方便，如网上多媒体的在线服务可以为参加培训人员提供免费的网络学习指导，图书馆设备先进的多功能报告厅和多媒体教室也是支撑公益培训的先进技术资源。

综上所述，在终身学习已逐渐成为时代特征的今天，图书馆发挥资源优势，开展公益培训，满足读者需求责无旁贷。

（二）公益培训的具体实施

1. 公益培训的根本宗旨——服务大众

公共图书馆肩负着保存文化遗产、传播科学文化知识、进行社会教育等职能。进入知识经济时代，知识更新越来越快，终身教育成为世界趋势。公共图书馆公益性、公共性和开放性的特点，使其能贴近民众、服务社会，所有社会成员都可以在这里根据自己的需要进行终身学习。图书馆可以通过公益培训，给千千万万普通民众以实际帮助：可以为失业者提供再就业前的培训指导，为失学者提供自学辅导，为弱势群体提供法律知识援助，为年老体弱者提供医疗保健书刊资料，为有志创业者提供生产技能和致富信息，为涉世不深的青少年提供必需的人生知识……

公共图书馆的服务对象是不同社会阶层、不同文化素养、不同知识需求的广大民众。图书馆开展公益培训应围绕大众关心的热点，以深入浅出的方式传授知识和信息。坚持大众化就是坚持图书馆的公益性原则。如今越来越多的图书馆开始重视公益培训。如上海图书馆面向社会已举办各类公益培训讲座超千场，听讲人数达数十万人次。他们始终遵循"贴近实际、贴近生活、贴近群众"的原则，成为传播先进文化、普及科学知识的没有围墙的学校。

2. 公益培训的基本任务——提供培训、培养人才

我国在保护农民工权益等方面，出台了一系列政策措施，收到了很大成效。但农民工工资偏低、劳动条件差、享受公共服务少等问题仍然存在。据调查，绝大多数农民工对维权知识了解甚少，不知道维权的途径和组织。因此，对农民工开展法律知识培训，提高他们自身的维权意识，对于促进城乡协调发展、保持社会和谐稳定，都具有重大意义。图书馆的公益培训可以针对这些情况，把服务重点放在向他们提供就业信息、劳动保障咨询和法律条文上。如福建省图书馆拟举办的"进城务工难，政府帮你忙"的公益培训活动，邀请福建合立律师事务所律师在一楼多功能厅对在榕务工的农民工进行法律知识培训，介绍农民工的法律主体地位及性质、农民工的权益、农民工权益受侵害的主要类型、农民工权益保障及法律救济途径等内容。

公益培训课程的安排，可以根据不同地区、不同时期的市场需求及调研结果来决定。市场调研的形式可分为：①利用各省文化信息网进行网上问卷调查；②向有关单位和个人送发问卷调查表；③针对特定的对象进行电话拜访。调研内容包括培训专业需求、培训人数、培训方式和培训时间等。最后通过调研分析信息来确定培训课。

3. 公益培训可持续发展的关键——塑造品牌

图书馆的公益培训要实现可持续发展，关键在于塑造品牌。品牌塑造需要正确地定位和把握核心竞争力，需要不断地创新。公益培训如何定位与各图书馆的文化定位密切相关，如上海图书馆的组织文化的核心理念是：积淀文化，致力于卓越的知识服务。为此他们推出了"青年论坛"等系列培训讲座，重点为青年人才的成长提供舞台和创造发展的机遇，为上海这座海纳百川的城市培养人才。

福建省在加快海峡西岸经济区建设过程中，需要大量的技术人才，包括有一定文化素质的农民工；同时因特殊的地理位置，与国际的交流以及海峡两岸交流愈加频繁。因此笔者认为，福建省图书馆的公益培训可以结合建设海峡西岸现代化省会城市的目标，以"精致服务，至诚合作"为宗旨，围绕大众服务和专业服务相结合的原则，以多样化为特征，开展系列活动，如"建设社会主义新农村，知识殿堂请进外来农民工""进城务工难，政府帮你忙"等主题培训，成立个人网络学习中心、"移动商学院"，深入到一些企事业单位进行移动培训等，逐步创建"闽图海西公益培训"的品牌。

综上所述，图书馆发挥自身资源优势开展公益培训，是满足社会需要、促进社会进步、构建和谐社会义不容辞的社会责任。公益培训可以作为图书馆的一项服务创新工作，在传播先进文化，指导人们进行终身学习，促进社会和谐发展等方面发挥独特的作用。

第四节　政府公开信息服务

公共图书馆的政府信息服务，包括了两个方面的内容：政府信息组织和政府信息服务。政府信息组织工作，是指公共图书馆进行当地政府信息的收集，公开目录、指南、索引、摘要的编制工作。政府信息服务，是指提供政府信息的查询、获取和咨询。

一、政府信息资源的基本含义

政府信息资源就是指一切产生于政府内部或虽然产生于政府外部但对政府活动有影响的信息。从这个定义可以看出，政府信息资源包含两方面的内容：①政府行政机构在行使公共权力、管理国家事务及社会公共事务的过程中产生的信息资源。②虽然产生于政府外部，但却处于政府部门最关心的目标范围内，具有某种广泛性意义和参考价值、对全局有一定影响的倾向性信息资源，例如经济活动信息、科技成果信息等信息资源。

二、政府信息服务的主要内容

（一）设立政府信息查阅中心

公共图书馆应认真贯彻落实《中华人民共和国政府信息公开条例》精神，在图书馆设立"政府信息查阅中心"。图书馆可根据自身条件，或设置专室，或在阅览室里开辟一个专区，配备相应的设备，主动接受政府信息，提供政府信息公开目录、指南以及行政审批和服务事项等文献的查询、借阅、复印，帮助读者查询，解答一般咨询和收集意见等。与此同时，加强沟通和协调，建立政府信息及时、完整进入公共图书馆的保障制度，不断完善政府信息公开的方式，使公众能方便快捷地获取各方面的信息。为公众获取和利用政府信息提供咨询。咨询的内容既包括政府信息检索、获取咨询，又包括政府服务引导咨询（帮助用户确定解决其问题的政府部门）、电子政务使用咨询、政府政策顾问等。

（二）开展政府信息网络服务

除了纸质文献的提供外，在网络信息环境下，图书馆应该在政府数字化出版物的收集、整理、提供查询等方面更有积极表现。政府信息网络服务是公共图书馆通过自己的门户网站或专门的公共图书馆政府信息门户提供政府信息服务。网络服务主要通过与政府门户网站进行链接，或与政府信息公开网站进行链接，或将大量而分散的政府信息进行分类整合，加工处理、制作专题数据资源，在统一的检索界面提供查询。

（三）深化政府信息服务内容

深化政府信息服务内容是对政府信息的深度加工。公共图书馆应发挥自身专业优势对大量的政府信息资源进行科学组织、加工整合和深度揭示，对政府信息做出深度标引，设计多途径、多角度的查询方式，方便政府信息的公共获取。探索编制政府信息专题文献，根据政府关注的重点话题、公众关注的热点问题，不定期地整理、汇编成专题目录或信息汇编，为公众提供更主动、贴切的服务。

为公众获取、利用政府信息提供咨询。除了提供政府信息检索、获取的咨询外，有条件的图书馆还可提供政府服务引导咨询（帮助读者选择、确定解决其问题的政府部门）、电子政务使用咨询、政府政策顾问等，使图书馆不仅仅是政府信息的收藏者，更是信息的咨询者和服务者。

（四）提供个性化政府信息服务

公共图书馆可以通过政府信息定制服务、参考咨询服务，在海量的政府信息中根据读者的需求，为读者推送政府信息，提供个性化的政府信息。这种个性化的服务不仅是提供读者所需要的相关政府信息资料，更重要的是从资料中归纳出读者所需要的知识和解决问题的方案。

此外，公共图书馆还应针对弱势群体获取和利用政府信息困难的情况，为此类人群策划个性化的政府信息服务。服务包括为老年人、残疾人，以及文化水平较低的群体，提供检索、获取、阅读、利用方面的帮助，为信息技能或信息条件困难者提供设备、条件和获取、利用方面的帮助等。例如，帮助进城务工者了解政府相关政策，寻找工作机会；帮助残疾人了解残疾人有关政策，帮其创业等。有效利用电子政务项目，通过流动书车将政府信息带到农村，为偏远地区的群众服务。

（五）拓展政府信息服务途径

除了阵地外，公共图书馆还应充分利用现有服务网络的优势，利用公共图书馆服务体系和全国文化共享工程基层点，整合现有政府信息，通过卫星、互联网、数字电视、光盘等方式，为公众，特别是偏远地区的公众及时提供政府信息服务，扩大政府信息服务的覆盖面，满足公众多层面的需求。

此外，还可利用公共图书馆普遍开展的讲座、展览等活动形式，组织多种形式的"宣讲报告""专题讲座""讨论沙龙""主题展览"等，向社会公众发布、解读、宣讲重要政策、热点话题和焦点问题，拓展政府信息服务的途径。

（六）开展政府信息服务的共建共享

公共图书馆开展政府信息服务同样要加强与各方的合作和共享。公共图书馆一方面要与政府网站、行政部门、档案馆协调合作；另一方面，更应加强图书馆界的合作和共享，通过统一数据标准、统一数据库、统一门户，将不同层级的图书馆政府信息服务连成分布式网络，搭建公共的政府信息资源共享服务网络。

第五节　参考咨询服务

图书馆咨询服务的实质是以文献为根据，通过个别解答的方式，有针对性地向读者提供具体的文献、文献知识或文献途径的一项服务工作。该定义明确指出，咨询的基础是文献，咨询服务以文献为主要依据，针对读者在获取信息资源过程中提出的各种疑难问题，利用各种参考工具、检索工具、互联网以及有关文献资源，为读者检索、揭示、提供文献及文献知识或文献线索，或在读者使用他们不熟悉的检索工具方面给予辅导和帮助，以解答读者问题。由于解答问题的主要依据是图书馆现有的文献或其他参考源等，公共图书馆管理与服务且提供的答案又是参考性的，所以，对于这类服务多称为"参考咨询服务""参考服务""咨询服务"等。

传统文献借阅服务是为了满足读者的共性需求，而参考咨询是为了满足读者的个性化需求。参考咨询员需要综合地利用各种信息检索方法和服务手段，解决读者在查找信息过程中遇到的各种疑难问题，帮助读者更有效地利用图书馆。

一、参考咨询的特点及意义

（一）参考咨询的主要特点

参考咨询的服务内容不断地深化和拓展，其服务方式也呈现出现代化、网络化、多样化的趋势，致使参考咨询成为读者服务中最活跃的内容，并表现出以下特点：

1. 服务性

从本质上说，参考咨询仍然属于读者服务工作的范畴，服务性是参考咨询最基本的特征。参考咨询是在图书馆传统的工作流程采访、分类、编目、典藏、流通、阅览的基础上开展的一项重要内容。在参考咨询过程中，馆员通过个别解答读者提问，来满足读者的个性化需求，服务内容与其他部门的读者服务工作有着千丝万缕的联系，是读者服务的延伸和发展。

2. 针对性

从参考咨询服务的目的来看，它具有很强的针对性。参考咨询主要针对读者的学习、工作与生活中所遇到的问题，提供文献信息服务，以满足读者越来越个性化的服务需求。读者需求是开展咨询服务的前提，没有读者需求，也就没有图书馆的咨询服务，所以调查了解读者的信息需求是开展参考咨询服务的基础。各类型各层次的图书馆的服务对象是不同的，参考咨询应根据图书馆的方针和任务开展读者需求调查研究，以分清工作的轻重缓急，明确服务重点。比如，公共图书馆担负着为所在地区的党政机关和有关的企事业单位服务的任务，参考咨询的重点是政府决策和经济建设；高校图书馆重点为学校教学与科研服务，参考咨询的对象主要是教师和学生，服务的重点是教育与科学技术；科研单位图书馆主要为本系统科研工作及领导决策服务，参考咨询的服务内容专业性很强。

3. 多样性

从参考咨询的内容和形式来看，参考咨询呈现出多样性的特点。首先，读者咨询问题多种多样，来源广泛。有来自社会各个部门的咨询问题，也有涉及学科领域的专门问题；有综合性的咨询，也有专题性的咨询；有文献信息咨询，也有非文献信息咨询。当然，并非读者提出的一切问题，图书馆都应给予解答，只有属于图书馆服务范围的问题，才是参考咨询的服务内容。其次，参考咨询形式多样化。从读者提问的形式看，有到馆咨询、电话咨询、信件咨询、网络咨询等多种形式；从馆员对具体问题所采取的服务形式看，有文献检索方法辅导、提供文献线索、提供原文、定期提供最新资料、提供专题研究报告等。

4. 实用性

从参考咨询工作的效果来看，具有一定的实用性。首先，读者在实际生活、工作和学习中，必然会碰到各种各样的问题，参考咨询馆员帮助读者获取资料和利用图书馆资源，节约读者查找资料的大量时间。其次，参考咨询服务还有利于深入开发文献资源，提高文献资源的利用率，为科技人员、领导决策和企业发展提供丰富的文献资源和动态信息。例如，随着图书馆情报职能增强和现代化技术的应用，高校图书馆从优化资源配置，提高服务质量、方便读者等方面入手，在保证为高校的教研工作提供服务的基础之上，扬长避短，立足实用参与社会情报服务，为社会提供实用易得的经济信息服务。参考咨询突出体现了图书馆的情报职能与教育职能，它所表现出来的工作水平与开发能力反映了图书馆服务的优劣，参考咨询工作的社会价值体现在工作效率、社会效率和为经济建设服务的效益等方面。

5. 社会性

图书馆是信息产业的有机组成部分，主要具有保存人类文化遗产、开展社会教育、传递科学信息和开发智力资源四种社会职能。参考咨询服务是一种开放性的社会服务系统。

第一，咨询服务对象具有鲜明的社会性。参考咨询服务就是图书馆运用各种方法帮助读者解答在科研和生产中需要查阅文献资料而出现的疑难问题，为读者提供所需的文献和情报。随着社会信息化程度的不断提高及图书馆服务观念的转变，参考咨询服务的社会化程度日益加深，服务对象与范围进一步扩大。尤其是开展了合作咨询和网上咨询服务以后，其服务对象已不再限于馆内读者，本社区乃至跨地区、跨国界的有关用户都可能成为服务对象。

第二，咨询队伍具有鲜明的社会性。由于科学技术的发展，科学知识与信息资源急剧增长，光靠一个图书馆的力量已无法单独完成各种资源库的建设及各种咨询问题的解答，更谈不上各种咨询软件的研制与开发。知识与资源的共建共享势在必行，咨询队伍建设的协作化与社会化进一步发展，出现了跨地区跨国界的合作咨询。

第三，咨询服务内容具有社会性。随着图书馆日益融入社会信息化的浪潮之中，参考咨询服务的内容也由过去以学科咨询、专业咨询为主转向为广大用户提供涵盖学习、生活、工作等方面的各类社会化信息，以最大限度地满足用户日益增长的信息需求。

（二）参考咨询对图书馆发展的意义

现代图书馆馆藏文献资源的多少已不再是评价一个图书馆信息服务能力和质量的唯一

标准，而是要把信息资源是否实用和具有特色，检索查询系统是否方便使用、完善，用户的需求是否得到满足作为主要的评价依据。参考咨询工作通过多种多样的信息服务形式，在帮助读者利用图书馆、宣传介绍文献资源、开展读者教育、开发利用文献资源、开展专题情报研究等方面发挥了重要作用，对图书馆的发展具有重要的意义。

1. 有助于帮助读者查找资料

参考咨询可以帮助读者利用图书馆的文献资源，是读者自学的好帮手。在知识经济时代，知识正在迅速地更新、老化，学校教育已远远不能满足社会发展的需要，于是终身教育成为新时代的新特征。图书馆是读者学习的第二课堂，读者在学习和研究时需要大量地借助图书馆的参考资料。然而，大批读者对图书馆服务情况缺乏了解，在读书过程中，在利用图书馆寻求知识、自学成才的过程中，会遇到许多困难。参考咨询工作能够在浩如烟海的文献中，为读者排忧解难，充当读者的助手和向导，以解答咨询的方式，减少读者查找文献的时间和精力，满足读者高层次的文献需求，加速科学研究工作的进程，提高研究水平。读者在学习、科研和生产中经常遇到不懂的生僻字、专业名称术语，或对某些人名、地名、朝代名等缺乏清晰的概念和有关的知识，或对某些引言、理论性的名言警句，不知道其原来的出处和背景；或对某些材料，需要进一步查找原始文献和参考资料等。读者为了解决这些问题，需要花费很多的时间和精力在图书馆丰富的藏书中选择合适的参考工具书。参考咨询员熟悉馆藏和各种检索工具的使用技巧，可以帮助读者迅速地找到所需的参考书，系统完整地解决这些问题。参考咨询针对读者的各种问题进行解答，人性化较强，能直接相互交流沟通，减少了信息传递障碍。所以，参考咨询是辅导读者阅读的重要手段，这项工作不仅为有效、充分地利用图书馆文献资料创造了良好的条件，而且解决了读者阅读中需要解决的问题，使读者节省了大量的时间，把精力更有效地使用到更为重要的工作中去。

2. 有助于文献资源的综合利用

图书馆的文献资源的内容涉及古今中外、天文地理，无所不包，浩如烟海。其载体形式多样，既有丰富的印刷型书刊，又有大量的电子资源，且内容相互交叉，繁简不一。读者在查找文献时往往注意不到文献资源类型问题，不善于从总体去把握自己所需的专题性知识载体。例如，读者可以专门找一种中文资料或外文资料、一篇期刊论文或工具书中的某一数据，而不善于围绕自己所研究的专题，从图书、期刊、论文集、丛书、科技报告、专利、标准、样本、工具书等图书馆收藏的诸多的文献类型中将有关资料收集齐全。为帮助读者全面系统地了解和利用这些资源，参考咨询馆员需要对各种资源及其使用方法进行宣传介绍。这种综合利用馆藏文献，围绕专题问题进行的参考咨询，大大地开拓了读者的视野，使读者真正了解到图书馆是名副其实的知识宝库，有取之不尽、用之不竭的知识资源。参考咨询工作不但可以形象生动地宣传图书馆，宣传图书馆资源，还可以更有力地吸引读者来利用图书馆。

3. 有助于开展文献检索教育

现代科学技术迅速发展，每年完成的科研成果以几何速度上升，记载科研成果的科学文献高速增长。科学研究的发展，一方面导致学科分支日益细化，另一方面促进了跨学科研究的普及。这使得读者在查找和利用文献时，常常需要涉足多个学科领域，给许多科研工作者带来了日益增多的问题。有时，读者所需参考的文献超出了一种以上的书刊文献类型，也不限于一个、两个文种，有时，读者所需参考文献数量特别庞大，采取直接阅读的办法实际上已经不可能，而必须借助于文摘、索引、目录，掌握文献的全貌，便于选择最为直接的文献加以阅读；有时，读者所需的参考文献，只能是直接有关的、最有价值的、有效性最强的，因而必须从有关的大量参考文献中进行筛选，以便选出的文献最有水平、最有价值；此外，大量中外文专业数据库的使用技巧、网络信息资源的搜集与利用技巧也是读者迫切需要解决的问题。这些问题属于共性问题，一般的读者都会遇到，参考咨询员应对读者开展文献检索教育，帮助他们掌握文献检索的方法和技巧，提高文献利用能力。

4. 能够为科学研究服务

图书馆参考咨询工作是现代科学技术事业、经济建设事业的一个重要组成部分，能够提高文献资源开发利用的广度、深度与难度，及时传递信息，为科学研究提供高质量的服务，充分发挥文献的使用价值和作用。

面对文献资源的急剧增长，读者在信息查找、筛选与利用过程中需要花费大量的时间。为了帮助读者利用资料，参考咨询工作不断完善服务内容，开始从多种文献源中查找、分析、评价和重新组织情报资料，为读者提供更深层次的服务。因而，有无参考咨询工作、参考咨询工作的好坏，对科学研究工作的影响是很大的。参考咨询工作为第一线的科研人员节省了时间和精力，实际上也就是增加了第一线的科研力量。参考咨询工作是图书馆为科学研究服务的重要方法和内容，图书馆应根据读者的需要，积极做好书目参考和情报服务工作，编制和利用各种书目索引，系统地介绍和提供有关的书刊资料，开展定题服务、跟踪服务、代查代译等工作。

5. 能够为市场经济建设服务

随着社会经济的迅速发展，市场竞争越来越激烈，读者的信息意识越来越强，对信息的需求也日益迫切。参考咨询服务从科学研究向经济建设主战场转移，参考咨询直接参与社会的经济建设、科学研究、政治活动、社会生活等各个领域，并为重大的社会研究课题提供文献信息服务和技术服务，其社会效益也日益明显。在引进先进技术和设备的过程中，参考咨询充分发挥科技情报的尖兵、耳目作用，通过调研分析，引进具有世界先进水平的技术设备，这样不仅能减少盲目引进造成不应有的损失，而且能使企业增添活力和实力。另外，参考咨询工作可以充分发挥纽带作用，有利于促进科技成果尽快转化为生产力。

另外，参考咨询工作通过信息教育转化用户的思想观念，通过信息服务提高用户的整体素质，使各类用户了解情报、认识情报、依靠情报、利用情报，有利于社会用户增强信息意识和竞争意识，提高科技水平。参考咨询工作有利于各行各业实现职能转变，提高科学管理和经营水平。科技情报服务作为一种导向服务，成为企业获取先进生产技术、开发出具有竞争能力的产品的重要手段。各行各业有了信息导向，就能够尽快顺应社会经济需要，做到宏观决策科学化、规范化，以最短时间、最小付出去实现较大效益。咨询服务的效果和服务质量能够取得良好的社会效益和经济效益。正因为咨询服务对社会发展关系重大，图书馆工作者都力图通过咨询服务方式来扩大文献服务的范围，充分开发和利用文献资源，真正实现为社会服务的目标。

二、图书馆咨询服务的类型及形式

（一）图书馆咨询服务的类型

公共图书馆的咨询服务既包括被动接受读者询问，也包括主动宣传报道、信息推送；既包括馆内咨询，也包括馆外咨询；既包括通过个别辅导方式帮助读者查找信息，也包括开展各类读者教育活动普及推广信息；既包括开展简单的普通咨询服务，也包括专题文献研究和服务等较深入的咨询服务；既包括面向普通读者的咨询服务，也包括面向政府机构、企业等特定人群的咨询服务；等等。

1. 普通咨询服务

由工作人员接受读者咨询提问，并提供解答，一般问题难度不大，可较快解决。按照读者提问的内容特征可分为向导性咨询和辅导性咨询。向导性咨询的问题都是一些常识性问题，如某某阅览室在哪里，图书馆开放时间等。工作人员需将问题进行归类、整理成参考咨询手册或"常见问题"，以便快速回答或统一口径回答。辅导性咨询是指针对读者在查找资料过程中出现的各种问题而进行的咨询活动。针对读者提出的一般性知识咨询，通过查阅各种相关的参考工具书查找线索或答案，直接回答读者，或指引读者利用某一工具书、刊，直接阅读有关咨询问题的资料。对于读者在查找文献过程中因不熟悉检索方法而遇到的困难，图书馆工作人员可以充分发挥自己熟悉馆藏、熟悉检索工具的优势，给读者以检索方法的辅导和帮助。

2. 为地方政府提供决策服务

党政领导的决策牵涉面广，任何疏忽都可能对社会、老百姓造成不良后果，因此领导在做出一项决策之前，需充分了解各种信息。图书馆作为社会公益性机构，理应为广大党政领导提供决策参考服务，以提高领导决策的科学性。决策服务的内容包括立法决策服务、政治决策服务、经济决策服务等。图书馆提供决策服务的方式包括：以地方政府及政府决策执行部门作为服务的对象，为它们提供专项信息咨询服务；与政府有关部门合作编制具有影响力、有品牌效益的信息产品；根据地方政府关心的大事、突发事件编制专题信息剪报；参与地方政府支持的课题研究；为政府决策部门开通网络信息服务绿色通道；编制本地舆情信息刊物；为党代会和"两会"提供咨询服务；等等。

（二）图书馆咨询服务的形式

咨询的服务方式有传统咨询形式和网络咨询形式两大类。传统咨询形式常见的有到馆咨询和电话咨询。图书馆各阅览室都设有咨询岗，图书馆工作人员可以为读者提供文献查询、检索服务等全方位服务。图书馆总服务台可以提供电话咨询服务，各个阅览室也可以提供电话咨询服务，如询问开馆时间、办理续借书刊、借书证的办理等。网络技术的迅速发展和应用，使传统咨询的提问和解答方式都发生了重大变化，出现了信息推送和虚拟咨询等通过网络完成的咨询服务。

三、数字参考咨询服务

数字参考咨询是国外图书馆20世纪90年代中后期迅速兴起的一种新的服务方式，是传统参考咨询在网络环境下的继承、延伸和发展。它利用网络提供的技术优势，为用户提供方便、及时、高效的咨询服务。

（一）数字参考咨询服务的特点及程序

数字参考咨询服务是建立在数字资源建设基础上，以丰富的馆藏资源和因特网资源为依托，针对网络用户的提问，由具备一定专业知识的人员通过电子邮件、网络表单、聊天、视频、网上客户呼叫中心软件、网络语音协议等手段，为用户提供方便、快捷的现代知识服务。它又称虚拟参考服务、在线参考咨询服务、电子参考咨询服务等。其核心是一种分布式信息网络中具有特殊知识和技能的"信息专家"（专业知识网络）对用户的个性化服务，使用户不受时空限制获得咨询服务和信息共享，有效地实现信息资源、专家资源、服务资源最优化共享与利用。

1. 数字参考咨询服务的特点

（1）信息源的广泛性与多样性。在网络环境下，图书馆参考咨询的信息源从传统馆藏扩大到包含各种数据库、联机目录、电子或电子化出版物以及大量网上资源。信息源的类型多样、内容丰富，可扩大用户的检索空间和提高原文的可获得率。

（2）服务手段的现代化和技术性。计算机等先进技术在图书馆的运用，实现了信息资源数字化和咨询服务工作的现代化。传统的手工检索工具和传递方式由于网络技术的发展而逐步弱化，取而代之的是网络信息检索工具和传递工具。

（3）咨询服务的及时性与实时性。网络化的工具在扩大检索范围的同时，大大提高了信息检索与传递的速度，使参考咨询服务得以超越时空的限制，在很短的时间内完成，并实现实时交互。

（4）服务模式的个性化和多样性。数字参考咨询独具"一对一、一对多"的服务特点，可采用 E-mail 咨询、FAQ 档案库、实时咨询、联合虚拟参考咨询服务等多种方式，共享世界范围馆藏文献资源与专家资源，实现全球化、个性化、实时化咨询服务。

（5）咨询解答的专业性与可靠性。参考咨询服务的成员需受到相应的培训，其中有一些甚至是图书情报界专家或具体学科带头人。图书馆之间还可以合作成立网上咨询中心，将咨询问题按学科、专业等分送给相应的参考馆员回答。这样不仅提高了解答的专业性，而且也提高了解答的权威性与可靠性。

2. 数字参考咨询服务的工作程序

无论何种类型的数字参考咨询，虽然在具体方式上存在一定的差异，但其工作流程基本由以下五个密切相关的环节组成：

（1）问题接收。数字参考咨询服务系统以各种方式（E-mail，Webform，real-time 等）接收用户提问。

（2）提问解析和分派。数字参考咨询服务系统对接收到的用户提问进行一定的分析、筛选和评估，并首先查询先前的问题和答案保存文档，看是否有比较合适的现成答案；如果无合适的现成答案，系统将此提问发送至专家库，以寻求最适合的可能回答问题的专家。

（3）专家做出答案。专家根据自身的知识和可以获取的资源，按照一定的要求和准则做出答案。

（4）答案发送。专家的答案可以"张贴"到 DRS 服务的"回答"页面，让用户随后进行查询、浏览；当然答案也可直接发送至用户信箱。

（5）跟踪数字。参考咨询服务系统通过所记录的提问信息来监控每一个问题的处理进展，如果需要，随时将当前提问处理的状况通报用户；而当一个问题回答完毕后，问题和答案需进行存档，以便以后查询利用；在此基础上逐步形成一个独立的、可面向所有网络用户进行检索的知识库，而大多数数字参考咨询服务系统的FAQ也产生于这个保存文档。

（二）数字参考咨询与传统参考咨询的区别

数字参考咨询随着新技术的应用、数字环境的飞速变化，对参考咨询馆员提出了更大的挑战。传统参考咨询的三要素发生了巨大变化：读者需求更加丰富多样，参考馆员面临的信息环境、文献信息组织形式也愈加复杂多变，咨询的形式及结果也呈现多样化趋势。数字参考咨询和传统参考咨询两者的不同点体现在：

第一，服务对象。传统参考咨询服务的对象主要是亲自到馆的用户，通过面对面的方式，了解用户提出请求的真正意图。数字参考咨询服务扩展了传统参考咨询服务的对象，不仅仅局限于到馆的用户，更多的是服务于远程用户，可以让更多的不能亲自到馆的用户同样也能享受图书馆的各种服务。

第二，服务方式和服务参考源。传统参考咨询服务主要是采用手工检索，通过一些印刷版的工具书的查找，为用户解答问题。传统工具书大多具有权威性，但是形式单一、更新较慢、存储密度小、占用空间大、检索途径单一、操作费时费力、不能共享。数字参考咨询服务主要是通过网络和计算机等高新技术，通过查找一些数据库和网络资源为用户提供问题的答案或线索。数字参考咨询服务的参考源形式多样，存储密度大，检索功能好，操作简单，传递速度快，可以共享；但是数字参考咨询服务的保密性较差，所依赖的参考源相对于传统参考源而言，它的权威性和时效性受到质疑。

第三，服务机构和服务队伍。传统参考咨询服务往往是设立参考工具书阅览室，以参考咨询台为中心开展工作，由馆员在参考咨询台轮流值班解答用户的有关图书馆的各方面问题。而数字参考咨询服务往往是设置信息咨询部门或技术参考部，借助虚拟咨询台通过网络接收用户问题，再通过网络解答用户问题。对于用户问题的解答也不只是依赖于本馆的工作人员，还面向社会招集一些学科的专家或志愿者来解答，从而提高了答案的准确性。

传统参考咨询服务模式和数字参考咨询服务模式是图书馆参考咨询工作中出现的两种工作方式，二者之间是一种互补的关系，而不是取代。数字参考咨询服务模式可以吸收参考服务模式的理论，传统参考咨询服务模式可以借助数字参考咨询服务模式中的技术，二者可以在互相借鉴和完善中达到和谐一致的目的。

(三) 数字参考咨询服务模式

1. 异步模式

顾名思义，异步数字参考咨询是用户提问与参考咨询员的回答是非即时的，目前主要采用常见问题解答（FAQ）、电子公告板服务系统（BBS）和电子邮件等服务方式。

（1）常见问题解答（FAQ）。在日常工作中，参考咨询员往往必须解答不同用户提出的相同问题，在网络环境下也是如此。常见问题解答，就是将用户经常问到的问题及其答案编辑成图书馆站点的一个网页，并在图书馆的主页显著的位置上建立链接，方便用户查询。这种服务内容大体是馆情介绍或服务政策方面的咨询，如怎样检索图书馆的目录、怎样办证、怎样申请馆际互借、怎样续借、允许用户一次借几本书等。常见问题解答是数字参考咨询初级阶段，存在一定的局限性，只能被动地接受服务，遇到没有提供答案的问题就会无所适从。

（2）电子公告板服务系统（BBS）。电子公告板系统简称BBS，在图书馆的应用开始于1981年。当时美国芝加哥公共图书馆的分馆建立了BBS系统，给图书馆的参考咨询服务带来了全新的面貌。就目前情况而言，图书馆将BBS作为通告信息的园地，同时利用图书馆的教育功能进行参考咨询服务。该服务系统一个明显的缺点是保密性差，一些由于个人或商业原因需要保密的咨询问题不适合此方式。

（3）电子邮件参考咨询服务。电子邮件是计算机介入的通信方式中用得最多的，比普通邮政更受到人们的欢迎。差不多从图书馆拥有电子邮件时起，电子邮件咨询就成为图书馆的服务项目之一。早先是有咨询问题的用户向某一位图书馆员发送问题，由该图书馆员进行解答；后来发展为提供一个电子邮件地址，多个图书馆员都可以阅读并解答。比如浦东图书馆信息咨询与情报研究中心便设有统一的邮箱，发布于浦东图书馆主页的联系地址中，读者可以直接问询也可发送表单，部门将及时回复，并将课题任务分配给咨询馆员进行解答。

2. 实时交互模式

将电子邮件和表单用于参考咨询的最大问题在于"时滞"，即图书馆员与用户之间无法建立起迅捷、即时的联系。将商业上使用的"聊天"技术改造为实时问答技术，能够克服这一缺点，使用户与图书馆员之间进行实时的你来我往的问答。联网计算机一端的用户通过键盘输入信息，另一台联网计算机的信息接收者就可以看到监视器上的信息，并做出答复。其最大特点是问题的答案可以立即传递。以文本为基础的网上问答融合了电话和电子邮件交流的优点,对图书馆的参考咨询服务具有重要的意义。目前主要采用的形式有网络聊天室、网络白板、网络视频会议、网络寻呼中心等。不仅如此,随着网络应用软件的不断发展,浦东图书馆还开通了微博、微信,及时发布活动通知、解答读者问题,并可以与读者实时交互。

3. 合作数字参考咨询模式

合作式数字参考咨询系统是数字参考咨询发展到一定阶段的产物,是指基于网络由多个图书馆或信息机构建立协作关系,将咨询专家、学科知识与用户交互联系起来所形成的一个分布式的虚拟参考服务系统。合作式数字参考咨询系统扩大了图书馆的服务功能,并对传统的参考咨询服务模式进行了拓展,由过去的单一机构在办公时间内独立地提供馆藏资源服务,逐步扩展到由多家机构合作提供全天候协作式网络参考咨询服务,解决了异步服务和实时交互服务所带来的信息需求的繁杂和多样性,同时体现了信息资源、人力资源共享的优势。

第六节 服务宣传与阅读推广服务

一、服务宣传推广

图书馆作为社会公共文化服务体系的重要组成部分,其服务质量的提升和利用率的提高,对于满足公众的文化需求、促进社会文化进步具有积极的作用。图书馆服务的宣传推广,即通过各种手段和方式,提高公众对图书馆现有服务项目的了解、认知和利用。这一工作的开展,不仅有助于提高图书馆的公众形象和社会影响力,更有助于提升图书馆的服务质量和效益。

(一) 服务宣传推广的重要性

第一,提高公众对图书馆的认知度。图书馆作为社会公共文化服务体系的重要组成部分,其服务项目的设置和实施都是为了满足公众的文化需求。然而,现实中很多公众对图书馆的服务项目并不了解,甚至存在误解。通过宣传推广,可以让公众更加全面、深入地了解图书馆的服务项目,提高对图书馆的认知度。

第二,激发公众对图书馆的利用兴趣。图书馆拥有丰富的文献资源、良好的阅读环境以及多样化的服务项目,但只有当公众真正认识到其价值并积极利用时,才能充分发挥其作用。宣传推广可以通过各种方式向公众展示图书馆的魅力，激发他们对图书馆的利用兴趣。

第三，提升图书馆的社会影响力。图书馆服务的宣传推广，不仅可以提高公众对图书馆的认知度和利用兴趣，还可以通过与公众的互动交流，提升图书馆的社会影响力。良好的社会影响力可以增强公众对图书馆的信任感和认同感，为图书馆的发展提供有力的支持。

（二）服务宣传推广的策略

第一，制定有针对性的宣传推广计划。针对不同的服务项目和目标群体，制定有针对性的宣传推广计划。例如，针对学生和家长开展关于自习室和儿童阅览室的使用指南宣传，针对科研人员开展关于文献检索和研究的专题讲座。同时，根据不同群体的需求和特点，选择合适的宣传渠道和方式。

第二，利用多元化的宣传手段和渠道。除了传统的海报、宣传册等手段外，还可以利用网络、社交媒体等多元化的宣传渠道。例如，通过微信公众号、官方网站等平台发布图书馆的最新动态和服务信息；在社交媒体上开展读书分享会、话题讨论等活动，吸引公众参与互动。同时，还可以通过合作媒体进行广泛宣传推广。

第三，加强与公众的互动交流。图书馆服务宣传推广不仅仅是单向的信息传递，更需要与公众进行互动交流。例如，通过读者论坛、微信群等平台收集公众的意见和建议；定期举办读者座谈会、新书发布会等活动，增强与公众的互动交流。同时，还可以通过开展各种读者活动如读书沙龙、讲座等吸引更多的读者到图书馆来增加使用率。这些活动的开展可以更好地满足读者的需求并提高其满意度进而增加其对图书馆服务的认知与利用。

第四，关注新型项目的宣传推广。随着社会的发展和技术的进步公共图书馆不断推出新型服务项目以满足公众的需求。这些新型项目往往需要更多的宣传推广才能让公众了解和接受。因此，公共图书馆需要关注新型项目的宣传推广工作，例如开展数字阅读推广活动，智能机器人推广活动等，介绍新服务项目的特点和优势，吸引更多的读者体验和使用这些新型服务项目，进而提高其利用率。

二、阅读推广服务

（一）阅读推广的涵义

"阅读推广"也可以称为"阅读促进"，是在"阅读辅导""导读""读书指导""阅读宣传""阅读营销"等概念的基础上发展而来的。由于阅读推广活动涉及面广、灵活性强、可拓展空间大，所以有狭义和广义之分。狭义的阅读推广主要指围绕某一主题开展的具体阅读活动。阅读推广是一种新型的、介入式的图书馆服务，其目标人群是全体公民，重点是特殊人群，活动化、碎片化是主要特征，其主要目的是使不爱阅读的人爱阅读、使不会阅读的人学会阅读，使阅读有困难的人跨越阅读的障碍。

图书馆的阅读推广是图书馆利用其信息资源、设备设施、专业团队和社会关系等各种条件，鼓励各类人群成为图书馆的读者，并培养其阅读兴趣、养成阅读习惯或提升其信息素养的各种实践。

阅读推广并非图书馆独家专利，其他各类机构组织也通过各种手段，利用自身的特点和优势，向目标人群施加影响，使其形成阅读兴趣或习惯，或从事与阅读相关的各类活动，这些都是阅读推广。教育机构往往着眼于"学会"阅读，掌握阅读技能即可，而图书馆是提供终身学习的场所，不仅致力于全面满足各类读者的阅读需求，也提供各类阅读的"全程监护"，同时在阅读内容、手段和方法上都能给予配合和指导，这也就是致力于信息素养的培育工作。当今数字时代，图书馆更应该承担起"数字素养"的培育和保障职责，这也是其他任何机构开展阅读推广所无法比拟的，是图书馆在阅读推广方面的核心竞争力。

（二）阅读推广的特点

图书馆的阅读推广，无论是以馆藏为中心还是以读者为中心，与其他行业的阅读推广相比，有四个方面的显著特点。

一是全面性。阅读推广就是对现代图书馆基本理念的实践，虽然从具体的阅读推广活动来说它应该是有确定人群和主题的，但总体而言图书馆阅读推广的对象应该是全体公民，是全方位、全覆盖的。其普遍均等的全面性尤其体现在对特殊人群和弱势群体的强调和重视，因为这些人群往往是被边缘化的，常常处于被主流社会忽略的角落。

二是系统性。与其他机构的阅读资源相比，图书馆馆藏最大的不同在于其是经过有序组织的，凡是纳入图书馆馆藏体系中的资源，均是经过筛选和加工的，有一定的质量保证和权威性，本身就带有许多知识之间关联关系的描述。因此，图书馆实施的阅读推广可以做到如同它的馆藏发展一样有体系、有规划，涉及各个学科领域、各种类型和层次的读者。

三是职业性。图书馆本身就是因阅读而存在的，提供阅读是图书馆的天职。长期以来，图书馆虽然并不注重主动开展阅读推广活动，但图书馆作为一种制度设计，其长期存在本身就是推广阅读、推崇知识的象征。现在图书馆已经意识到阅读的危机就是职业的危机，开始主动地将阅读推广活动纳入其业务流程，开始将阅读推广作为图书馆的一项基本服务，依靠整个事业的力量，将图书馆的职业能量空前释放。

四是专业性。图书馆工作长期积累的对于资源、载体、组织、描述、揭示、检索以及业务管理等方面的专业知识，构成了图书馆学的丰富内容。阅读推广需要针对不同的资源类型、内容特征、组织方式，以及不同的读者对象，采取不同的推广策略、方式，以不同的指标进行评估测量等。在这方面图书馆学的既有研究成果就能发挥一定的作用，不仅有助于提高阅读推广工作的水平，而且能使阅读推广的研究一开始就具有一个很高的起点，使其更加具有科学性和专业性。总之，阅读在数字媒体时代被赋予了比传统媒体时代更多的含义。

图书馆通过环境、工具、材料的提供，以及介绍、示范、体验、介入、参与等方式进行影响和诱导，让读者能够通过上网、使用软件和各类应用，利用各类数字终端设备接触到最新的数字环境。这也是阅读推广的工作内容，是图书馆义不容辞的责任。让读者在图书馆提供的环境中进行交流学习，培养创新能力，及建立众创空间也成为一种必然，这样也赋予了图书馆空间服务新的内容和意义。只有把阅读推广与图书馆服务有机地结合起来，才能推动业务发展，反过来真正地将阅读推广纳入图书馆的主流业务中去。

（三）阅读推广的作用表现

阅读推广的作用来源于阅读的作用。人类阅读带来的积极影响涵盖政治、经济、文化、社会等各个方面。对个体而言，阅读的基础功能是增进知识、提升智慧、愉悦身心、修养品行、成就事业，即古人所说的格物、致知、诚意、正心、修身、齐家、治国、平天下。阅读推广目的是开展阅读推广活动预期达到的效果，实现的价值或影响，是明确"为何推广"的问题。于社会个体而言，阅读推广目的是通过各种活动，借助一定的载体，培养个人阅读兴趣和习惯，使参与阅读的个体得以增长知识、修养品行、提升素质，增强个人力量；于社会整体而言，阅读推广是为了提高全民族的阅读水平和文化素质，提振全民族的精神，增强全民族软实力。阅读推广作为机构部署的一种推广阅读的文化活动，其功能也主要表现在传承文化、教化民众、促进创新、助力生产四个方面。

1. 传承文化的作用

阅读是传承文化的重要手段。书籍作为人类文化的主要承载物，无论其保存在个体还是群体手中，如果没有阅读，书文化也不会自动传承。正如曼古埃尔在其著作《夜晚的书斋》中所言：保存在图书馆里的各种各样的图书，无论稀有或者普通，古书或者新书，它们的性质和品质都没有它们的在场和流通重要。现代的读者阅读过去的书，书在阅读的过程中就变成了新的。每一个读者都使某一本书获得了一定程度的不朽。在这个意义上，阅读就是使书籍复生的仪式。

对于曼古埃尔的观点，领悟最早也最为深刻的恐怕要数古代国王托勒密了。他不仅建立了当时世界上藏书量最大的古亚历山大图书馆，而且为了提高藏书的利用率，托勒密还邀请当时许多国际上的知名学者，如欧几里得、阿基米德等人，请他们住在亚历山大里亚，支付他们可观的费用，只要有效使用图书馆的藏书即可。这一创举的直接结果就是新的图书和注解的不断诞生，古亚历山大图书馆因此而成为全世界智慧和学问的储藏室，引领风骚长达700年。无独有偶，20世纪二三十年代，柳诒徵先生开创了"住馆读书"制度。在他主持制定的图书馆章程中，列有"往馆读书规程"：凡有志研究国学之士，经学术家之介绍，视本馆空屋容额，由馆长主任认可者，得住馆读书。如今，阅读却变成了一件需要推广的事情。因此，阅读之传承文化的功能也就顺其自然地植入到阅读推广中。

2. 教化民众的作用

书是用来读的。自古以来，图书的最大功能就是教化功能了，而这种教化功能却只有通过读者的阅读才能实现。亚里士多德曾经希望无论是官府藏书还是私家藏书，都能用于教学，并对其弟子们开放。中国近代思想家、改革家、教育家梁启超先生在图书馆这一新生事物还未传入中国之时，就与康有为等维新派人士于1895年在北京成立了"强学会"，其目的是"群中外之图书器艺，群南北之通人志士，讲习其间，推行于直省"，并建立了新型的图书机构——强学会书藏，采取对广大民众开放之姿态，以普及新学、启迪民智为己任。但由于当时的国民还不懂得利用图书馆，强学会成员便四处求人来看书。这种传输知识、开发民智的热忱令人感动。强学会成员的行为，与今日之阅读推广颇为相似，阅读推广之教化民众的功能由此可见一斑。

3. 保持创新的作用

创新是推动人类进步和社会发展的不竭动力，阅读则是创新的摇篮。站在巨人的肩膀上前进，指的就是人类的创新需要基础，这个基础就是前人的知识和智慧；只有先继承前人成果，并在此基础上发展和提高，创新才可能实现；那种无源之水、无本之木、凭空捏造的创新是不存在的。此外，创新成果的推广也离不开阅读。任何一种思想、理论、方法、技术、发现、创造等，问世后若被禁闭于其发明人、发明地，那么，它的作用几乎可以忽略不计。

只有记录于载体，推广于社会，其价值才能得以实现。正如有识之士所言：阅读习惯和阅读能力的欠缺将极大地损害人们的想象力和创造力，而想象力和创造力是一个国家、一个民族永葆活力的源泉。有一个严峻的事实人们不得不面对：当代世界的知识创新、科技创新、文化创新乃至生活方式创新的源头大多不在中国，人们更多的是扮演了一个学习者和追赶者的角色。在此背景下，全民阅读的重要性怎么强调都不过分。按此逻辑，在"大众创业，万众创新"的时代背景下，阅读推广之促进创新的功能也就不言自明了。

4. 助力生产的作用

知识经济时代，科技是第一生产力，而且是先进生产力的集中体现和主要标志。科学的本质是创新，创新的关键在人才，人才的成长靠教育，而教育离不开阅读。因此，阅读对生产的促进作用主要体现在通过阅读文献来获取先进的技术、提高劳动者的素质上。只有通过广泛的阅读，才能在继承前人经验和了解最新科学技术资料的基础上有所创造、有所前进。只有站在巨人的肩膀上，才能够以更加高远的立意，找到改革和创新的途径，解放和发展生产力。发展经济的关键是生产力，而作为生产力最核心要素的人必须是有知识、有能力的人。这就决定了阅读直接关系到生产力的发展水平和人的素质的高低。一国国民的阅读能力强，则科学技术普及程度就高，则生产力强；一国国民的阅读能力差，则科学技术普及程度就低，则生产力弱。

书籍的力量要通过阅读的力量才能体现。因此，个体可以通过阅读优秀作品走向卓越，国家可以通过阅读推广倡导国民阅读优秀作品来间接提升国力。阅读能力作为一种特殊的"生产力"，需要高度重视、积极养成。

第六章 公共图书馆特殊人群服务

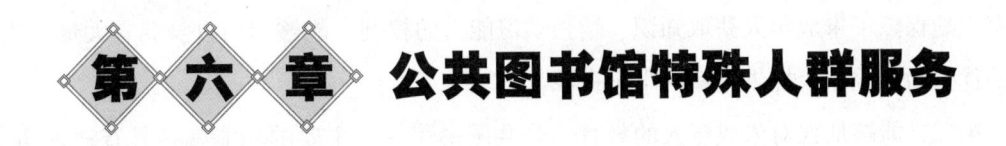

第一节 公共图书馆未成年人服务

随着社会的不断发展，人们越来越注意到未成年人对一个国家的未来发展有多重要。因此，现在对于未成年人的教育事业也越来越火热，受到了各界人士的广泛关注。公共图书馆在未成年人的成长过程中有着很重要的教育意义，能够为未成年人提供一个安静、浓厚的学习氛围，更能够为未成年人提供大量的学习资源。因此，如何更好地发挥公共图书馆的教育作用，不断提升公共图书馆对于未成年人的服务能力，都是我们现在应该思考的问题。

一、公共图书馆对未成年人服务的职能与优势

（一）未成年人服务的职能表现

未成年人是社会中的一个特殊群体，也是公共图书馆主要的服务对象。不断提升对未成年人的服务水平，可以更有效地利用图书馆的资源加强对未成年人的教育，提升未成年人的素质，培养他们形成社会需要的素养，从而不断推进社会快速发展，为祖国繁荣富强培养所需要的人才。提升自身的服务水平不仅对于未成年人有着很重要的作用，对于公共图书馆自身也有着很大的益处。在这个发展速度越来越快的社会中，各种科技含量高的设备已经进入了家家户户，尤其是在这个几乎人人都会上网的时代，可以通过网联平台来获取自己所需要的信息。在这种情况下公共图书馆也受到了一定的冲击，但是因为未成年人是社会关注的核心，加强对于未成年人的服务水平可以同时加大公共图书馆自身的影响力，这样就能够提升公共图书馆自身的社会地位，增强图书馆的竞争力，让图书馆在现在这个科技时代也能处于不败之地。

公共图书馆作为公共事业的组成部分,在为未成年人服务方面具有以下的职能:

第一,保障未成年人的文化权利。因为未成年人在社会上还处于一种弱势群体,没有经济来源,很多情况下也不具备独自生活的能力。但是因为公共图书馆是免费开放的,因此有力地保障了未成年人获取知识、增强学习能力的权利,能够利用自身拥有大量文化资源的优势为未成年人提供丰富的学习资源。

第二,能够加强对未成年人的教育。公共图书馆一个主要的功能就是具有教育功能。图书馆的教育功能与家庭和学校的教育功能不同,能够弥补后两者教育中表现出来的不足,有着自己独有的特点。图书馆因为能够为未成年人提供更加丰富的学习资源,提供更加适于学习的阅读氛围,因此是一种具有教育职能的公共场所。

第三,图书馆具有文化娱乐功能。图书馆还是一个公共的文化活动平台,在现代社会公共图书馆已经不仅仅具有查阅文献的功能了,它还能够举办一些文化活动,例如读书会、讲座、故事会、亲子阅读等等,这些都是对未成年人身心发展很有好处的活动,能够促进他们健康成长。未成年人通过这些活动可以接收到我们国家的先进文化理念,还可以传承到我们的优秀传统文化,让他们树立正确的三观,并且能够有将来为社会作贡献的理想和能力。

(二)公共图书馆对未成年人服务的优势

一是社会重视。随着社会的不断发展,社会越来越感受到了加强对未成年人服务的重要性。因此,国家明确规定了公共图书馆要对未成年人平等开放,而且还要通过合理的馆内设计、场所布置等方面不断提升自身的服务能力。很多公共图书馆早已深刻意识到为未成年人提供服务的重要性,很早就开始着手实施为未成年人提供服务的计划,提升馆内员工为未成年人服务的理念。由此可以看到当今社会需要公共图书馆加强对未成年人的服务水平。

二是地位优势。公共图书馆是公共文化教育事业的一部分,因此需要开展社会教育以完成其社会职能。公共图书馆除了单方面提升自己对未成年人的服务能力以外,还可以加强周边社区、学校等机构的联系与合作,更好地利用自身的社会资源,取长补短,为未成年人提供更好的服务。

三是资源优势。公共图书馆内的丰富资源是其他机构不能相比拟的,而且图书馆内的资源种类多、涉猎范围广,能够满足未成年人不同的阅读需求。此外,随着科学技术越来越发达,许多图书馆不但专门设置了青少年电子阅览室,还引进了先进的新媒体技术,如电子图书、3D立体书、VR 等,更加便捷地让未成年人获得更多的文献资源。

四是平等优势。因为公共图书馆对于服务对象没有具体明确的要求，因此任何年龄、不同性别、不同职业的人都能够进入公共图书馆，并且在众多的资源之中能够找到自己需要的资料。对于未成年人来说，因为现在社会发展的需要，很多时候未成年人阅读的不仅仅是儿童读物了，还有一些偏成人化的文献资料也是很好的选择。因此在公共图书馆内，未成年人和成年人一样，享有同等的待遇。

五是资金优势。公共图书馆是国家公共事业的一部分，由国家财政支持。而且随着近几年人们对公共图书馆的作用越来越重视，各级政府也不断地加大投入，因此公共图书馆的资金投入也在不断增长，这样为公共图书馆提升自身的服务水平提供了有力的保障。

六是人才优势。随着现在社会的不断发展，公共图书馆中的工作人员的专业素质也越来越高，特别是针对未成年人，很多工作人员都有着丰富的工作经验，对他们的阅读心理也较有研究，能够为未成年人提供高质量的服务。

二、公共图书馆未成年人阅读服务的原则

（一）阶段性服务原则

阶段性服务原则是公共图书馆未成年人服务最基本的原则，它要求图书馆应针对不同年龄段的未成年人群体设计相应的服务内容，不同年龄段的未成年人服务之间要能够有机地衔接起来。不同阶段的未成年人在心理心智、知识结构、关注重点、技能水平和阅读能力等方面都存在极大差异，每相隔3-5岁，他们的阅读方式就会完全不一样。如：未成年人在3周岁以下是被动地在监护人的陪伴下阅读；在4-6周岁时，他们虽然仍需要陪伴，但有了主动接受知识的能力；在7-13周岁，他们开始了学校生活，图书馆对他们的服务主要集中在周末和假期；14周岁以后，他们有了强烈的自我意识，更愿意像成年人一样自主选择阅读内容。一般而言，公共图书馆对服务对象的年龄阶段划分得越细，服务内容项目设计得越多，表明该图书馆的服务水平和能力越高。

（二）安全性服务原则

公共图书馆的未成年人服务重点强调的一项基本原则是安全性服务原则。低幼儿童不具备自理能力，缺乏安全意识，而青少年则喜动、好尝试，他们都容易出现安全问题。因此，公共图书馆在为未成年人提供服务时，要确保他们的安全，务必将安全性原则放到最重要的位置，应制定保护未成年人安全的相关制度。

（三）多样性服务原则

国际图书馆界倡导公共图书馆提供多元文化服务的基本要求是多样性服务原则。公共图书馆的未成年人服务应根据未成年人的年龄差异性、家庭背景差异性、心智水平和阅读能力差异性等，组织形式多样的服务活动，以满足未成年人群体中不同个体的阅读需求。

1. 服务对象年龄的多样性

不同年龄段的未成年人因其各自的心理及心智水平不同，对公共图书馆的需求有很大差异。因此，公共图书馆应为每个年龄段的未成年人提供适合他们自身发展需求的服务，保障每个到馆的未成年人都能找到适合自己的阅读服务和阅读活动。如：公共图书馆为婴幼儿开展亲子绘本活动，为学前儿童组织故事会、图书朗读等活动，为学龄儿童举办暑假读书会、阅读指导等活动，为青少年提供读书交流会、益智比赛活动等。

2. 服务对象智力和能力的多样性

公共图书馆除了为健康和家庭状况良好的未成年人提供正常的服务，还应该为阅读困难、社交困难和家庭条件困难的未成年人群体提供服务。公共图书馆应针对自身馆藏特点及优势，设计类型多样的活动，提高未成年人参与活动的积极性。

三、公共图书馆未成年人服务能力的提升

第一，加强服务人员素质培训。因为未成年人的身心发展各自的特点不同，而且不同年龄的读者需求也不同，因此图书馆要加强对员工的培训，提升他们针对未成年人服务的能力。在入职前就对员工进行系统培训，让他们了解图书馆为未成年服务的内容有哪些，需要注意哪些方面。而且在入职后，还需要定期举办学习活动，开展专题会议，还可以邀请一些专家进行培训。除了培训以外，还要重视加强工作人员的思想觉悟，改变其服务理念，深刻理解服务未成年人的重要性。

第二，改善公共图书馆布局。公共图书馆不仅给未成年人提供知识上的大量资源，同时还通过自身的建设与内部陈设对未成年人进行潜移默化的熏陶。为未成年人营造一个良好的阅读和学习氛围是很重要的，图书馆可以根据不同的文献打造不同的借阅区域，在借阅区域里要适当设置座位让其能够舒适地进行阅读。

第三，合理增加文献。文献是一个图书馆的基础，公共图书馆要满足各种人群的不同需求，就要不断丰富自己的藏量。因此，公共图书馆要想提升对未成年人的服务能力，就要针对不同层次的未成年人表现出的特点与兴趣进行有针对性的采购图书，这能让每个孩子在图书馆中找到自己喜欢的书籍，而且对于孩子的教育也能够因人而异。此外，接触不

同领域的知识与文化能够让他们更好地了解世界，拓宽视野。

第四，提供延伸服务。阅读推广是现代公共图书馆服务的主要类型之一，更是公共图书馆为未成年人服务的最主要类型。作为公共图书馆服务对象中的特殊人群，他们需要享受特殊照顾。公共图书馆作为未成年人教育的第二课堂，可以通过开展灵活多样、开放式的阅读活动，如读书讲故事大赛、演讲比赛、读书征文、美术绘画展、科学知识竞赛、专题文献展阅等，提高未成年人的综合能力与素质。随着公共图书馆的服务内容不断延伸，可以积极扩大馆外的服务覆盖面，在一些社区、学校等地，建立针对未成年人的分馆、流动图书站等，为其配备适当的文献，定期或不定期开展阅读活动等，最大限度地满足未成年人的文化需求。

总之，未成年人是我们祖国的未来，公共图书馆一定要提升对其的服务能力，这样才能够塑造他们的个性特点，培养他们的文化素养，成为祖国需要的人才。

第二节　公共图书馆老年人服务

一、老年人阅读的重要性分析

第一，锻炼大脑，提高记忆力。经常阅读，咀嚼文章里面的优美语句和经典描写片段，能让老年人的大脑处于运转、思考的状态，让大脑不断地得到使用和锻炼，常用大脑，它就会越来越发达，反之，则会退化。老年人通过阅读，经常性地使用大脑，能够有效推迟脑细胞的衰老，防止脑萎缩。

第二，从书中得到快乐，愉悦身心。读不同的书就像与不同的人进行交流。读哲学书籍，与哲学家促膝谈心，感受思想的震撼。读历史书籍，可以学习古代人处理问题的方法，借鉴和总结历史上成功与失败的经验。读情节曲折的小说，心情随着主人公命运的变化而变化。在小说的世界里体验不一样的人生。

第三，增加知识、开阔视野。通过读书可以在中国与世界、历史与现实间不断行走，开阔自己的视野。书中有人类丰富的知识，通过读书可以掌握大量的科学文化知识，摆脱愚昧和迷信。

二、公共图书馆开展老年人服务的途径

第一，设置专门的老年人阅览室。为了能更好地给老年人提供服务，可以设置专门的

老年人阅览室，老年人阅览室最好安排在一楼，对于有电梯且乘坐电梯很方便的图书馆，老年人阅览室也要安排在尽可能低的楼层。在室内摆放老花镜、放大镜、字典等用品，以满足老年人的阅读需求。

第二，阅览内容要丰富多彩，不断更新，要符合老年人的兴趣爱好。在图书种类的选择上，可以选一些老年人感兴趣的内容，如养生、中医、历史、保健、厨艺、家庭教育方面的图书。大多数老年人都有看报纸的习惯，老年人阅览室里可以设置报纸专区。有老年人爱看的图书之后，还要保证图书能够及时地更新，报纸、杂志的更新比较容易做到，图书也要定期更新，让老年人能不断看到新鲜的图书。图书形式上，可以选择大字书，或是在普通图书中选择字大行稀这一种。

第三，安排专门的图书馆工作人员为老年人服务。现在的图书馆越来越现代化，大都引进了自助设备，但老年人由于其年龄特点，对自助设备的使用存在问题，有的老年人由于视力问题，看不清自助设备上的字，对于这样的老年人群，可以在自助设备旁配置老花镜或放大镜。还有一些老年人，接受新鲜事物较年轻人慢，不懂得自助设备的使用方式，这就需要安排相应的工作人员，解决老年人操作设备的困难。

第四，开展针对老年人的活动。在各个公共图书馆，少儿图书馆如火如荼地开展少儿活动的同时，也要重视针对老年人的阅读活动，以激发老年人的阅读兴趣，丰富老年人的精神生活，让老年人和少年儿童一样，均等地享受公共图书馆的优质资源。既可以锻炼老年人的思维和语言表达能力，也可以让有共同兴趣爱好的老年人有一个更好的交流空间。

第五，加大对公共图书馆的宣传推广。要想更好地为老年人群体进行服务，就要让广大老年人了解图书馆，认识图书馆，加大对公共图书馆的宣传与推广，可以让更多的老年人知道图书馆地理位置、功能作用以及如何使用，才能促使他们来到图书馆。

在中国已经进入老龄化的今天，让老年人老有所乐、老有所做应该是社会各界共同的责任，公共图书馆要发挥自己的作用，让老年人的生活更加幸福。

第三节　公共图书馆残障人士服务

一、完善公共图书馆残障人士读者服务的意义

公共图书馆，在服务科学研究和培养全面发展的人才方面具有得天独厚的优势。随着我国社会经济和改革开放的快速发展，全社会都发生了翻天覆地的变化，人们对知识与文

化的追求越来越渴望，我国公共图书馆事业也迎来了繁荣的时期。要想遵循社会公平、服务大众的原则，让社会各界都享受到改革开放在公益文化事业方面所取得的巨大成果，提高对社会中"弱势群体"的服务意识和服务方式是非常重要的。

公共图书馆作为实现社会民众与科学文化知识信息的跨时空成功对接及资源共享的重要传播枢纽，其核心使命是尽全力为人的全面发展提供多样化的服务，而实现这一使命的前提就是无条件满足读者的需求，尽最大的努力全心全意将服务做到完美，包括对待各种特殊群体。对于残障人士读者来说，不开展一些特殊服务是无法解决他们的需求的。因此，实现公共图书馆无障碍服务这一任务迫在眉睫。完善此类服务不仅可以维护残障人士参与知识学习的合理权力，更能为公共图书馆综合服务水平的提升奠定良好的基础，也能为全社会科学文化水平的整体提高填补一个缺口。

二、公共图书馆的残障人士读者服务的现实困境

公共图书馆服务方式从传统意义上讲，是对所有读者与馆员之间进行面对面、近距离的即时性的借还查找咨询等服务。公共图书馆读者服务工作应该坚持公益性与公平性并存的原则，应该尊重残障人士，尽量满足他们对科学文化知识渴望的需求。特殊群体——残障人士因为自身的局限性和特殊性，非常需要公共图书馆提供主动的、相互的、增值的服务。由于历史发展、外在环境的因素以及设施设备不足等原因，完善对残障人士读者服务的过程中也遇到了诸多的阻碍。比如，目前许多公共图书馆提供的设备基本上都是根据普通读者的需求来进行设计的，忽略了残障读者本身区别于正常人的特殊性，残障人士读者无法使用这些设备从而耽误了阅读学习活动的正常开展。由于很多图书馆建造的时间比较早，限于当时经济发展条件和对残障人士服务意识不强，所建设施并未考虑到残障人士读者的特殊之处，包括音像导向设置，无障碍通道等等，使肢体残疾者和盲人无法顺利走动和进出，更缺少为残疾人服务的专用设备、残疾人阅览室、专用电脑、盲文语音软件、盲文打印机、残疾人专用轮椅、无障碍标志和残障人士专用网页、网站等，给残障人士带来诸多的不便。人们的思想意识存在着偏差，残障人士普遍社会融入程度不高，并且以生存为第一目的，对知识的获取往往力不从心，从而产生自卑的心理，认为图书馆是可望而不可求的，久而久之就成了门外客，无法享受到公共图书馆为广大的特殊群体提供的公共文化信息服务。

三、公共图书馆残障人士服务无障碍的开展策略

(一) 做到硬件软件等设施无障碍

努力消除硬件层面的障碍,包括图书馆的入口处、扶手、坡道、台阶、电梯、卫生间、盲道、阅览区和多功能厅等,要切实从残障人士角度出发考虑和进行设计。如在多功能厅设置轮椅的席位,并配备点字打字机、语音计算机、盲人的专用个人电脑等各类型的辅助设备,卫生间应配备紧急呼叫系统,同时在门外配置与之相连的报警器,以便及时处理突发情况等。加强软件环境无障碍的建设,一是根据残障人士读者的知识结构需求和生理需求的特点来确定公共图书馆残障人士读者文献建设的内容,比如智障人士所需要的文献类型内容就要足够吸引他们;肢体残疾的人对文献内容没有太高的要求,和普通读者一样可以选择任何类型的书籍,只是对文献的摆放高度和排架方式要多做些考虑;盲人读者数量较多,要侧重于购进盲人文献、有声读物、大字图书等适合盲人阅读的书籍类型。二是要对残障人士特别关注的学科类型进行重点文献资源建设,重点收藏身体复建、法律援助、参与社会工作等与他们感兴趣的内容有关的图书。随着传媒产业的发展,大众传媒也考虑到残障人士的需要,在全国各大公共图书馆都有定期组织残障人士观看无障碍电影的活动。"无障碍电影"是在普通电影的原声配音基础上,添加语音旁白后合成录音而特别制作的影片,语音旁白同步描述影片画面中的场景布局、人物动作、表情细节、环境氛围等丰富的信息,让视障与听障人士了解整部电影的内容,享受电影艺术的乐趣。无障碍电影以特别的形式为残障人士带来了美好的观影体验。

(二) 做到对残障人士读者的信息服务无障碍

公共图书馆要强化对残障人士读者的服务意识。公共图书馆对残障人士的免费服务,让他们感受到社会赋予的权力和人文关怀,可以抚慰他们的心灵,提高他们的自身素质和知识文化水平,增加他们与文化知识接触的机会和应具备的技能,这样可以不断推动社会的发展与进步,确保了社会的稳定,是构建和谐社会的重要举措,也是公共图书馆服务人性化的具体表现。近年来,公共图书馆尽管在专门服务方面有了提高,但在实际工作中,服务观念和服务意识较为薄弱,阅读的引导读者职能有待加强,很多公共图书馆针对残障人士读者提供的专门服务并未严格规范工作流程和实施细则等具体要求,这就要求工作人员要细致全面了解残疾者的阅读现状,包括其自身的职业、文化程度、残疾类型、知识能力及阅读情况等,并根据残障读者的特殊情况,在阅读时间、阅读场所、借阅要求等方面

给予尽可能的人文关怀。

公共图书馆的服务人员起着保证残障人士与图书馆机构对接顺利并实现资源共享的桥梁和纽带作用，这种关键性作用对服务人员的综合素质及必备的专业技能提出了更高层次的要求。比如，服务人员不仅要对图书馆的馆藏情况、室所位置、资源使用技巧等基本内容有着准确的了解，而且要具备一定的盲文知识和手语知识，便于与残障读者进行沟通，阅读推广人员还应具备一定的心理学知识，方便及时了解残障读者的内心活动，顺利地进行工作。因此要不断更新观念，增强为残障人士读者服务的意识，工作人员一定要树立人人平等的意识，确立残障人士读者的平等地位，维护他们获取、使用信息的权利，在服务过程中对他们多一些关心和耐心。同时，公共图书馆还应制定一系列的规章制度，包括设定专人服务的对象，规范服务读者的流程，明确服务责任，定期专职培训，而公共图书馆的工作人员更应加强"读者至上，以人为本"的服务意识，使残障人士在图书馆感到的是宾至如归，而不是格格不入，产生自卑心理和落差感。要加大对残障人士无障碍服务的宣传力度。要将对残障人士的无障碍信息服务从单纯的公共图书馆职责扩展成为全社会的义务和责任，为残障人士融入当今的科学知识文化信息社会创造良好的条件，建立完善的信息无障碍服务体系。与此同时，通过这种手段产生的积极效应又会作用于公共图书馆，这样公共图书馆的无障碍服务也会得到相应的完善。

总之，由于受到各种各样的因素影响，导致我国目前的公共图书馆服务的提升仍有较大空间。因此，必须针对这种现状，积极寻求解决方法和对策，借鉴他国成功的经验，再结合我国具体情况开展应对策略，要不断地改进对残障人士读者的服务质量，提升对残障人士读者的服务水平，从而带动残障人群整体素质的发展，促进社会的公平性和和谐性，建设一个平等、健康、文明、法制的社会大家庭，为引导、规范居民积极进取的生活方式，构建社会主义和谐社会提供有力的保障。

第七章 公共图书馆的创新服务

第一节 新形势下公共图书馆服务创新

近些年来，我国公共图书馆坚持人本理念，在图书馆服务方式、服务内容和服务手段等方面做了许多有益的尝试与探索，不少成功的经验颇具创新意识。

一、借阅方式的创新——通用借阅

通用借阅是指一个地区的图书馆在一定的协调组织和计算机管理系统支持下，组成由多级图书馆（市、区/县、街道/乡镇、社区/村图书馆）共同参与的网状行业管理结构，读者用一张读者证可以到网内任何一个图书馆借阅图书甚至归还图书。目前常见的通用借阅类型有：一卡通借、一卡通借通还、分层通借通还。

（一）一卡通借

一卡通借是指一个地区的图书馆在一定的协调组织和计算机管理系统支持下，组成由三级或四级图书馆（市、区/县、街道/乡镇、社区/村图书馆）共同参与的网状行业管理结构，读者用一张读者证可以到网内任何一个图书馆（节点）借阅图书，但需将所借图书归还原馆。这种借阅方式操作简便、成本不高，是一种经济有效的方法，一般适用于各成员馆的行政体制、财务状况相对独立，在网络建设前就具有比较好的基础（包括资源和技术平台），不适合由中心图书馆资源统一配置的情况。在这种情况下，比较可行的办法是将中心图书馆与成员馆原来的业务指导关系变成以数据共享为基础、文献通借为形式的资源共享关系。此外，在区域内公共图书馆资源共享网络的建设初期，网络建设还不够完善，成员馆之间欠缺磨合，实行一卡通借也是有效的方法。随着公共图书馆事业的发展，一卡通借的方式最终会走向服务无障碍的大流通——通借通还。

（二）一卡通借通还

一卡通借通还是指一个地区的图书馆在一定的协调组织、计算机管理系统和物流系统支持下，由三级或四级图书馆（市、区/县、街道/乡镇、社区/村图书馆）共同参与的网状行业管理结构，读者用一张读者证可以到网内任何一个图书馆（节点）借阅图书，且可以将所借图书归还网内任何一个图书馆。这种模式与上一种模式的区别在于已经在管理上、技术上解决了通还的问题，采取在服务网络内使用同一种或同一套管理系统的方式实现书目数据和馆藏资源的共享。要实现完全的通借通还必须解决文献资源的产权问题，如"上海中心图书馆一卡通"就运用了"浮动馆藏"的概念进行管理。

（三）分层通借通还

分层通借通还是指一个地区的图书馆在一定的协调组织、计算机管理系统和物流系统支持下，组成由三级或四级图书馆（市、区/县、街道/乡镇、社区/村图书馆）共同参与的网状行业管理结构，读者用一张读者证可以到网内任何一个图书馆（节点）借阅图书，同时可以在一定范围内（如一个区）通借通还任何图书馆的图书，在一定范围之外则只能使用通借服务。这种借阅方式适合区域内实力较强的区级图书馆的情况，当区域内的区级图书馆有较好的硬件设备、管理方法、技术条件、资金来源时，可充当该区的中心馆负责在本区协调构建基层网络。该区基层网络的成员馆之间形成通借通还的关系，但不与外区的基层网络的图书馆通借通还。在这种借阅方式的发展过程中，有的图书馆会逐步打破限制通借通还的壁垒，最终走向完全的通借通还，如深圳"图书馆之城"。

基层图书馆可以根据本馆的需求和体制状况选取适合的借阅模式，设计一整套方案，解决如何调配书库、是否建立联合采编中心、图书资源的产权归属等一系列问题，才能实现真正的通借通还。

二、咨询平台的创新——虚拟的知识社群

虚拟的知识社群是通过网络社群互动平台及个人化的使用接口，让成员彼此能在讨论区、专栏区、留言板、文件区等交流文件与想法，并和志同道合的同伴对共同的兴趣或主题进行远程交流。新兴的知识社群平台包括：社区论坛、读者QQ群、博客、微博等。图书馆借助知识社群平台可以实现实时咨询、成立主题群、文件传送、远程控制等服务功能。

（一）BBS

BBS 是英文 Bulletin Board System 的缩写，翻译成中文为"电子布告栏系统"或"电子公告牌系统"，是一种电子信息服务系统，它向用户提供了一块公共电子白板，每个用户都可以在上面发布信息或提出看法。早期的 BBS 由教育机构或研究机构管理，现在多数网站上都建立了自己的 BBS 系统，供网民通过网络来结交更多的朋友，表达更多的想法。BBS 具有高度流动性、实时流通性、自由开放性的特点。BBS 大致可以分为五类：校园 BBS 站、商业 BBS 站、专业 BBS 站、情感 BBS 和个人 BBS。

图书馆利用 BBS 的功能包括以下几点：

一是公告作用。介绍图书馆的开放、关闭时间，发布各种通知，出版物介绍以及特殊馆藏推介等。

二是在线咨询。包括问题解答、网络资源发布、馆际互借申请、检索服务内容、书目指导等在线咨询服务。

三是读者培训。关于数据库的使用方法介绍、读者利用图书馆教育等。

四是反映读者意见。采用问卷调查等手段，收集读者对图书馆工作的意见和建议，方便读者对图书馆的服务质量进行投诉与监督。

（二）博客

博客，又称为网络日志、部落格等，由英文 Blog、Weblog 翻译而来，指个人或群体在网络上定期或不定期更新内容的网站形式，一个典型的博客结合了文字、图像、其他博客或网站的链接，以及其他与主题相关的媒体，并且能够让读者以互动的方式留下意见。撰写博客或开博客的人叫作"博主"（Blogger），国内常用的博客有博客大巴、网易博客、新浪博客、搜狐博客等。博客具有操作简单、持续更新、开放互动、展示个性等特点。

按发布的内容来分，图书馆对博客的运用主要分为业务型博客与交流型博客。博客在图书馆的具体应用包括新闻公告、导读服务、咨询服务、知识导航、用户教育与培训、业务交流等。图书馆的博客运用得有声有色，如佛山市图书馆借阅部的"图林草根"博客、上海市闵行区图书馆的"闵图书芯"等。

（三）微博

微博，即微博客（MicroBlog），粉丝可以对微博主人发的微博消息进行评论、收藏和转发，微博主人也可以再对粉丝评论进行回复，形成互动。此外还有微群（微博群的简称），能够聚合有相同爱好或者相同标签的人群，将所有与之相应的话题全部聚拢在微群里面，让志趣相投的群体以微博的形式更加方便地参与和交流。2009年8月，中国最大的门户网站之一新浪网推出"新浪微博"内测版，成为门户网站中第一家提供微博服务的网站，微博正式进入中文上网主流人群视野。

目前国内外图书馆微博应用主要集中在提供个性化服务平台，分享新闻、事件，加强用户和图书馆员的交流与沟通上，此外，微博还可以应用到参考咨询、新书发布、书目推送、培训宣传、到期提醒、资源导航、图书评论等服务，使微博成为读者与图书馆及不同图书馆间相互沟通、学习、共享的有效平台。

（四）即时通讯

即时通讯，又称为即时讯息，英文称为IM（Instant Messaging），它是以软件为执行手段，依靠互联网平台或移动通讯平台，以多种信息格式（文字、图片、声音、视频等）沟通为目的，通过多平台、多终端的通讯技术来实现同平台、跨平台的低成本高效率的综合性通讯工具。即时通讯工具在图书馆的应用包括虚拟参考咨询、电子文献传递、导读服务、用户培训、图书馆工作交流等。

例如，QQ是深圳市腾讯计算机系统有限公司开发的一款基于Internet（国际互联网）的即时通信软件。腾讯QQ支持在线聊天、视频电话、点对点断点续传文件、共享文件、网络硬盘、自定义面板、QQ邮箱等多种功能，并可与移动通讯终端等多种通讯方式相连，是目前国内使用最广泛的聊天软件之一。

图书馆在选择使用即时通讯工具时，要对本馆用户群使用即时通讯工具的偏好做好调研分析，根据用户需要提供一种或几种即时通讯咨询方式。在使用通讯工具的过程中，要注意网络安全，防止信息泄露，一方面要妥善保存密码，并运用密码保护功能提高密码安全性，防止别人通过木马非法盗号；另一方面不要点击不明链接，并经常升级杀毒软件和防火墙，定期进行检查，降低病毒入侵的可能。

三、服务理念的创新——"一站式服务"

我国地方政府在公共服务领域开始尝试"一站式服务"，即以最少的环节、最短的时间满足公众服务需要。公共图书馆"一站式服务"是通过对公共图书馆资源的优化整合和相关部门的合理组织，为读者提供综合统一的服务平台，使读者的各种需求能够"一站式"得到满足，读者在图书馆内能够享受到方便、快捷、个性化、多元化的优质服务。"一站式服务"的实质就是服务的集成、整合。省时省力的"一站式服务"将成为今后服务行业的发展趋势。图书馆"一站式服务"的内容包括一站式电话服务和一站式网站服务。

（一）一站式电话服务

一站式电话服务是指图书馆向用户只提供一个电话号码，该号码提供图书馆系统多个服务的利用，包括续借、预约、馆藏书目查询、远程利用图书馆数据库的信息、一般信息指引或指向、引向其他的图书馆或学校的服务等，读者通过一次电话即可满足大部分的服务需求。

（二）一站式网站服务

一站式网站服务是指图书馆在 OPAC 中集中了馆藏书目信息数据库、期刊全文数据库、电子图书、互联网资源等多种媒体类型，只需查询一次即可得到各种载体的文献信息，从而节省了读者的时间和精力。

四、服务时间的创新——24 小时图书馆

24 小时图书馆是指图书馆利用各类资源突破原有服务模式中对服务时间的限制，24 小时为读者提供服务。图书馆 24 小时开放展现了图书馆人的智慧，用最小的时间和空间成本，使服务绩效达到最大化。图书馆 24 小时开放的途径主要有以下几种：

（一）图书馆网页（数字图书馆）

数字图书馆是一种拥有多种媒体内容的数字化信息资源，它不但包含了传统图书馆的功能，向社会公众提供相应的服务，还提供综合的公共信息访问服务。数字图书馆的出现把图书馆从时间、空间的限制中解放了出来，在网络环境下，读者可以随时随地获取需要的知识，而不再受图书馆开馆时间的限制。

（二）电子阅览室 24 小时开放

随着个人电脑的日益普及，私人网吧逐渐减少，图书馆 24 小时开放的电子阅览室为未带网络设备的外地游客，或在深夜紧急需要网络服务的读者提供了便利。

（三）24 小时自助图书馆

被称为"永不关闭的图书馆"的东莞图书馆，推出了全国首个无人值守的自助图书

馆。自助图书馆设于东莞图书馆南门外侧，服务时间不受主馆开放时间限制，凭总分馆有效读者证就可开启自助图书馆的大门。自助图书馆藏书万余册，配有阅览桌椅、报纸、空调、自助借还书机等设施设备，在主馆闭馆期间提供自助借还和阅览服务，这种自助服务方式是东莞市图书馆公共服务体系的重要补充。

（四）馆外 24 小时自助借还服务

深圳图书馆首推"城市街区 24 小时自助图书馆系统（自助机）"，摆放在城市、地铁站、居民社区、商业楼宇等各个角落，具有 24 小时自助办理借书证、自助借书、自助还书、预约取书等服务功能，读者不必亲临图书馆，也不受图书馆开、闭馆时间的限制，在家门口就可以享受图书馆的服务，具有科技含量高、占地面积小、总体投入少、无需管理人员、设置灵活、使用便利等特点。

（五）24 小时还书箱

有些图书馆设置了 24 小时还书箱，读者可以在任何时段归还图书，读者将书投入还书箱后，图书馆工作人员将在 24 小时内办理还书手续。为更好地配合公共图书馆全面免费开放，例如，江西省图书馆首次设置 24 小时还书箱，方便广大读者在任何时段归还图书，该还书箱目前只适用于流通借阅图书，对于非书资料、磁带、光盘等及无法投入的大型图书，读者还需到江西省图书馆阅览室内办理相关事宜。

（六）24 小时电话自助服务

东莞市莞城图书馆电话自助服务系统在 2011 年 10 月正式投入试运行，在闭馆的情况下，读者拨打 24 小时热线电话即可通过莞城图书馆电话自助服务系统的语音提示进行图书续借、借阅信息查询、挂失读者证、修改读者证密码，还可以收听近期的活动预告、最新到馆的图书等信息。该电话自助服务系统只支持莞城图书馆及莞城各社区服务点读者证使用，目前暂不支持外馆图书续借，外馆读者及外馆图书续借可转入电话自助服务系统中的人工服务，人工服务的时间同开馆时间。电话自助服务为读者提供了新的服务途径，读者随时随地都可以享受图书馆的服务，真正成为"百姓身边的图书馆"。

五、服务平台的创新——手机图书馆、电视图书馆

（一）手机图书馆

手机图书馆被称为"无线图书馆"或"移动图书馆"，是指图书馆运用移动互联网技

术将数字图书馆系统与智能手机进行无线对接，进而为读者提供诸如信息查询、信息咨询等集成化信息服务的服务系统。它的实现需要具备三个基本组成部分，即手机终端、无线互联网和数字图书馆系统。手机图书馆是当代图书馆数字资源建设的重要组成部分，各地图书馆都在积极打造自己的手机图书馆。

1. 手机图书馆的常见服务模式

手机图书馆的常见服务模式为 SMS（短信服务）和 WAP（无线应用协议）两种。通过 SMS 提供手机图书馆服务是指图书馆和读者的交流以手机短信息的形式进行，只要读者在图书馆登记了号码，图书馆就可以进行信息推送，把新书通报、培训讲座安排、续借预约催还推送等相关信息发给读者；如果图书馆开通短信服务平台，读者就可以发送特定格式的短信息，用手机查询馆藏、查询借阅情况、预约图书和续借图书。例如，中国移动手机用户挂失国家图书馆读者证的方法为：首先开通国家图书馆的"掌上国图"的短信服务功能，绑定手机号码，然后发送"GS"至 106988106988 即可。

手机图书馆的 WAP 服务就是读者利用有上网功能的手机接入图书馆的 Web 主页，实现图书馆短信服务功能之外的在线咨询、视频点播、在线阅读、电子资源下载等服务。例如，手机登录上海图书馆手机图书馆主页，点击"动态新闻"，即可阅读上海图书馆发布的实时更新的新闻。

2. 手机图书馆的服务内容

（1）通知服务。手机图书馆的通知服务包括图书馆通知、预约到书通知、超期提醒、图书催还、用户卡过期提醒、用户荐购通知等服务。

（2）查询服务。读者可通过短信实现对书目的查询和预约。读者编辑具有个人信息的短信，发送到图书馆的信息机，信息机判断读者输入信息正确与否之后，发送给读者相应的查询结果。

（3）咨询服务。读者可通过短信发送咨询的请求，图书馆的短信管理系统自动将答案回复给用户，或由参考馆员用短信形式发送给读者。

（二）电视图书馆

电视图书馆是指图书馆把文本、图像、声音、视频、图形等信息进行数字化后，通过数字电视网络，为读者（电视用户）提供图书馆信息浏览、图书查询、图书浏览、图书预约与续借、看展览、听讲座、数字资源查询，并进行参考咨询与互动等服务。电视图书馆使读者足不出户通过看电视即能享受到图书馆的各项服务，是图书馆功能拓展和延伸的新模式。

1. 电视图书馆的实现平台

电视图书馆的实现平台是数字电视网络，数字电视网络主要有广电数字电视和电信IPTVC（网络协定电视）。电信部门具有体制和技术优势，广播电影电视部门具有内容优势。公共图书馆可按本地的情况，选择广播电影电视部门、电信部门进行合作，图书馆资源通过电视媒体能为更多的公众提供服务，电视媒体结合图书馆可以使电视节目更加丰富、精彩。

2. 电视图书馆服务内容

电视图书馆服务内容按文件类型，可分为视频类和图文类。视频类包括共享工程的视频节目、公益讲座的视频录像、图书馆各项活动和服务的介绍视频等。图文类栏目包括图书馆介绍、新闻、活动动态、书刊推介、数字展览等。节目内容按服务方式，可分为推介型、检索型和功能型。推介型包括各类图文视频信息的展示和推介，检索型包括数字图书馆内数字资源、电子书的检索和浏览，功能型包括图书馆服务功能的扩展，如实现预约、续借，浏览个人借阅历史等。

具体而言，利用数字电视网络可实现以下服务：①导航服务。以图文或视频的形式为读者介绍馆内的一些基本情况，介绍图书馆公告、新闻，以及开、闭馆信息等，从而指导用户利用图书馆资源。②预约、续借服务。读者可以查询图书馆的书目信息，以进行图书的预约和续借。③数字资源查询服务。读者可查阅图书馆的数字资源、电子图书等。④互动服务。读者可在电视机上与图书馆员进行实时互动，提出咨询问题，得到即时解答；用户之间也可以进行互动，互相推介新书及经典书目的信息。⑤支付服务。随着技术的发展，读者可通过电视图书馆交付图书逾期滞纳金，进行遗失图书赔款等。

3. 电视图书馆工作流程

（1）栏目确定。首先按图书馆资料类型和可提供的服务，确定电视图书馆的栏目和内容。

（2）搜集、制作和维护。一方面，按相关主题收集图书馆的各类信息资料进行分类整理；另一方面，按相关技术要求，主动拍摄、录制视频、音频，或将部分资源进行数字化或编码工作。

（3）内容分发。制作完成的内容，制订出适合的分发方案，进行分发和传输，以便用户使用。

（4）内容收视的统计分析。为了利于"电视图书馆"服务的不断深入，应加强对服务内容的收视统计分析，包括一定时段内和一定的地域内对收听某一节目的人数（或用户数）的综合和计量等。

第二节 新媒体环境下阅读推广服务

当前，以互联网为代表的信息技术进一步深化发展，改变了我们的生产生活方式。随着科学技术的不断应用，智能化开始走入我们的生活。新媒体的出现，使社会信息化进程不断加快，公共图书馆的资源显著增多，这些都造成了公共图书馆服务模式发生变化。新技术、新理念应用背景下，公共图书馆阅读推广任务更加艰巨、难度更大。当前，随着网络技术的进一步应用以及智能化手持设备的进一步推广，广大读者的信息获取渠道已经发生了翻天覆地的变化，公共图书馆只是读者获取信息资源的渠道之一，大众可以利用现代化的信息技术和智能手持设备，不受任何时间空间的限制，获取自己想要的信息资源。作为一个地区的文化服务机构和文献集散地，公共图书馆要想在新时代背景下更好地发挥自身的阅读推广服务职能，就需要更好地贴合新媒体环境要求，对阅读推广服务理念、服务内容、服务方式做出有效的调整，如此才能够更好地顺应时代的发展，发挥公共图书馆的应有职能。

一、新媒体环境下阅读推广服务面临的问题

（一）阅读推广机制建设有待完善

随着文化自信战略工程的进一步推进和深入实施，公共图书馆在文化建设和文化服务方面的职能作用日益凸显，发挥公共图书馆的文化服务职能义不容辞。但在阅读推广过程中，由于受到以往服务方式的影响，面对快速变化的服务格局以及新技术、新媒介的有效应用，公共图书馆无法及时做出调整，对新技术的应用准备不足，并没有构建长期的推广规划目标，也没有对当前的发展形势做出针对性的研判，使得阅读推广方案长时间没有更新，一直处于被动局面，发展进程较为缓慢，不能很好地适应新环境。有些公共图书馆即便能够在阅读推广方式方面与网络技术有效结合，加强阅读推广服务的有效创新，但是一旦热潮退却，便会打回原形，造成阅读推广效率低下。

（二）无法与读者进行有效沟通

由于以互联网为代表的新技术的深入发展，公共图书馆在阅读推广过程中需要不断创新阅读推广方式和推广理念。但是在实际工作过程中，很多公共图书馆并没有意识到时代

发展对图书馆阅读推广提出的新要求，创新积极性不足，并不能实施针对性的阅读推广举措，工作思路一直被局限，一直采用传统的阅读推广方式和手段，无法更好地适应新媒介环境对图书馆阅读推广提出的新要求。很多公共图书馆仍然沿用发传单、拉横幅、设宣传板的推广方式。由于推广方案缺乏合理性，涉及的受众面比较狭窄，特别是没有加强对网络技术的有效应用，各项信息的传播速度较为缓慢，单向式的信息沟通交流不能实现读者和图书馆之间的有效沟通，图书馆不能掌握读者的实际需求；自然的，图书馆的阅读推广方案不能适应不同层次读者的实际需求，也不能够产生良好的推广效果。

（三）阅读推广工作有待细化

公共图书馆阅读推广的主体是广大读者，所以就要求公共图书馆在制定阅读方案时，充分考量不同层次、不同学历、不同受教育程度读者的阅读需求，进行有针对性的阅读需求调查，为不同层次读者提供不同的阅读文献，保证阅读推广的多样性，保证覆盖范围更加广泛。当前，随着以计算机、大数据、云计算、互联网为代表的现代化信息技术的深入应用，公共图书馆在阅读推广期间要想更好地迎合时代发展，保障现代化的技术应用到阅读推广当中，就需要加快图书馆的升级转型，不断加强探索，从阅读推广各个环节入手，加快实现阅读推广的数字化、信息化。但从整体情况来看，很多图书馆在阅读推广过程中，并没有充分应用各种现代化的交互软件以及信息技术，仍然局限于传统的图书借阅、图书推荐等内容，并没有做好读者阅读兴趣的大数据挖掘工作。

二、新媒体环境下阅读推广服务的加强措施

（一）加快构建完善且合理的阅读推广服务机制

当前，随着文化强国战略的进一步实施，以及国家对文化自信重视程度的显著提高，公共图书馆的文化服务职能日益凸显。在今后阅读推广工作开展过程中，就需要结合公共文化强国建设战略的实际需求，保证自身发展优势和文化服务优势，更好地适应社会对公共图书馆阅读推广提出的新要求，也需要不断加强文化拓展服务。新媒体时代，为了更好地消除传统阅读推广服务存在的弊端，公共图书馆就需要从服务机制入手，加快构建长效完善的阅读推广服务机制，并逐渐完善阅读推广服务理念，从根本上对图书馆的阅读推广、服务理念、服务方法进行更新换代，确保其焕发出新的活力。

一方面，应该加强对各项资源的针对性建设，积极寻求上级在人力、物力、财力等方面的支持，有效解决发展过程中资金、人力、政策方面的不足。新媒体时代，公共图书馆

要积极更新自身的阅读推广模式,将微信、微博、微书评等与图书馆联合起来,建立区域性的图书阅读推广服务联盟,实现图书馆阅读资源的高效共享,通过数字化阅读平台向读者推广图书馆的藏书现状,节约图书馆资源建设成本。另外,公共图书馆还应该加强与上级部门的有效交流,响应国家文化强国建设的各项决策,保证社会大众全面参与到公共图书馆阅读推广创新发展当中,发挥每一名读者的光和热。

另一方面,针对当前公共图书馆阅读推广过程中推广手段较为落后、读者服务效率低下、推广范围相对较为狭窄的情况,应该注重加强图书馆阅读推广小组、推广委员会的建设,要从年度、季度、月度三个层面入手,制订针对性的阅读推广计划。加强对阅读推广工作队伍的专业素质考核,将培训教育激励机制、服务机制全面融入队伍建设当中,提升工作人员的积极性,端正其工作态度,从而高质量地完成阅读推广工作。

(二)加强推广形式、推广内容的创新

新媒体背景之下,公共图书馆要想实现阅读推广的有效创新,就需要从推广形式、推广内容两个层次入手。

一方面,应该结合当前社会大众对阅读环境的实际需求,加强对图书馆内部环境的有效调整和布局,要营造一个静谧的阅读环境,加强对图书馆内部环境的针对性调控,保证整个环境既具有一定的设计感,同时也能够激发读者参与阅读推广的兴趣,让读者能够在安静的环境当中耐心细致地阅读,从而更好地吸引读者,拓展读者群体。

另一方面,应该加强对读者阅读兴趣的有效调查,通过现代化的信息渠道掌握不同层次、不同学历、不同来源读者的实际阅读需求,并从互联网角度入手加强对信息资源的有效挖掘和处理,加快构建实体和数字相结合的文献资源数据库,保证图书馆能够开展线上和线下的阅读推广,进一步拓展阅读推广范围,构建立体化的推广模式。例如,天津市图书馆选择微信公众服务号开展移动服务,每个月推送四次图文信息,加强运营管理,确保用户形成接收阅读的习惯。重点加强节假日图书馆开馆信息、馆内活动培训等实时新闻的推送,保证用户能够充分掌握和了解。

(三)加强图书馆与读者之间的沟通交流

新媒体环境之下,公共图书馆要想更好地开展阅读推广服务工作,就需要加强与读者之间的有效沟通交流,充分掌握读者的实际阅读需求。这对提升阅读推广效果和推广质量有很大意义。公共图书馆要借助现代化的媒介交互软件,拉近自身和读者之间的距离,增强自身和读者之间的交流频率,更好地增强图书馆和读者之间的黏性,保证全心全意为读

者服务的理念贯彻到阅读推广的始终。公共图书馆可以应用当前在年轻人群体当中较为流行的一些交互软件直播平台，开展有针对性的咨询服务，充分掌握不同层次、不同来源、不同学历读者的实际阅读需求，从而为读者提供更加优质的服务。

公共图书馆可以建立本图书馆的官方微信公众号、官方微博及官方抖音、快手账号，在后台设置关键词以及直播回看功能，利用多样化的交互软件加强与读者的沟通，获取读者的实际阅读需求，掌握不同层次读者对阅读推广的实际看法和态度，从而达到完善阅读推广方案、发挥读者作用的目的。这也能够进一步吸引读者参与到阅读推广方案当中。

（四）依托现代互联网技术积极构建线上移动图书馆

读者可以登录移动图书馆平台，输入关键词检索关键信息，获取一站式的阅读推广服务，保障自己随时随地获取信息，不受时间空间的限制。手机图书馆可以利用智能手机应用开展服务，如微信平台、短信推送、微博互动推广等，再如移动图书馆的 iOS 客户端、超星电子、掌上汇文等。多样化的阅读推广方式，一方面能够让图书馆的馆藏纸质图书破损严重、储存不到位的困境得以打破；另一方面，还能够转变传统的阅读推广方式，真正实现智能化阅读、数字化阅读，方便读者获取信息资源，并且也能够加强与读者之间的有效沟通，为图书馆进一步优化阅读推广方案奠定坚实基础。另外，在与读者进行充分沟通交流的基础上，还应该树立品牌意识，积极开展特色服务，进一步将服务事业向传统弱势地区延伸，从而形成一个多元化、立体化的推广模式，在思维方式上进行有效的创新和突破。

综上所述，新媒体背景之下，将网络技术与公共图书馆的阅读推广服务有效结合，加快构建图书馆信息数据库，提升数据建设规模，可以显著改善公共图书馆阅读推广服务的效果。在阅读推广过程中，公共图书馆要转变过去被动的服务方式，向主动阅读推广服务转变，不断提升读者的阅读体验。

第三节　公共图书馆的智慧服务

在新兴技术的推动下，公共图书馆逐步由传统的物理图书馆、数字图书馆向智能图书馆、智慧图书馆转变，未来的智慧图书馆将是集智慧决策与管理、智能技术、智慧服务、智慧馆员"四位一体"的融合型图书馆。智慧服务是智慧图书馆的核心组成部分，它贯穿了智慧图书馆的构建和运作过程。本节梳理业界学者关于智慧图书馆、智慧服务研究理论，提炼了智慧服务的核心要素，着力构建公共图书馆智慧服务平台核心要素理论框架，探讨公共图书馆智慧服务的发展路径。

一、智慧服务的核心要素

（一）智慧服务的基础支撑——智能技术

智能技术，如人工智能、机器学习、深度学习等，正在逐渐改变我们的生活方式，包括图书馆的服务方式。这些技术可以帮助图书馆员进行更高效、更准确的数据分析，从而更好地理解用户需求，提供更个性化的服务。此外，智能技术还可以协助图书馆员进行资源管理，优化借阅流程，提高读者的满意度。因此，智能技术已经成为图书馆智慧服务的重要基础支撑。只有充分利用这些技术，图书馆才能更好地适应新时代的需求，提供更优质的服务。

（二）智慧服务的关键核心——转知成慧

随着互联网技术的发展，信息资源呈现出爆炸式增长，信息体量的增大以及资源复杂程度的加深，使得图书馆资源收集的容纳度与海量的信息资源占比变得越来越小，其知识服务提供的难度变得越来越大，公共图书馆面临着资源和读者需求不匹配的矛盾。如何快速、准确、便利地为用户提供所需的知识服务，成为公共图书馆智慧服务亟待解决的问题。传统的数字图书馆关注于馆藏资源的数字化，而智慧图书馆致力于为用户提供精准、全面的知识服务，使用户从拥有信息的知识人成为驾驭知识、创造知识的智慧人。公共图书馆运用创造性智慧对信息进行搜寻、组织、分析、重组，形成知识增值产品，为用户提供针对性、适用性的知识服务。

（三）智慧服务的重要理念——融合共享

公共图书馆智慧服务的发展依赖于多元化融合服务，具体可分为三个维度的融合：

一是智能技术、多媒体工具等与图书馆服务的融合，增强了用户在公共图书馆物理空间的感知体验，为用户提供可视化、有声化的阅读方式，以及集交流性、娱乐性、休闲性于一体的多元化空间体验服务。

二是利用先进技术将图书馆物理空间与虚拟空间对接融合，通过业务流程的优化以及服务方式的重构，为用户提供个性化、便捷化、智能化和多样化的服务。

三是跨界融合服务，跨界融合即跨行业、跨领域合作开展图书馆服务，跨界融合是智慧图书馆集群协同的重要特点，公共图书馆积极探索借助社会力量的资金、技术、人才、空间等资源开展公共文化服务，促使公共图书馆智慧服务向全域资源融合转型。

（四）智慧服务的有力保障——智慧馆员

一是智慧图书馆所提供的是知识与信息的服务，这种服务的前提是智慧馆员对于海量的知识与信息的分析、整合、提炼、组织与存储，用户才能方便快捷地获取自己所需的资源。

二是智慧图书馆是基于物联网、大数据等新兴技术发展起来的新型图书馆，智慧馆员想要更好地为用户服务，必须具备良好的知识储备和吸收能力，通过掌握和运用先进的智能技术，并根据用户的知识结构、信息需求、行为方式、心理需求等因素，为用户提供精准化的服务。

三是随着移动互联网的发展，智慧图书馆的智慧化程度越高，对网络的依赖程度也越来越高，其安全风险也变得更大，智慧馆员担负着维护图书馆日常网络设备安全、保护用户个人数据和隐私安全等责任。

二、智慧服务发展的有效路径

（一）加快相关法律政策、行业标准的出台，为智慧服务夯实基础

当前图书馆服务体系的制定主要是针对传统图书馆以及数字图书馆而建立的，智慧图书馆法治化环境亟待加强，因此相关部门应该积极完善相应的政策，保障智慧图书馆的发展。

一是完善顶层设计。《中华人民共和国国民经济和社会发展第十四个五年规划和2035年远景目标纲要》首次提及"积极发展智慧图书馆"和"提供智慧便捷的公共服务"。在国家层面宏观政策的指导下，各级政府应当积极制定与当地公共文化服务发展水平相适应的政策措施，通过财政预算、数据安全、技术应用等相关政策的完善，促进公共图书馆智慧服务的发展。

二是制定公共图书馆智慧服务行业标准。相关部门应积极牵头组织领域专家制定国家、地方标准，建立涵盖智慧图书馆业务、管理、人才、服务以及技术等主要领域的标准体系，规范和推动公共图书馆智慧服务的发展。

（二）构建开放互联的智慧服务体系，推进智慧服务全域资源融合

1. 构建省域间、全国性的资源联盟智慧服务体系

2002年，"布达佩斯开放获取计划"提出了"全球知识库"这一概念，该计划主要通过合作共享的方式，实现全球学术资源获取的公平性。党的十九大报告提出建设"智慧社会"，智慧社会所提供的资源、技术、协同、共享等理念为公共图书馆智慧化发展创造了良好的社会环境，公共图书馆智慧化发展也进一步推动了智慧社会的发展进度。因此，公共图书馆应该紧紧抓住时代赋予的机遇和挑战，打造以人为本，全域资源融合的公共图书馆智慧服务体系。2020年，国家图书馆提出了建设全国智慧图书馆体系，推动了全国图书馆事业智慧化升级。公共图书馆应建立省域间、全国性的资源联盟智慧服务体系，实现馆际间资源互联互通、合作共享。

2. 进一步推进公共图书馆全方位跨界融合发展

"十四五"期间，文旅部印发了《"十四五"公共文化服务体系建设规划》指出统筹各领域资源，积极推动公共文化服务融合发展，基于此，公共图书馆应进一步推进相应工作的开展。一是与文化馆、博物馆、美术馆等公共文化机构开展合作，建立文化服务点或主题分馆，通过公共文化服务智慧云端平台打造，实现资源共享，形成发展合力。二是推动公共图书馆与旅游业的融合，建立"图书馆+旅游"的智慧服务模式，通过5G、VR、AR等先进技术的应用，为用户提供全方位、立体式、沉浸式的公共图书馆智慧化服务。三是加强公共图书馆与农业、卫生、民政、交通等领域惠民项目融合发展，通过"城市一卡通""社保一卡通""医保一卡通"等服务项目的打造，推动智慧城市与公共图书馆智慧服务的有机融合。

（三）大力推进智慧图书馆空间再造，注入智慧服务发展新动能

随着用户对公共文化服务呈现多层次、多维度的需求，基本的空间服务已不能满足用户的要求，而是希望公共图书馆能够提供更多层次的空间服务。公共图书馆应努力提升空间服务的智慧化水平，将空间服务朝着集成化、多元化、智慧化方向发展。集成化即要求公共图书馆利用资源、技术、馆员、智能设备等打造一站式的服务空间，为用户提供智能检索、无感借阅、智慧书房等高效、互联、便利的空间服务；多元化即以实体空间为阵地，把智能技术运用到图书馆建设中，通过合理的空间布局、服务设施的配备，将实体空间打造成集"阅览、休闲、交流、娱乐"于一体的多元化服务场所。智慧化指图书馆利用先进的技术手段将信息资源构建成系统的知识服务体系，让信息产生增值效应，启迪用户创新。

（四）不断优化人才长效发展机制，为智慧服务提供续航动力

当前，图书馆正处于向智慧图书馆变革的重要过程中，馆员在业务重构、服务创新、

资源建设等方面担当着重要角色,智慧馆员队伍的建设显得至关重要。而现实却存在着部分图书馆馆员的知识储备不足,业务能力跟不上时代的变化,即便通过专业化的培训,也无法胜任技术性较强的智慧馆员岗位的问题。因此,公共图书馆应建立人才引进机制,积极引进专业性的人才,根据每年的用人需求,制定详尽的人才引进计划,高标准、严要求地进行人才引进源头把控。同时,对于不同领域、不同层次的复合型人才应实行差异化的用人政策,通过灵活性的用人模式,实施人才培养的长效发展机制。

总之,随着技术的发展与理念的进步,未来公共图书馆智慧服务理念、服务模式等也将进一步创新拓展,各级公共图书馆在智慧服务实践中,应结合当地实际情况,更加关注"以用户需求为导向"的服务理念,努力提升智慧化服务水平。同时,在学术研究领域还需要更多的学者加入智慧服务研究队伍中来,不断完善公共图书馆智慧服务研究。

第四节 公共图书馆创新服务案例

一、"都市文化圈"城市书房——以扬州城市书房为例

城市书房是一种智能化图书馆,通过纸质图书资源和数字图书资源相融合,实现群众阅读服务。城市书房通常为 24 小时运行,全程无人值守,具有运营成本低、便民服务质量高的特点。我国温州、扬州等地先后建立了城市书房,提高了社会公众对图书馆的认知,通过公共阅读服务改善群众的精神文化生活。城市书房已经成为现代城市文化发展的重要标志,成为城市精神地标。2015 年 5 月,扬州市文化和旅游部门借鉴了温州城市书房的成功经验,开始构建以市图书馆为中心的公共阅读服务体系,实现了数字图书馆与实体图书馆的共同发展。

(一)扬州城市书房的基本特点

1. 建设特点

(1)扬州城市书房选址特点。扬州市城市书房建设理念源于此前的街区图书馆,这些图书馆具有 24 小时服务和自助功能。城市书房在街区自助图书馆服务模式的基础上扩大了有效利用面积并丰富了城市书房功能,一方面满足了读者图书借阅的基本服务需求,另一方面,为读者构建了网上阅读空间,不但能够实现知识共享和图书信息交流,还能实现网上互动阅读。城市书房无论在选址上还是构建上都充分考虑了读者需求,综合了城市书

房所在地理位置交通情况、人口分布情况、群众阅读需求和周边环境等因素，通过完善城市书房布局和图书配置，满足群众图书阅读需求。

（2）扬州城市书房建设要求。扬州城市书房是扬州市公共图书馆服务体系中的重要组成部分，在建设管理和运行方面均具有较高水准。扬州城市书房对竞标的企事业单位提出了明确的要求，竞标单位需要提供至少200 m²以上的一楼临街场所，并具有完善的配套设施和装饰装修，值得一提的是，在对竞标单位要求中明确要求必须要具备一条不低于20M的电信网络专线，以便于实现信息化和智能化管理。

2. 服务特点

（1）环境优雅、氛围温馨。

当前人们对图书阅读已经不再局限于传统阅读习惯实现单纯的图书阅览和查询，而是将全部身心投入到阅读优美、温馨的体验中，不仅获得心灵上的慰藉，也要实现视觉和听觉感官上的享受。基于对阅读者需求的深入分析和探索，扬州城市书房环境打造中，侧重于营造静谧、温馨的阅读氛围。

首先，扬州城市书房室外装修中，在造型和风格上进行专业设计，形成了城市书房个性化设计的特点，不仅与周围环境保持和谐，也突出了书屋自身的特点。例如：扬州明月湖城市书房，在外观上采用了通透的玻璃幕墙，突出了书房的现代感；而古运河三湾段城市书房在外观设计中融入了水榭、画舫的水岸建筑风格，利用木墙作为装饰，营造出独特的艺术效果；七里河的城市书房外观设计别具一格，这是基于传统工业建筑基础上改造而成的，在出入口保留了工厂烟囱的造型。

其次，在室内设计中强调安静、温馨的风格，有些城市书房利用园林特色提升室内装修品位；有些城市书房利用中国传统元素营造出中国特色风格。在明月湖城市书房中还配备了饮水机和咖啡机，不仅让读者在阅读中享受到咖啡的美味，还能透过通透的玻璃欣赏室外美丽风光，让读者在通过阅读吸收知识的同时，获得更高的精神享受。

（2）服务智能、全面贴心。

扬州城市书房不仅在建筑外部和内部装修中为读者营造出适合阅读和休憩的环境和空间，也精心打造了一站式服务。

首先，城市书房通过中央控制系统，实现室内灯光和空气调节的自动控制，在陈列书籍的展示架上安装有自动感应灯饰，读者一旦进入感应范围，灯光就会自动打开，便于读者选取自己喜欢的书籍；在通过门禁系统时，能够对读者信息进行识别，通过屏幕显示系统提醒为读者提供提示。

其次，扬州城市书房提供了多学科、各种门类的书籍和刊物满足读者选择，通过信息化和智能化管理，能够为读者提供自助办理阅读证件、实现借阅和检索服务，同时，读者还能够对数字资源进行下载，为读者提供全方位阅读体验。

（二）扬州城市书房建设模式

1. 科学选址

扬州城市书房建设中，对网点布局做了细致的规划，市公共图书馆制定了城市书房建设标准，同时，利用网络和多种媒体对城市书房建设地理位置征集市民意见，搜集相关线索。在对城市书房地理位置的考察中，不仅兼顾到当地人口集中程度和交通环境，还考虑到周边环境对读者阅读的影响。此外，在城市书房建设规划中，将消防安全和环保等理念融入了设计理念中，从读者角度出发，在建设中体现出以人为本的理念。

2. 多元合作

扬州城市书房建设中，体现出多方位合作理念。在合作伙伴选择中，做到了不拘一格，实现了多元化合作。目前，扬州城市书房合作伙伴不仅有社区、各大企事业单位、园林管理部门，甚至还包括了茶吧和咖啡馆。不同的合作单位具有自身特色和优势，能够营造出不同风格的城市书房阅读环境和氛围。同时，实现多元合作方式，能够满足不同读者生活习惯，适合更广泛的社会群体。

3. 宣传推广

扬州城市书房建设中，还侧重于打造自己的品牌。所有参与合作建设的城市书房都采用统一的商标，在管理中利用了编号管理，提高了扬州城市书房的可识别性。同时，扬州城市书房建设中，加大了宣传和推广力度，扩大宣传范围，设立了自己的网站并与独家媒体合作，一方面扩大了扬州城市书房的知名度和合作渠道，另一方面，也将扬州书房的成功经验向社会进行了推广，普惠百姓。

4. 安全管理

城市书房作为自助管理模式，实现智能化，加强安全管理成为城市书房管理的重要环节。每个城市书房都配备了视频监控系统，通过管理平台由市图书馆工作人员进行24小时监控。每个城市书房都配备了保安人员，一方面负责城市书房运行中的日常管理，另一方面对图书文献进行保护。此外，消防安全管理一直是城市书房管理中的关键，在不符合消防安全标准的情况下，城市书房不允许运营。

5. 责任分工

在多元合作中，市图书馆与合作单位做了明确的责任分工。市图书馆负责对城市书房进行整体规划，制定城市书房各类工作标准并对各城市书房进行监督和考核。市图书馆为每家城市书房提供相应的计算机和网络系统并给予技术维护和支持；图书和文献的物流配送和城市书屋图书文献调配均由市图书馆完成。此外，市图书馆要为各城市书房进行培训，并组织开展相关活动。合作单位需要按照市图书馆的管理要求和规范完成各项管理工作，完善城市书房管理机构配置，并将城市书房运行中各类信息向市图书馆进行反馈。

（三）城市书屋持续发展策略

第一，完善图书和文献管理。城市书房建设中，市图书馆在合作关系中处于主体地位，图书、文献和刊物均属于市图书馆馆藏书籍管理的重要内容，在城市书房运行中，一方面要加强图书外借管理，另一方面，要完善图书馆内部管理。城市书房不仅要实现普惠民众的公益性，还要在此基础上提高盈利空间，利用图书和文献等作为资源获取更多资金，用于对书籍和网络进行维护，扩大图书馆馆藏，完善图书结构，从而实现图书馆可持续性发展。

第二，广泛征询群众需求。城市书房的建立，为图书馆扩大知名度，实现与群众互动奠定了基础。通过城市书房对周边的辐射功能，吸引群众参与到城市书房的建设和发展中来，通过现实和网络方式广泛征求群众管理方面和图书需求方面的意见和建议，对群众反馈的信息进行整理和分析，真正掌握群众日常生活中对文化知识的需求，有针对性地进行图书和刊物投放，并利用移动通信方式进行有针对性的信息传送，提高群众满意度，发展潜在阅读群体，从而扩大城市书房的业务范围。

第三，发展多种合作模式。城市书房为文化传播打开了一条新的途径，营造出城市整体文化氛围。在此基础上需要不断扩展视野，更新图书管理思路，扩大合作目标范围，构建多种合作模式。当前，我国正处于人口老龄化时期，社会群体中老人数量在不断增加，社区养老模式也在逐步形成，在城市书房建立和运营的基础上，开展具有针对性的阅读服务，将城市书房与社区养老相结合，结合老年人对书籍和报刊的需求，利用社区闲置房屋资源构建城市书屋，不但能够解决"最后一公里"问题，还能让老年人在足不出户的情况下获得阅读服务。

第四，提升服务层次。城市书房建设是以图书作为基础，以满足读者阅读需求而建立起来的。在当前计算机和互联网技术高度发达的时代，可以将城市书房建设思路进一步提升，提高服务层次，将满足群众阅读需求提高到文化需求方面，利用计算机和大数据作为技术支持，能够让读者在阅读中实现相关文化信息资源查询，随时解决读者在阅读中的难点，从阅读服务提升到文化服务，不仅能够实现业务范围扩展，还能获得更多用户资源，进而促进城市书房持续发展。

第五，加强城市间资源共享。城市书房是基于市图书管理机构为主体建立起来的，在当前人才交流频繁和人口流动较大的社会环境下，城市文化也趋向于多元化发展。市图书馆的图书和刊物具有较强的地方特色，无法满足当前社会人员流动带来的新需求，因此，在城市书房建设中，要以本市图书作为运营基础，扩大城市间的合作和交流，实现图书资源共享，进而促进城市书房持续发展。

总之，城市书房是近年来在信息化和智能化技术基础上，以图书馆作为基础通过社会合作打造的具有实体和网络特征的图书馆，对提高全民文化修养，改善人口素质具有重要意义。通过城市书房发展路径探索和实践，必将促进城市书房持续发展，普惠民众。

二、本溪市图书馆服务创新的实践及其启示

毋庸置疑，图书馆是现代公共文化服务体系的重要组成部分，其所承担的收集保存人类文化遗产、整序文献信息资源、普及科学文化知识、开展社会教育、提供文化休闲服务的职能，在新的时代背景下不仅不能被弱化，而且需要不断得到巩固和加强。近年来，我国图书馆界为更好地融入社会发展，开展了大量的理论探索和社会实践活动，各种新思维、新理念、新技术、新模式不断在图书馆管理和服务实践中得到应用和推广，加速了图书馆转型发展的步伐。各级公共图书馆从公益性、普遍性、便利性、均等性的基本要求出发，努力构建具有时代特征的资源体系和服务体系，千方百计优化服务环境，延伸服务触角，提升服务品质，有效推动了图书馆事业的持续发展、协同发展。现结合本溪市图书馆在转型发展过程中理念创新、服务创新的具体实践，就公共图书馆拓展功能、延伸服务、提高效能的问题展开思考，并得到几点有益的启示。

（一）坚持以人为本，重塑服务体系

随着经济社会的发展，人们对文化知识的诉求不断增加，图书馆要想在社会众多的信息服务机构和信息服务产品的竞争中取得服务优势，必须树立以人为本的理念，除了依赖传统的资源优势，加大文献信息资源整合与服务的力度外，还必须立足现实，拓展服务功能。以读者需要为中心，积极引入现代经营理念和现代信息技术，创新管理和服务模式，推动图书馆实现以资源为中心向以人为中心的转变，创新服务项目，延伸服务范围，深化服务内容，打造服务品牌，实现图书馆服务由单一到多元、由封闭到开放、由静态到动态的转变，重建图书馆自身的价值。

1. 融入社会发展，倡导阅读风尚

近年来，各图书馆都将阅读推广作为一项核心业务来发展，取得了丰硕的成果。图书

馆所开展的阅读推广活动一定要关注读者需求，一定要融入社会生活实际，即一定要接地气。

一切教育的起点都是从家庭教育开始的，家庭阅读是全民阅读的重要平台。本溪市图书馆多年来始终将家庭阅读推广作为一个重要的工作领域。为引导市民"爱读书、多读书、读好书"，营造家庭阅读氛围，本溪市图书馆于1989年就举办了藏书家评选活动。近年来本溪图书馆充分利用藏书家评选活动成果，推出了阅暖服务工程。其具体做法是由本溪市图书馆组织、协调历届藏书家，将所藏图书与邻里共享。由本溪图书馆牵头，成立邻里图书馆管理中心，制定邻里图书馆的管理细则与管理制度，并对负责管理邻里图书馆的人员进行上岗前培训，借阅对象由藏书家自己进行选择，同时图书馆对参与阅暖工程服务的藏书家，给予借阅本溪图书馆藏书的系列优惠待遇。藏书家既是藏书的提供者，又是服务的受益者，广大邻居既分享到了藏书家的藏书，又营造了邻居之间人人参与阅读，人人享受文化的氛围，推动了知识的交流，阅读资源的共享，让邻里之间和睦相处上了一个新的平台。阅暖工程实现了私人藏书的邻里共享，在社区营造了家庭阅读的氛围，有效促进了社会和谐。

2. 服务动静结合，强化阅读体验

现代图书馆更加注重读者服务工作动与静的结合，读者进入图书馆不仅仅是为了借书、读书，听讲座、赏音乐，看演出，做手工等等，这些服务在图书馆已经比较常见。读者沙龙、读者故事会、经典诗文诵读……类似的服务活动，已经成为图书馆凝聚读者，推广阅读的重要载体形式。近年来，很多图书馆都开展了真人图书馆活动，读者阅读一本真人图书，面对面地听他把自己说给你听，读者像翻一本图书一样获取知识和经验。这种阅读推广活动，不仅会让读者产生新鲜的阅读体验，也让读者体验了不同于以往的阅读交流模式。本溪市图书馆根据丹麦哥本哈根的读书理念，经常举办一些"想把我说给你听"——真人图书馆活动，把山城文化名人和各领域专家请到图书馆来，读者现场提问，"真人图书"即时解答。读者就如同读一本书一样，想了解哪些知识，想解除某种困惑，可随时提问，并随时得到解答，"获取"的知识更加详细、直观，且易于理解。"真人图书馆"就是让读者"借"一本活生生的"图书"阅读，这种书人合一的阅读推广模式，将书的品味与人的品味相结合，打破了纸质图书阅读、数字资源阅读等单向被动阅读的局限，开创了一种双向互动交流的阅读模式，强化了读者参与阅读的体验感，契合更高的阅读需求，彰显了现代图书馆对读者个性化、特色化阅读需求的关注。

再如，"图书漂流"活动是书籍在人与人之间传递阅读的过程，这是一段美丽奇妙的旅程。通过"结识"不同的读者，营造学习氛围，发挥图书的最大潜力，让图书在流动的过程中发挥其应有的价值和作用,这是"图书漂流"活动的目的。"图书漂流"活动是传播知识、陶冶性情、传递友谊、传递文明的过程。2015年,本溪市图书馆开展了图书漂流活动,这一服务模式在本溪药都各社区、企事业单位、机关及学校产生了强烈反响,对引导公众阅读、推广阅读起到了积极的推动效应。图书漂流使传统的图书馆服务延伸到社会各个角落,有效提高了馆藏的流通率,同时在动与静结合的服务过程中强化了读者的阅读体验,引导读者养成了阅读习惯,从而亲近阅读,智慧生活。

3. 健全服务体系,体现普遍均等

随着社会的不断进步与发展,建设普遍均等的现代公共文化服务体系,让所有的公民共享人类文明发展成果,成为发展文化事业的目标。构建全覆盖的现代社会公共文化服务体系,需要公共图书馆服务向基层延伸,向最需要的人群辐射。我国改革开放四十年来,经济社会获得长足发展,但"三农问题"始终是党和政府关注的重点。虽然我国农民的生活水平提高了,农民的居住环境和生产生活方式都发生了极大的变化,但在幅员广阔的农村,文化设施落后,文化服务贫瘠,这是不争的事实。近年来,党和政府积极推进农村公共文化服务体系建设,"农家书屋"建设工程便是延伸公共文化服务,补足基层文化服务"短板"的重要举措。本溪市图书馆积极参与"农家书屋"工程建设,在政府部门的领导和支持下,从2015年开始,相继深入基层组建了200多个农村书屋。市图书馆为书屋购买配置符合"三农"特点的文献,积极组织丰富多彩的阅读推广活动,大力倡导和培育农民阅读的文化氛围,引导广大农民群众有效利用农家书屋,享受阅读的快乐。现代信息技术为图书馆延伸服务、深化服务创造了条件,也为图书馆细分读者,提供更具针对性的服务提供了便利。为保障盲人群体基本文化权益,本溪市图书馆与残联合作,开展了盲人数字智能听书机服务项目。除此之外,该馆还开展了对面朗读、盲人电影服务。

让图书馆服务走出阵地的藩篱,盘活图书馆资源,构建覆盖广泛的服务体系,解决公共文化服务"最后一公里"的问题,各级公共图书馆进行了积极探索和实践。

(二)图书馆多元化服务实践的启示

现代图书馆服务呈现出多元化的趋势,很多服务形式、服务内容从无到有,经历了一个不断完善、逐渐走向成熟的过程,需要认真在实践中不断总结和提炼,升华为图书馆突破传统、超越现实、开创未来的经验模式。通过对图书馆多元化服务实践的梳理和思考,我们可以得到如下启示。

1. 普遍均等共享是现代图书馆发展的基本理念

目前,在图书馆界,联合发展、合作发展、资源共享已成为大多数图书馆致力追求的目标。传统图书馆服务链条中的各自独立运行管理的服务模式已被合作共享的模式所取代，图书馆所拥有的资源在不断地从有限扩大到无限，图书馆的服务范围也在无限放大。互联网技术的发展和应用，使全人类共享某一图书馆的资源变成了现实。随着图书馆之间、图书馆与社会各界之间的不断融合发展，图书馆的资源建设更加注重特色化馆藏，资源建设理念从拥有向有效获取和提供利用转变，读者服务从传统的借借还还向着多元化的服务模式转变。不受时空限制、面向所有的人提供无差别的服务，让图书馆所有的资源发挥其应有的价值，以普遍均等共享为基本理念，构建全覆盖的公共图书馆服务体系，这是现代图书馆事业发展的目标。资源共享成为现代图书馆事业发展的内驱动力。

2. 服务活动化成为图书馆读者工作的必然趋势

随着现代图书馆生态的演变，图书馆的构成要素、服务理念、服务职能、服务模式等都发生了重大变化。图书馆读者服务工作不再是简单的文献传递和参考咨询，图书馆读者服务工作的内容不断延伸和拓展——文化休闲服务、空间服务、非遗展示、真人图书馆、音乐欣赏、艺术鉴赏等等，均已成为图书馆为读者服务的重要形式。举办各种与读书月、读书周、节假日、纪念日相关的阅读推广活动已经成为各类型图书馆读者服务工作的常态。通过开展丰富多彩的读者活动，宣传图书馆服务，引导读者利用图书馆，同时，多元化的读者活动是传播科学文化知识、开展读者教育的重要载体，是延伸拓展图书馆职能、创造图书馆服务效能的有效形式。服务活动化，活动即服务，服务寓于活动之中，图书馆读者服务已经突破传统读者服务的内涵和外延，读者服务活动化成为图书馆读者工作的常态和未来趋势。

3. 多元合作将成为图书馆为读者服务的主流模式

任何一个图书馆资源都是有限的，欲发挥图书馆的作用，提升图书馆为读者服务的满意度，光凭一个图书馆的单打独斗是难以取得成效的。现代图书馆强调协作发展、联合服务，如各种形式的图书馆联盟、各种类型图书馆之间的合作以及图书馆与政府部门、相关机构、数据开发商之间的跨界合作等，已屡见不鲜。

图书馆之间的合作，可以互补余缺，资源共享；图书馆与政府部门、公益机构之间的合作，可以赢得更多的资源支持，提升图书馆服务的品质，塑造更好的社会形象；图书馆与专家的合作，可以弥补图书馆专业人才缺乏的短板，丰富和深化图书馆服务的内容，为读者提供增值的服务。多元化的合作服务模式使图书馆有了更加雄厚的资源基础，拓展了服务范围，扩展了服务的辐射面，丰富了服务内容。通过合作，可以充分发挥各方面资源的优势，形成合力，打造更加优质的服务产品，创造更好的服务绩效。多元化合作发展、多元化合作服务给当前图书馆事业注入了生机和活力，这也将成为未来图书馆事业谋求更大发展空间的主流模式。

4. 图书馆服务的形式与内容将更加智能化、人性化

互联网、物联网、移动通信、智能技术的发展，为公共图书馆的管理创新、服务创新带来了新的无限可能。图书馆从读者需要出发，融合新理念，依托新技术，为读者构建更加多元、快捷、智能的文化信息服务平台，在新的社会信息生态背景下，图书馆充分释放自身所具有的文化价值，赢得读者信赖，谋求更大发展的必然选择。通过多媒体平台与各种智能化设备的有机融合，为读者打造无处不在、无时不在的现代图书馆服务体系，最大限度满足读者个性化、多元化的文化信息需求，各级公共图书馆正在积极探索和深入实践。

5. 图书馆将提供更有温度的社会化服务

构建普遍均等的公共图书馆服务体系，提供更有温度的公共文化服务，应该成为我国公共图书馆服务发展的方向。毋庸置疑，历史的原因造成我国公共图书馆服务体系建设存在短板，这不是一朝一夕就能够补齐的。我国公共图书馆服务需要锦上添花，但更需要雪中送炭。目前，我国政府想通过农家书屋工程建设和县级图书馆分馆制建设来尽快补齐这一短板，加快公共图书馆服务体系向基层延伸、向弱势群体延伸，解决公共文化服务"最后一公里"的问题，保证所用社会公众享有基本文化权益，享受基本的公共文化服务，这是公共图书馆需要努力的方向。公共图书馆必须恪守"读者第一，服务至上"的服务宗旨，在文化大繁荣大发展的时代背景下，打造更有温度的公共文化服务体系，将关爱、包容、互助的精神融入服务过程，利用各种渠道与途径为社会公众，特别是弱势群体提供有温度的文化信息服务，满足其文化信息需求。这是公共图书馆的职责所在，更是一种文化责任和使命担当。

总之，随着现代图书馆职能的演变，读者活动已经成为各级各类图书馆为读者服务的核心业务。图书馆读者服务工作更加注重通过多元化的读者活动促进图书馆与读者、馆员与读者、读者与读者之间的信息交流与沟通，更加注重图书馆与读者之间的互动性。阅读不再是一个人的盛宴，互动交流让图书馆更有魅力。推广阅读、引导阅读，这是图书馆不变的初心和使命。各级公共图书馆应积极探索为读者服务的有效形式，不断总结经验，推陈出新，为构建普遍均等的图书馆服务体系，为全体公民共享人类文明成果，孜孜以求，不负时代，不负未来。

第八章 公共图书馆服务体系

第一节 公共图书馆服务体系概述

一、公共图书馆服务体系的含义理解

在整个社会文化服务体系中,公共图书馆服务体系是最为重要的,对其他公共文化服务体系具有明显的指引作用。公共图书馆服务体系,即某一公共图书馆在其服务的具体区域内,以保障向所有社会成员提供相同的文化服务为目标,秉承全社会知识和信息的公平性原则,通过独立或合作的方式提供的所有文化服务的总和。简而言之,公共图书馆服务体系就是所有单体的图书馆建立合作的平台集合,以实体场馆和设备设施为主体,发挥智慧支援和信息支持的功能。

在我国,因为不同的管理模式、资金渠道、服务技术等,形成了不同的公共图书馆服务体系构架,具体分为三种具体模式。第一种模式是为了保障文化服务的普遍性和公平性,尽可能发挥就近或民间组织等社会力量的联合作用,形成覆盖率高的、能够突出发挥基层公共图书馆功能的架构;第二种模式是在图书馆分级行政管理的体制下,建立"总分馆体系"为特色的统一服务、统一管理、统一技术支撑的图书馆共同体;第三种模式是在某一指定的区域内,凭借先进的智能信息管理系统和完善的物流系统,将不同主导和主管单位的公共图书馆协调组织起来,形成资源共享的区域性服务网络的公共图书馆服务体系。

综上可知,公共图书馆服务体系可以使某一地区内的所有公共图书馆形成联合整体,以达到有效拓展文化服务的辐射面的目的,并有效弥补该地区内的单体图书馆开展文化服务时可能出现的各种弊端。这些公共图书馆形成的联盟结构是一个松散的联合体,并不影响原有的纵向行政管理关系,仅仅是在开展文化服务的横向业务上产生联系,通过技术方法和管理模式实现不同公共图书馆的统一性和自由性。由于不同区域的社会文化存在差异，经济水平发展不尽相同，所以，在不同区域内建的公共图书馆服务体系也会出现不同的模式，但公共图书馆服务体系总的发展趋势要达到统一化、联合性、全覆盖、拓展性、均等化的最终模式。

二、公共图书馆服务体系的特征

（一）核心基本性质——无偿性

对图书馆来说，其提供的文化服务是否免费是判断图书馆性质的根本标准。对公共图书馆服务制度的最基本要求就是在向全社会公众提供的文化服务和开展的社会活动不可以有盈利。公共图书馆服务体系的建设主体是政府的有关部门，活动的主要经费来自政府的财政拨款。所以，在国家相关文化政策的指导下，公共图书馆开展的文化服务活动，都不能具有商业性质，不需要遵循"使用者为了获得所要的产品或服务都应该有所付出"的原则。所有的社会公众都应该无偿地享受公共文化产品，也应该拥有参与公共文化活动的权利。如果一些公共文化活动产生了必要的收费，那么提供公共文化服务的机构也必须严格控制定价。

综上所述，公共图书馆开展文化服务的出发点是公益性特征，而其落脚点依然是对其公益性特征的坚持。正因如此，公共图书馆服务体系也必须保持无偿性。公共图书馆的服务是社会经济长期发展后的产物。对全体社会成员而言，公共文化服务必须是不用付费的，或者仅需要极低的费用。

（二）最重要的基本性质——公有性

我国的图书馆体系主要包括国家图书馆、学校图书馆、公共图书馆、专业图书馆、技术图书馆等。其中，公共图书馆不同于其他性质的图书馆，是因为其服务对象是全体社会成员，其文献资源也是全社会共有的公共资源。公共图书馆服务体系的公有性就是强调其为大众提供文化服务时的意义。

公共图书馆作为一种社会服务机构，存在的基本价值就是要给予全社会公众一种自由获得信息知识的权利，以实现社会信息资源的科学调节和合理分配。公共图书馆向社会公众提供文化服务的原动力就是公有性。

（三）期望基本性质——便利性

在向全社会公众提供文化服务时，公共图书馆需要根据服务对象的文化服务需求进行信息知识产品的开发、加工与整合，以便向其提供成型的、便于接受和理解的文化形态。为了实现公众对文化服务的期望需求，公共图书馆服务体系必须要尽可能地提供最为便利获得的服务产品。

（四）应具备的基本性质——无差异性

无差异性体现在全世界现代公共图书馆提供文化服务的应有要求中，其具体表现为向所有公众提供的文化服务都是相同的。《图书馆学五定律》一书中认为，要保障所有社会公众都有"书"可读，要使所有人都享有利用图书馆的平等权利。公共图书馆服务体系的无差异性就要向全体公众提供没有任何附加条件的标准化的统一文化服务。

（五）潜在性质——创新性

公共图书馆是人类文明和社会发展进步的产物，是人类记忆、精神艺术和文化知识的传播和保存的载体。随着科学技术的发展，公共图书馆在开展公共文化服务和发挥文化促进功能的过程中，不断创新实现知识和信息的加工开发。由此可见，公共图书馆不仅保存着社会发展的前沿信息，还具有创新开发的特性。除此之外，公共图书馆文化服务体系还能根据社会发展的最新动态和轨迹来调整文化服务活动的实施方针，进而开发出具有持久生命力的文化服务产品。

第二节 公共图书馆服务体系建设原则

公共图书馆服务体系建设是社会公共服务体系的重要组成部分，对于提高人民群众的文化素质和促进社会文化发展具有重要意义。以下是公共图书馆服务体系建设的原则：

一、以人为本原则

公共图书馆服务体系的建设应当始终贯彻以人为本的原则，以人民为中心，满足人民群众的阅读需求，并不断提高人民群众的文化素质和生活品质。

在公共图书馆服务体系中，以人为本原则体现在为所有人提供平等的阅读机会。这意味着不因年龄、性别、社会地位、经济条件等因素而歧视或排斥任何群体，确保每个人都能获得阅读的机会，从而促进社会公平和全民文化素质的提升。

尊重读者的阅读选择是公共图书馆服务体系中以人为本原则的另一个重要方面。图书馆应该尊重读者的阅读兴趣和需求，提供多样化的阅读资源和服务，让读者能够自主选择自己感兴趣的书籍、期刊、报纸等阅读材料，以满足不同群体的阅读需求。

最后，公共图书馆服务体系还应该提供舒适、友好的阅读环境。图书馆应该具备适宜的灯光、通风、温度等环境条件，以及安静、无干扰的阅读区域，为读者创造一个愉悦、舒适的阅读体验。同时，图书馆还应该提供各种便利设施和服务，如借阅服务、咨询服务、展览服务等，以满足读者的各种需求。

二、公平性原则

公平性原则强调的是图书馆服务的普遍覆盖和无差别待遇。在这个原则下，公共图书馆的服务应广泛覆盖各个地区和人群，确保每一个人都有平等的机会享受到图书馆的各项服务。

首先，公平性原则体现在图书馆服务的地区覆盖上。公共图书馆的服务应当覆盖城市和农村，无论是繁华的都市还是偏远的乡村，都应当有图书馆服务的覆盖。这是因为阅读和文化素养的提升对每个人的成长和发展都至关重要，不应该因为地理位置的偏远而被忽视。

其次，公平性原则还体现在服务的人群覆盖上。公共图书馆的服务应当面向所有人群，无论年龄、性别、社会地位、经济条件等。每个人都应该有平等的机会走进图书馆，利用图书馆的资源和服务。任何形式的阅读歧视，如对某些人群的书籍限制或是对某些人群的借阅限制，都是违背公平性原则的。

此外，公平性原则还要求公共图书馆服务消除任何阻碍读者获取服务的障碍。这包括物理上的障碍，如图书馆的可达性、无障碍设施等，也包括信息上的障碍，如清晰的指引、友好的服务态度等。只有当每一个读者都能够方便地获取图书馆的服务，才能真正实现公共图书馆服务的公平性。

总的来说，公平性原则是公共图书馆服务的基石，它确保了每一个地区、每一个人群都能够享受到图书馆的公平对待，从而保障了全民阅读和文化素养提升的可能性。

三、公益性原则

公益性原则意味着公共图书馆应该向公众免费开放，提供各种免费的服务和资源，以促进全民阅读和文化素质的提升。

首先，公共图书馆应该提供免费的图书、期刊、杂志、报纸等各类阅读材料。这些阅读材料是图书馆的基本资源，也是读者获取知识和信息的重要来源。公共图书馆应该不断丰富和更新馆藏资源，满足不同年龄、性别、兴趣和需求的读者。

其次，公共图书馆还应该提供免费的阅读空间和设施，如电脑、网络等。这些设施是读者获取图书馆服务的基本条件，也是读者进行学习和研究的重要工具。公共图书馆应该为读者创造一个安静、舒适、便捷的阅读环境，让读者能够自由地获取所需的信息和资源。

此外，公共图书馆的活动也应该以公益为主。这包括各种讲座、展览、读书会等文化活动，以及为读者提供的各种咨询服务和培训课程。这些活动旨在丰富读者的阅读体验，提高读者的阅读能力和文化素养，同时也是公共图书馆发挥其社会教育功能的重要途径。

四、便捷性原则

便捷性原则是公共图书馆服务中不可或缺的一部分，它旨在为读者提供方便、快捷、高效的服务，以吸引更多的读者利用图书馆。

首先，公共图书馆应该提供合理的开放时间，以满足不同读者的需求。图书馆的开放时间应该尽可能地覆盖读者的需求，如工作日、周末、晚上等不同时间段。同时，图书馆还应该根据读者的需求和反馈，灵活调整开放时间，以方便读者使用。

其次，公共图书馆的地理位置也应该方便读者前往。图书馆的选址应该考虑到读者的分布和交通情况，尽可能地靠近读者的生活和工作区域，以减少读者的交通负担。同时，图书馆还应该提供良好的交通设施，如公交车站、地铁站等，以便读者方便快捷地到达图书馆。

此外，公共图书馆还应该提供便捷的借阅流程、高效的计算机系统、友好的服务态度等。借阅流程应该简单易懂，计算机系统应该快速稳定，服务态度应该友好耐心。只有这样，才能让读者在图书馆中享受到便捷、高效的服务，从而更好地利用图书馆的资源。

五、均衡性原则

均衡性原则：公共图书馆服务体系应在各地区均衡分布，避免某些地区资源过剩，而其他地区资源不足。这需要政府进行合理的规划和管理，确保每个地区都能享受到公平的图书馆服务。

六、适应性原则

均衡性原则强调的是图书馆服务的广泛覆盖和资源分布的平衡。在公共图书馆服务体系中，均衡性原则的实践意义在于避免某些地区因为资源过剩而浪费，同时保障其他地区的资源不足问题得到解决。

要实现公共图书馆服务体系的均衡性，政府扮演着重要的角色。政府需要制定合理的规划和管理措施，确保每个地区都能享受到公平的图书馆服务。在规划方面，政府需要对各个地区的图书馆建设进行合理布局，使得每个地区都有方便可用的图书馆设施。同时，政府还需要制定相应的管理措施，保障图书馆的运营和服务质量。

除了政府的规划和管理，社会各界的参与和支持也是实现公共图书馆服务体系均衡性的关键。社会各界可以通过捐赠、志愿服务等方式参与图书馆建设和服务，为贫困地区和资源不足的地区提供帮助和支持。通过社会各界的努力，可以进一步推动公共图书馆服务体系的均衡发展。

七、创新性原则

随着社会的不断发展和进步，读者的需求也在不断变化和升级。因此，公共图书馆服务体系需要不断创新，提供新颖、有吸引力的服务，以满足读者的需求并提升整体服务质量。

首先，公共图书馆服务体系应该开展新的阅读活动。这可以包括各种主题的讲座、研讨会、读书会、展览等活动，以吸引读者的兴趣并增加他们的阅读体验。此外，公共图书馆还可以通过推广新的阅读方式，如数字阅读、音频阅读等，来满足不同读者的需求。同时，提供新的阅读资源，如电子书籍、在线数据库等，也能够丰富读者的阅读选择。

其次，公共图书馆服务体系还应创新管理模式。这包括优化借阅流程、提高计算机系统的效率、加强图书馆之间的合作与资源共享等。通过这些措施，公共图书馆可以进一步提高服务效率和质量，为读者提供更优质的服务体验。

八、持续发展原则

持续发展原则强调的是图书馆服务的长期性和稳定性，以确保服务的可持续发展。

在公共图书馆服务体系的建设中，合理规划图书馆的规模和发展速度是非常重要的。图书馆的规模应该根据当地的人口、需求和资源情况进行合理规划，避免过度扩张或资源浪费。同时，图书馆的发展速度也应该与当地的社会经济发展相适应，确保服务的持续性和稳定性。

此外，确保资源的持续供应和管理人员的培训和发展也是实现公共图书馆服务体系持续发展的重要保障。图书馆需要不断更新和丰富馆藏资源，以满足读者的需求并适应社会的发展。同时，图书馆还需要不断培训和提升管理人员的专业素质和服务能力，以确保服务的质量和效率。

第三节　公共图书馆服务体系建设的创新路径

一、科学规划公共图书馆布局，改善公共图书馆结构

想要实现我国公共图书馆服务建设体系的理想蓝图，第一工作就是对公共图书馆建设的布局进行科学的筹划，在进行科学筹划布局时，首先考虑地域性问题，加强对我国西部区域与偏远区域的公共图书馆基础设施的建设，根据当地的人口数量与图书需求量合理选择图书馆结构；其次，要加快乡村区域的建设力度，缩小城市、乡村人民群众的文化素质差距，积极促进城乡图书馆的合作，促进全国人民共同进步；城、镇、乡村实施公共图书馆服务体系建设时，应根据各片区实际情况开展规划工作，要对人口数量情况、居住情况、居民文化水平等因素进行深入分析，以提高图书馆布局的科学性与实用度，提升公共图书馆文化覆盖率，从而为人民群众提供优质的文化服务，满足人民群众的阅读学习需求，充分发挥公共图书馆服务体系建设的真实作用。

完善公共图书馆架构关系，也是提升公共服务体系建设品质的一大核心工作内容。其具体操作要求如下：前面分析到，基层图书馆的建设最不乐观，因此应优先对基层图书馆进行改造，组织基层图书馆与中高层图书馆进行友好共建，推动各层图书馆实现资源循环共享，改善基层图书馆资源，提高资源利用率；其次，推动公共图书馆类型进行良性改造，增加儿童图书馆建设，保障各年龄阶段儿童的阅读量，达到公共图书馆服务体系建设的效果。

二、提升公共图书馆的服务能力

首先，提高图书管理人员的录用标准，并组织对管理人员的专项培训，促进其文化素养和专业能力的提升。一名优秀的图书管理人员需要具备丰富的图书专业知识，如验收图书质量、登记图书信息、对图书进行分类编目、图书借阅归还管理、读者信息管理等；除此之外，图书管理员还应熟练掌握软件管理系统及网络图书馆系统的操作方法，科学合理地安排网络图书上架、积极完成各系统日常运作检查工作等；及时整理书籍，将位置错误书籍归位，提高图书使用率；大力宣传网络检索图书功能，帮助读者快速、高效地查询其所需图书的相关信息；保证借阅工作正常开展，责任落实到人，保证服务质量，定期进行专业知识培训及服务理念宣传活动，提高管理人员的服务态度、质量。

其次，图书馆负责人要根据读者的实际阅读需求，及时补充图书资源种类，在增加实

体书籍数量的同时，做好网络图书上架工作，保障读者的"及时"阅读。

然后，图书馆负责人要积极引进先进的网络系统，完善网络图书馆的检索、阅读功能，提高读者满意度；还要增加图书管理系统功能，提高图书管理工作效率；加强各项基础设施建设，改善图书馆环境，提高读者阅读兴趣。

最后，公共图书馆应合理安排图书馆营业时间，可以根据不同时期读者数量及图书借阅量，及时调整管理人员的工作内容及时间安排，按学生新学期开始与学期结束的时间长短划分工作"旺季与淡季"，调整管理人员人数的同时，还要调整单日工作时段，以充分满足读者的实时需求，提高读者满意度。

三、构建网络化管理系统

随着信息化时代的不断发展，互联网应用出现在人们生活的方方面面，帮助人们更好地完成各项工作，也方便了人们的生活。为公共图书馆引进先进的自动化网络管理系统，推行借阅卡。凡是想进入图书馆的读者，必须办理借阅卡，登记有效身份信息，持卡人可凭卡进入图书馆、借阅图书、归还图书，每一个环节都严格执行，保证图书的流向清楚；此外，它可代替人工进行图书馆管理信息的采集与储存，及时反馈图书种类、数量变更信息，整理记录图书借阅信息，如借书时间、有效借阅期、还书时间等，从而减少图书馆文献资料数量的流失；图书管理系统的检索功能可以帮助读者快速查找图书信息；图书管理系统相对于传统管理方式，具有超大存储空间、超高保密性与低成本等优势，可以辅助图书馆管理人员进行管理，维护公共图书馆的日常运作，优化图书管理手段，改善公共图书馆的书籍管理工作的效果。

我国应持续推进公共图书馆基本工程建设，并针对公共图书馆服务构建更加科学全面的运行体系，满足人民群众对文化知识的学习需求。公共服务部门的工作者应深入了解我国各地区公共图书馆基础设施的现行情况，对当地图书馆的现有问题进行分析，提出科学合理的应对措施，从而使公共图书馆服务体系的作用得以实现，推动我国精神文化建设的持续发展。

第四节　公共图书馆服务体系案例

一、扬州市"四位一体"公共图书馆服务体系建设

扬州市"四位一体"公共图书馆服务体系项目建设作为"数字扬州""智慧扬州"的

重要组成部分，承担着为广大市民提供高效、优质的公共阅读服务空间，推进全民阅读，建设"书香扬州"的重要使命。2015年5月该项目被文化和旅游部列入第三批国家公共文化服务体系建设示范项目创建名单。2019年2月获国家公共文化服务体系示范项目。

（一）"四位一体"公共图书馆服务体系的建设思路

扬州围绕党的十八届三中全会提出的"构建现代公共文化服务体系"发展战略，从2012年开始，将公共图书馆建设作为书香城市建设的重要抓手，着力构建以市图书馆为中心，县（市、区）图书馆、乡镇（街道）分馆为骨干，村（社区）分馆（农家书屋）为基础，以流动图书馆、24小时自助图书馆和掌上图书馆为补充，布局合理、网络健全、运行有效、资源共享、管理规范的公共图书馆服务网络，全力打造"全方位、便捷化、数字化、多功能"的公共阅读服务体系，努力把公共图书馆建成"城市的教室，市民的书房"。

（二）"四位一体"公共图书馆服务体系的建设方法

第一，政府主导，社会参与。扬州市财政每年投入1000万元专项资金用于该项目建设；市文广新局每年投入80万元作为项目工作经费。由市文广新局牵头，市图书馆与企业或其他合作机构签订三方合作协议，共同建设分馆、自助图书馆、掌上图书馆。

第二，优化布点，分类设置。根据扬州市主城区各街道、社区、机关、学校、企事业等单位地理位置、居民集中程度和服务半径，优化分馆建设布点。在阅读需求高、基础设施完备的社区和单位，设立"一卡通"分馆；在市民聚集度较高、流动性较强的地方，设立24小时自助图书馆；在交通不便利、居住人口不密集、尚不具备建设分馆条件的社区和单位，设立流动服务点；在主要景点、重要公共场所，设立城市书柜，宣传推介扬州文化。

第三，定期轮换，图书流动。专门成立"图书配送中心"，建立了一套为分馆、流动图书馆和24小时自助图书馆定期更换、补充图书的标准化运作机制。分馆图书每周更换补充，流动图书馆每2周服务一次，每2天对24小时自助图书馆进行更换。

第四，突出重点，放大亮点。扬州市委、市政府大力扶持场馆式24小时图书馆发展，舍得把城市最繁华、最漂亮、离老百姓最近的地方拿来建设城市书房，并24小时免费开放。已建成并开放5个城市书房，每天都人气高涨，月均10万人次走进书房阅读。24小时"不打烊"的图书馆成为扬州的"精神地标"，也成为扬州近年来公共图书馆服务体系中的一大亮点。

（三）"四位一体"公共图书馆服务体系的创新之处

1. 体制机制创新

坚持以人为本的价值取向，在"四位一体"公共图书馆服务体系建设过程中，无论是"分馆"阶段、"自助"阶段，还是"掌上"阶段，都是对市民日益增长的阅读需求做出的精准回应，认真采纳市民的意见建议，完善服务网点的布局；在提供基本均等的公共文化服务的基础上，注重提供分众化、个性化服务，满足不同群体的文化需求，满足学术性、专业性研究等需求；在政府主导保障公共文化服务的基础上，通过资源互补、签约合作等方式，调动吸引社会力量广泛参与。在网点布局上，打破了行政区划壁垒，根据服务半径来规划建设服务网点；在资源利用上，打破了部门之间的藩篱，既整合了社区、学校、医院等机关事业单位的资源，又利用了企业职工书屋、民办图书馆等社会资源。

2. 服务手段创新

一是探索数字化图书服务，通过掌上图书馆、微信图书馆带读者进入现代阅读新时代；二是坚持阅读与旅游相结合，流动图书馆定期到景区开展服务，在重要景区建设城市书柜，宣传扬州文化，将阅读带到游客身边；三是整合相关单位的公共图书资源和设施，有效带动公共阅读与个人阅读的融合；四是个性化服务，针对学校、部队、企业和个人用户的特殊性，开展定制服务，最大限度满足他们的需求。在服务供给上，打破了时间空间的限制，既有8小时的传统服务时间，又有24小时的自助服务时间，既有丰富的纸质资源，又有海量的电子资源，极大地满足了市民的阅读需求，尤其是电子图书的下载服务，让市民直接"把图书馆带回家"。

3. 活动载体创新

在"四位一体"的基础上，推出读书节、公益讲座、"你选书我买单"、总分馆联动读书等品牌活动。"扬图讲堂"自2006年9月创办以来，邀请国内知名专家学者就市民关心的话题每两周举办一次免费讲座，至今已经成功举办了200多讲，参与听众达到8万多人次，成为扬州周末最有意义的讲堂，是扬州推广全民阅读的一项亮点工程，多次被表彰为优秀讲坛。讲堂以弘扬中华传统美德为己任，真正发挥了公共图书馆作为社会公益文化事业和社会教育重要场所的作用，目前已形成了经典名著系列、家风家训系列、先秦诸子百家系列、中国优秀古典戏剧系列四大系列讲座。

4. 氛围营造创新

为让城市"文起来"，营造更加浓厚的书香氛围，创造性地采取了多种办法：一是创办了"朱自清读书节"并设立了在海内外知名度不断提升的"朱自清文学奖"；二是开展了书香门第、书香社区等书香系列评比；三是结合文化博览城建设，建成了鉴真、谢安、阮元、扬中院士等一批文化广场；四是评选出"扬州30部传世名著"；五是为文化人立传，继《扬州历代名人录》之后，出版了《守望与担当——扬州文化名人访谈录》；六是原大、原色、原样复制了文津阁版《四库全书》，成为中华民族文化当代传承的一大盛事；七是编纂了堪称扬州历史文化百科全书的《扬州文库》（101册），已正式发行；八是成功举办了文化盛宴——第六届江苏书展，进一步激发了全民阅读的热情。

（四）"四位一体"公共图书馆服务体系的建设成效

1. 极大地提升了公共阅读服务的效率和质量

总分馆服务形成了一套统一规范的标准服务模式，图书资源统一采购、统一配送，工作人员统一培训、统一指导，服务流程统一规范、统一标准。公共图书馆服务网络分布在城市的各个方位，覆盖社区、学校、企业、机关等单位，搭建了全民阅读文化共享平台，线上线下形成了较为完备的服务网络，让每个市民、村民都能享受到免费、均等的公共阅读服务，通过项目建设，主城区公共图书馆服务网络覆盖率达90%，为市民提供了"家门口"的便利服务，图书馆成为"城市的教室、市民的书房"。通过政府主导、社会力量广泛参与的建设方式，整合各方公共资源和设施，探索了公共图书馆服务体系建设的投入主体多元化、服务方式多样化。

2. 推进了实体图书馆与数字图书馆的共同发展

在推进实体图书馆发展的同时，大力推动数字图书馆发展，从而使得图书馆各业务窗口服务人次、图书流通册次以及数字资源访问次数、检索次数、下载次数、读者登录次数均大幅上升。目前，扬州市图书馆已经拥有《中国学术期刊网络出版总库》《中国优秀硕士学位论文全文数据库》《万方中小学数字图书馆》《中国大百科全书数据库》等20种数字资源。2017年前，扬州市图书馆将建成拥有中国知网、万方数据、龙源期刊等外购数据库20个，自建数据库8个，掌上图书馆用户达到10万人，数字资源共享60万次。

3. 全民阅读条件的便捷化，推进了扬州文明的提升和教育的发展

全民阅读向下扎根，城市文明才能向上提升；城市书房永远明亮，城市就会充满希望。越来越多的扬州人爱上了读书，就连一些以前不怎么读书的家长也纷纷离开牌桌、酒桌走进书房、走向书桌，给子女的学习创造了很好的书香氛围。一个个文化惠民之举，让书香之气在城市里更加浓烈沁人，使腹有诗书、文明文雅成为扬州人的鲜明气质。

一座城市的人爱学习、爱思考，将成就一座城市的文明魅力和竞争力。一座城市的兴衰发达，不在于有多少高楼、多宽的马路，关键在于其文化的竞争力及支撑文化的读书氛

围。书香代表了城市朝气。公共图书馆的品位，也体现了一个城市的气质。扬州将坚持以"四位一体"为抓手，积极构建可持续发展的公共图书馆服务体系，为城乡居民提供优质、免费、全覆盖的公共阅读服务，引领和带动全市现代公共文化服务体系建设发展水平的全面提升。而对于阅读已融入城市血脉里、融入市民生活中的扬州而言，再经过几年努力，公共图书馆服务体系也势必成为文化扬州的金色名片。

二、杭州市公共图书馆服务体系的建设

杭州市在特色图书馆服务体系的构建上具有一定的特色优势，在研究我国公共图书馆服务体系建设发展状态的前提下，重点尝试从杭州市对公共图书馆服务体系的探索和系统构建入手进行研究。

（一）杭州市公共图书馆服务体系的建设现状

图书馆公共文化服务体系的构建是全面推进社会公共文化服务体系建设的重要基础性工作，对区域范围内公共文化服务事业的建设发展产生积极的影响，有助于提高图书馆建设发展效能，为信息时代背景下图书馆事业的稳定发展奠定基础。杭州市在推进公共图书馆文化服务体系建设的过程中，整合杭州市文化服务工作的建设号召，创新具体的建设方案，为全新文化服务体系的系统构建奠定了基础。具体分析，在杭州市公共图书馆服务的建设实践中，积极响应国家关于公共文化事业建设发展的政策规划需求，从2004年开始就已经在图书馆服务体系建设方面做出了相应的探索，以杭州市图书馆为中心，区县图书馆为分中心，基层、乡镇文化站、文化室等为基层服务中心，构建了能提供多层次服务的公共图书馆综合化服务体系，建设和完善区域性图书馆服务网络，在全市范围内实现了对图书文献资源、信息资源的共建共享，尽可能为读者群体提供高质量的阅读服务。

现阶段，随着时代的发展和社会的进步，杭州市已经在公共图书馆文化服务网络建设方面有了多元化的探索，全市公共图书馆以及街道乡镇图书馆的数量逐渐增多，还构建了多元化的特色社区图书室，在杭州市图书馆服务体系中打造了特色的图书馆联盟，在图书馆综合服务工作中凸显服务的层次性、体系性，拓展综合服务的覆盖范围，保障资源利用率得到显著提升。在杭州市对公共图书馆服务体系的建设实践中，将公共图书资源与"一证通"运行体系有机整合，还为读者群体发放了统一的借阅卡，以方便读者群体查询和借阅相关文献资源，助力读者群体主动参与到阅读活动中，增强个人的综合素质。在此过程中，杭州市公共图书馆服务体系的建设凸显了特色，发挥了服务体系的建设作用，为图书馆系统的构建提供了良好的支持，切实优化了公共图书馆服务工作的综合影响力。

（二）杭州市公共图书馆文化服务体系的建设措施

从我国全面推进公共文化服务体系建设工作开始，杭州市就从不同的方面进行了多元化的探索，图书馆综合服务水平明显提升。结合先进建设理念的指导和建设模式的全面创新，杭州市公共图书馆在新时期探索服务体系创新的过程中，重点对当前存在的问题进行探究，制订有针对性的改进方案，凸显杭州市图书馆服务体系的建设发展质量。

1. 发挥政府主导作用，逐步解决体制问题

推进公益性文化服务体系的建设是杭州市政府的尝试和探索，是杭州市文化主管部门基于促进杭州市公共文化服务事业发展提出的文化服务建设措施。而对于公共图书馆文化服务体系的建设而言，由于公共图书馆服务工作的开展具有一定的公益性特点，而公益性文化服务主要是政府部门的工作职责，因而从公共图书馆的自身性质看，政府部门对公共文化服务工作的规划和管理具有主导性的作用。因此，在对公共图书馆文化服务工作进行全面改进的过程中，要重点发挥政府的主导作用，在政府的积极带领和系统规划下，在杭州市城市建设范围内为公共图书馆服务工作的改进和创新营造健康的环境，使公共图书馆文化服务体系的构建成为图书馆文化服务领域、城市文化建设领域的发展共识，从而带动杭州市周边地区在政府的主导下主动探寻新公共图书馆服务模式的构建，形成统一规范的图书馆管理和服务体系。

在政府主导下，杭州市公共图书馆服务体系的构建能产生自上而下一体性服务工作的特点，公共图书馆服务工作的开展也能具备完善的理论基础和发展理念，能秉承为人民服务、为群众服务的思想理念对服务管理工作进行创新，从而使公共图书馆服务工作的开展与社会组织、与人民群众紧密地联系在一起，获得群众的支持和认可。在此过程中，强调政府的主导作用，对政府在基层图书馆开发和运转方面的责任、义务进行准确定位，也能最大限度地激发公共图书馆文化服务产生的社会效益，使政府可以主动处理杭州市图书馆总分馆制建设方面的体制障碍，出台有针对性的管理体制和管理政策，为公共图书馆服务体系的构建营造健康的政策环境和强有力的保障机制，切实促进公共图书馆事业能实现可持续发展的目标，积极引导图书馆工作的全面创新。

2. 工作重心下移，建设科学分级管理模式

杭州市图书馆服务体系的构建存在区级图书馆定位不准确，自身能力与定位无法适应等问题，对区级图书馆管理服务进行调整，制订工作重心下移的方案，使杭州市在全面推进公共图书馆服务体系建设的过程中，重点关注基层图书馆单位工作的组织推进，打造科学化的分级管理模式，有助于有效处理当前图书馆综合服务工作中存在的问题。

（1）强调区级图书馆在杭州市公共图书馆服务体系中的关键地位。

杭州市公共图书馆在探索总分馆制管理服务体系的过程中，要正确定位区级图书馆在分级管理中的重要地位和作用，进一步强调区级图书馆管理服务工作的价值和作用，为总分馆制的科学推进奠定基础。具体来说，杭州市图书馆在对服务模式进行全面创新的过程中，逐渐呈现出开放化的发展状态，各街道社区图书流通服务点的数量进一步增加，杭州市图书馆作为中心馆，管理大量图书馆服务点的难度加大，无法实现对基层图书馆的有效控制。在此情况下，为了提高分级管理的有效性和客观性，在践行总分馆制的基础上，杭州市公共图书馆服务体系的构建还应该重点突出区级图书馆的重要地位和作用，赋予区级图书馆一定的管理自主权，使区级图书馆参与到社区、街道流通服务点的管理和规划上，形成多级互动的管理模式，保障能借助层层管理体系的构建，形成更加完善、系统的图书馆服务体系，促进管理工作的有效创新，增强杭州市公共图书馆服务的综合管理效能。

（2）践行服务均等化思想促进区级图书馆的合理规划布局。

新时代背景下，国家提出图书馆服务体系的构建应该坚持服务均衡化的原则，在服务均等化理念的指导下促进图书馆合理布局，对各项管理和服务工作进行创新。在此背景下，杭州市区级图书馆建设在发展实践中，要注意践行服务均衡化的思想，对综合布局进行调整和规划，在免费、平等的建设理念的支持和引领下，有意识地对服务模式进行创新，保障能推动杭州地区公共图书馆服务公约的落实，能在区级图书馆服务规划的实践中，将区域范围内各个类型的图书馆联合在一起，形成免费、开放、自由、平等的图书馆发展理念，促进服务点建设工作系统的推进。同时，基于服务均等化思想的指导，杭州市图书馆探索多元化、特色化阅读服务网点的构建，能对图书馆综合服务资源进行整合和创新，也能促进图书馆体制机制建设的优化开展，平衡区域服务需求与区级图书馆建设之间的关系，真正做到让更多的人享受更好的服务，切实彰显图书馆服务工作的整体价值，使图书馆综合服务工作的作用得到进一步彰显。

（3）打破部门界限，为区级图书馆赋权，提升区级图书馆的综合管理能力。

区级图书馆服务能力的提升和管理模式的创新与杭州市公共图书馆建设发展体系的系统构建联系相对较为紧密。在新时期公共图书馆建设发展实践中，要重点对公共图书馆服务能力和管理能力进行开发，使其能更好地彰显自己的价值，能在协助杭州市图书馆管理创新的同时，形成对街道、社区图书馆的引领作用，优化创新区级图书馆的综合管理和服务体系。在实际工作中，区级图书馆服务体系构建应该针对公共图书馆作为辖区信息中心、文献资源中心的价值进行准确定位，从而为区域图书馆系统赋权，提高区级图书馆的行政管理级别，市图书馆能结合自身发展需求及街道、社区图书管理工作的现实需要，制订个性化的管理方案，形成自主化的管理体系，使区域图书馆的管理效能得到进一步彰显。在实际工作中，可以尝试成立区级图书馆建设协调组织，由专门的文化部门管理人员领导，按照区级图书馆阅读服务的推广和应用对管理服务进行系统开发，明确图书馆服务工作的侧重点，在自主管理和服务创新的基础上形成完善的管理服务体系，彰显服务效能，为杭州市公共图书馆整体服务工作的系统创新和全面发展助力，加快杭州市公共图书馆建设发展的整体进程。

（4）挖掘特色资源，彰显区级图书馆服务特色。

区级图书馆管理服务工作的开展需要特色的管理模式作为支撑，只有在杭州市公共图书馆服务体系建设实践中，能有意识地引领特色图书馆的建设，开发区域图书馆特色管理服务模式，才能形成良好的图书馆综合管理效能，全面提高区级图书馆建设和发展的综合效果。因此，在区级图书馆建设实践中，要重点对特色资源进行系统开发，形成有特色的资源服务体系，为区域范围内的读者提供针对性、有效性的服务，保障服务工作的开展能得到各区域服务对象的高度认可。杭州市临安区区级图书馆就将打造特色农家书屋作为切入点，从农村群众文化生活入手，保障农民均等化获得文化服务的权益，根据临安区大部分群众经营农家乐的特点，因地制宜地对服务进行探索，开发了农家书屋进入农家乐的发展模式，在各个自然村成立农家书屋角，调查群众喜欢的书籍，优化服务供给，定期为当地群众和游客提供调整书籍和供给资源的服务，方便群众能全方位参与到阅读实践中，彰显农家乐农家书屋的应用价值，增强图书资源的利用率。同时，在农家乐农家书屋的运行方面，农家乐户主和地区图书管理人员共同对农家书屋进行管理，显著增强管理服务的便利性和系统性，也能进一步彰显农家书屋服务工作的价值和作用。

3. 关注质量提升，打造高品质街道社区图书馆

街道社区图书馆是杭州市公共图书馆管理和服务体系中的重要组成部分，在对图书馆建设发展模式进行创新的过程中，关注管理质量的提升，促进高品质街道、社区图书馆的打造，形成街道、社区图书管理服务的模范作用，提高街道社区图书文献服务的综合效果。现阶段，杭州市街道社区图书馆管理工作的开展仍然由区级图书馆负责，街道图书馆还没有独立参与社区图书馆建设管理的能力，因而为了增强街道图书馆的服务能力，使街道图书馆能参与到社区图书馆的服务建设发展实践中，还需要重点针对街道图书馆管理服务的创新进行分析，突出街道图书馆管理和服务工作的建设重点，对各项管理工作进行系统的整合和规划，确保能突出强调街道图书馆的地位和功能，引领社区图书馆的建设和开展，为社区图书馆服务效能的发挥提供良好的支持。同时，要注意确定社区图书室在服务基层群众阅读方面的重要地位和作用，深刻认识到在杭州市公共图书馆服务体系中，社区

图书馆是整合服务体系中的薄弱环节，只有改善社区图书馆的综合服务现状，才能在图书馆服务体系建设的过程中夯实文化服务的根基，让市民在家门口就能享受图书阅读和文献资源服务。在实际推进社区图书馆服务体系建设的过程中，要注意结合杭州市图书馆服务体系建设发展的基本情况，明确社区图书馆建设的场所要求、资金需求、服务需求、人才需求等，制订统一化的建设标准和资源供给方案，使社区图书馆服务工作的开展能与街道图书馆、区级图书馆、杭州市公共图书馆工作的开展紧密联系在一起，最大程度地彰显社区图书馆的综合服务价值，为杭州市图书馆综合服务体系的构建给出积极的指引。

三、山西省公共图书馆服务体系的建设

（一）山西省公共图书馆服务建设现状

山西省近几年为了响应国家的号召，积极推进图书馆服务模式的构建，并开发图书馆阅读推广服务，在新服务模式和服务体系建设方面进行了多元化的探索，现阶段，山西省公共图书馆服务体系的构建水平明显提升，阅读服务工作的影响力也得到了进一步的优化，但在开展公共图书馆服务体系建设的过程中，受到一些因素的制约，仍然存在建设效果不理想的问题，导致山西省公共图书馆服务体系工作效能的发挥受到了一定限制。

其一，图书馆设施陈旧。山西省公共图书馆在对综合服务体系进行创新的过程中，坚持传统的建设理念，没有重点对图书馆设施的建设进行分析，在信息时代背景下存在数字化设施、信息化设施建设不到位的情况，导致现有图书馆设施无法为图书馆建设事业的发展提供强有力的支持，甚至引发了图书馆综合服务效果下降的问题，对公共图书馆服务工作的创新发展产生一定的制约作用。

其二，图书馆经费相对较少，馆藏文献资源严重不足。结合山西省公共图书馆建设和发展的基本情况进行分析，能看出山西省在图书馆的建设发展实践中存在馆藏文献资源相对较少的情况，特别是建设经费准备不充分，无法支撑馆藏文献资源的供给，信息资源数据库体系的构建也存在一定的局限性，对图书馆管理工作的开展产生严重的不良影响，不利于促进图书馆综合管理工作的全面创新。

其三，专业图书馆建设人才不足，图书馆管理人员素质偏低。虽然山西省图书馆已经初步认识到高素质人才队伍建设的重要性，也在这方面进行了多元化的探索，但随着信息社会的发展和现代化服务体系的构建，山西省图书馆在构建人才队伍的过程中，遭遇了人才综合素质不足的问题，现有人才无法为山西省图书馆信息化建设提供有效支撑，而且部分工作人员对数字图书馆、信息化图书馆建设缺乏正确的认识，难以引入正确的理念和先

进的技术开展图书馆综合管理工作的全面创新，也导致图书馆综合管理工作的开展产生不良影响，不利于图书馆发展实践中持续性、多元化、开放化、信息化的综合管理服务体系的系统构建。

其四，建设特色不突出，无法形成公共图书馆建设品牌效应。在全面推进公共图书馆现代化建设的过程中，山西省虽然有意识地结合本地区特色对图书馆的建设模式进行调整和优化，但挖掘得不够全面和系统，无法彰显山西地区图书馆的建设特色，而且部分图书馆服务工作的开展也不能满足山西地区群众的阅读服务需求，图书馆建设体系中服务效能的彰显受到影响，对图书馆品牌效应的形成产生了严重的制约作用，无法保障建设品牌的构建，也对山西省图书馆服务效能的彰显产生了一定的冲击作用。

（二）山西省公共图书馆多元化服务体系的建设

在探索服务体系建设的过程中，山西省公共图书馆借鉴国内外图书馆建设的成功经验，总结本地区的特色，构建了能彰显地区特色的多元化公共图书馆综合服务体系。

1. 落实两级总分馆制度

结合在推进公共图书馆服务体系建设方面的实际情况和具体的工作方案，山西省在公共图书馆服务体系建设和探索的业务管理工作中引入了总分馆制，实施"省—市—县"和"县—乡（镇）—村"的两级总分馆制度，确保在实际开展服务管理工作的过程中，能保持现有图书馆行政隶属关系、人事隶属关系不变，并不调整经费来源和资源管理等，促进业务工作总分馆制度的落实，确保在公共图书馆综合服务体系的建设和发展实践中，能真正做到以山西省图书馆为总馆，以其他市区、县区公共图书馆以及其他类型图书馆为分馆，促进完善山西省公共图书馆文化服务体系的构建，能在管理网络中将山西省的图书馆紧密联系在一起，形成完善的服务网络体系。在两级总分馆制度的作用下，山西省图书馆服务体系在建设和运作方面对市县级公共图书馆管理工作进行创新，保障各级图书馆之间的文献资源的借阅管理实施统一，并有效促进区域范围内图书馆业务之间形成有机合作、多元联合的关系，对图书馆的文献资源、数据信息资源等实施统一的采购和开发，形成联合编目规划模式，借助山西省图书馆中心总馆的力量带动基层图书馆，发挥城市图书馆的作用促进基层农村图书馆协同建设和发展。

在构建两级总分馆制度的情况下，山西省在开展图书馆管理服务工作的过程中，能实现对图书馆文献资源的有机整合，还能促进数字资源的统筹规划，形成集群化的图书馆综合服务体系。此外，基于两级总分馆制度的构建和应用，山西省公共图书馆能搭建完善的系统服务平台，为各级图书馆管理工作的开展制定统一的标准、统一的检索系统等，也能构建山西省特色联合书目数据库，省级中心馆对各级分馆实施统一的组织管理和指导规划，还能对分馆管理人员实施规范化的教育培训，保障能在统一管理的作用下形成统一编目、统一采购和配送的服务模式，保障图书资源能在各级图书馆之间有效流动，有效控制经费，增强管理效能，这样就能在两级总分馆制度有效实施的基础上，切实推动山西省公共图书馆综合服务效能的提升，使图书馆在管理实践中解决经费不足的问题，保障各项建设工作有序开展，为基层群众提供良好的阅读推广服务。

2. 打造跨系统图书馆联盟

关于区域性图书馆联盟服务体系的构建，欧美发达国家已经有了相应的探索，读者在一个图书馆登录，能直接访问公共图书馆的总数据库，并查询、借阅相关文献数据资源，而且各地区读者都能访问公共图书馆数据库，查询和应用相关数据库资源。在我国三个重要的图书馆服务体系中，高校图书馆与公共图书馆的馆藏文献书籍占有量最大，涉及的学科门类也相对较为齐全，现阶段已经形成了完善的读者群体。因此，高校图书馆和公共图书馆在建设发展实践中，应该重视文献信息的整合、基础设施的建设、读者资源的开发等工作的开展，促进优势互补服务体系的构建，从而实现双向资源的互动利用，在拓展服务范围和服务影响力的基础上，也保障资源的整合利用能取得良好的发展成效。在此背景下，山西省在探索公共图书馆文献资源服务体系建设的过程中，可以尝试借鉴吉林省在这方面积累的丰富经验，打造由公共图书馆和高校图书馆、科研单位图书馆整合而成的区域性图书馆联盟，在联盟框架内为读者群体提供图书资源的一站式查询、借阅服务，促使图书馆联盟之间实现优势互补和资源共建共享，提高图书馆服务体系的综合效果，助力阅读推广服务的全面创新。

山西省在实际加快跨系统图书馆联盟的工作中，可以针对现有科技文献资源平台开展各项建设工作，对全省范围内的公共图书馆网络资源服务体系进行建设和开发，保障跨系统图书馆联盟能形成建设优势，提高建设发展成效。在实际工作中，山西省科技厅、文化和旅游部等可以有意识地促进本省范围内区域性科技文献资源平台的建设，促进高校图书馆、公共图书馆及科研单位图书馆服务工作、资源供给的多元融合，实现对图书馆联盟内部成员馆之间的资源进行优势共享，切实增强服务工作的综合影响力。现阶段，随着对图书馆综合服务体系建设工作的重视，山西省在跨系统图书馆联盟方面已经进行了相应的实践探索，逐步对文理文献资源、医学文献资源、工学文献资源、经济文献资源、农业文献资源等实施统筹管理和规划，同时挖掘了山西省信息资源、数据资源的特色，搭建了云冈文化特色专题数据库、晋商文化特色专题数据库，为资源服务的供给奠定了坚实的基础。此外，在积极探索系统性图书馆联盟建设，开发图书馆联盟服务平台的过程中，山西省图书馆组织部门和平台管理部门，结合政府需求、群众需求，在平台上积极开发了企业资讯板块、科研信息检索板块、政策资讯板块及科技创新查询板块等，为全省范围内服务工作的有效推进创造便利；深入基层开展服务读者群体的工作，促使山西省图书馆服务工作的开展向基层延伸，切实提升服务工作的综合影响力，保障图书馆建设工作实现稳定、高效发展的目标。

3. 开发行业分馆和专业分馆体系

自 21 世纪以来，我国高度重视图书馆建设事业的发展，现阶段已经在图书馆事业建设实践中从多角度进行了相应的探索，为图书馆提供较为专业的服务创造了条件。在此基础上，公共图书馆建设在实践中结合数据技术、数字技术的应用，以国家数字图书馆丰富资源为依托，设置了数字图书馆分馆，支持不同行业图书馆服务工作的开展，有效推动了图书馆服务向公安、工商等领域延伸，还结合了农业阅读推广服务的需求，探索了农业图书馆服务模式的构建。

在此背景下，山西省图书馆作为山西省区域范围内影响力最为明显的公共图书馆，重点开发自身综合服务能力，不仅关注党政机关服务工作的创新推进，也综合分析科研院所的服务需求，制订了针对性的服务方案，还关注社会大众阅读推广和信息查询服务工作的改进和创新，在探索行业分馆、专业分馆建设方面做出了不懈的努力，从 2010 年开始，山西省图书馆就积极探索了电科院分馆的建设，依托图书馆总分系统平台为电科院系统中的科研人员提供较为专业的信息服务。其后，山西省图书馆持续推进行业分馆和专业分馆的建设，为图书馆服务体系的全面构建提供了良好的支撑，有效增强了图书馆综合管理服务效果，为山西省图书馆在现代社会实现高效化发展和高质量发展创造了条件，也使图书馆的社会服务效能得到了全面的、系统的提升。

4. 打造残障人士图书馆分馆

公共图书馆社会服务工作的开展一直秉承免费、平等的发展理念，在近几年的发展实践中，改进和创新综合发展模式，导入了无障碍思想和关注残障人士群体的思想，尝试结合残疾人的需求开展专业化的图书馆服务，全面促进图书馆综合服务模式的系统改革和创新，为图书馆综合服务体系的构建搭建了良好的发展平台。在此情况下，山西省图书馆积极主动践行无障碍思想和平等服务的理念，重点设计和开发山西省图书馆无障碍分馆，在建设实践中，不仅设置了盲道、轮椅坡道，还开辟了残疾人专用电梯设施、卫生间设施，也按照残疾人的阅读服务需求，引入了专门的服务资源，使残疾人读者能从图书馆、网络平台上查询和借阅文献数据、信息资源等，增强服务工作的综合效果。在此基础上，为了践行人性化的思想，山西省在设计和开发的过程中，还配置了品类齐全的辅助性物品，保障按照残疾人的阅读需求开展高质量的服务工作，如在借书卡上标注文人信息，还提供了专门供盲人阅读的服务平台，向全省视力障碍群体开放，帮助他们解决阅读和学习方面的困难。在新时代发展实践中，山西省图书馆要想进一步突出服务残障人士群体阅读服务需求的特色，可以尝试加强与山西省特殊教育学校的联系，构建残疾人特色图书流动站，每半年或者三个月在学校里轮换一次书籍，也可以搭建信息反馈平台，了解残障人士群体的阅读需求，尽量为他们提供针对性的服务，保障残疾人阅读服务工作和推广工作的开展能得到他们的认可，借助残疾人图书馆的构建形成图书综合辐射作用，切实增强图书馆建设服务的整体影响力，切实保障山西省图书馆公共文化服务工作实现创新发展的目标。

5. 开发城市图书馆系统

山西省图书馆在建设、开发公共服务体系的过程中，有意识地借鉴其他省市图书馆的成功经验，引入多元化的服务建设思想，还在实际工作中整合深圳建设"图书馆之城"的服务模式，总结深圳地区建设图书馆之城服务体系的经验，对山西省图书馆建设服务模式进行创新，也尝试研究和开发图书馆自助申报借阅证、自助借还书、自助图书资源查询等，形成新的图书馆服务系统，打造太原市特色图书馆综合服务模式，逐步实现对图书馆综合服务的系统创新。在实际工作中，应该明确认识到太原市作为山西省省会城市，本身肩负着公共图书馆服务体系建设的职责，因而借鉴深圳图书馆之城的建设经验，对太原图书馆之城建设模式进行系统开发，打造太原市特色化的图书馆建设服务体系，构建与山西省图书馆服务需求相契合的服务体系，能彰显山西省公共图书馆建设发展的优势，有助于为山西地区群众阅读需求的满足创造良好的条件。

（三）山西省图书馆在公共文化服务建设方面的新尝试

从2016年开始，为了构建特色化的公共文化服务体系，促进山西省图书馆综合服务效能的全面提升，山西省在实际对图书馆公共文化服务体系进行建设的过程中，推出了"文化行三晋 讲座走基层"的综合服务活动，开发特色服务项目，在公益精准服务、助力基层乡村振兴建设方面进行了多元化的探索。

1. 开发文旅融合发展模式

山西省图书馆领导在图书馆建设实践中，深刻认识到山西省图书馆服务工作的开展与山西省经济文化建设存在紧密的联系，要想发挥图书馆的综合服务效能，就要尝试从山西省图书馆服务经济文化体系的建设入手，从文旅开发的角度设计图书馆服务模式。在2020年，山西省图书馆组织开展了"追寻领袖足迹感悟使命情怀"专题活动，工作人员及图书馆的志愿者群体，前往云州区有机黄花标准种植基地开展服务工作，邀请专家讲解标准化种植技术知识、大同黄花的发展历史及发展路径等。在文旅融合开发的同时，还开发了"一入云冈门，一生云冈人"的图书馆专题讲座活动，邀请《云冈石窟全集》副主编作为讲座的嘉宾，为游客讲解云冈石窟的建设发展历史，使游客对云冈石窟的民族文化发展历程、佛教艺术发展历史及我国石刻艺术等产生新的认识和理解。借助特色文旅融合模式的开发，形成了新的综合服务体系，山西省公共图书馆服务工作的开展也得到了更多读者群体的支持。

2. 打造精准扶贫新模块

山西省图书馆在对综合服务模式进行改进和创新的过程中，还尝试从精准扶贫入手开发服务模式，使服务工作的开展向乡村振兴和精准扶贫领域延伸。在实际工作中，山西省图书馆组织青年大学生群体深入贫困地区开展文化志愿服务，帮助贫困山区群众解决阅读难方面的问题。同时，针对贫困山区文化扶贫工作的开展落实社会调研工作，全方位解析贫困山区文化贫困的现状和存在的问题，并有计划地分析出现问题的原因，再结合各地区的实际发展情况，尝试制订文化扶贫方案，带领贫困地区群众走进农家书屋，形成良好的阅读兴趣，为精准扶贫工作的开展助力。并且，图书馆在积极推进精准扶贫工作的过程中，还邀请专家学者等深入基层，为农民群体提供多元化的文化服务，用老百姓听得懂的语言讲解先进的农业技术、农业发展模式等，丰富贫困地区群众的知识结构，强化他们参与农业种植和农业生产的专业技能，从而使图书馆公共服务工作的开展真正延伸到群众的家门口，使基层群众也能共享公共图书馆建设发展的成果。

3. 开发大数据服务体系

现代社会公共图书馆服务体系的建设需要探索先进技术的有效应用，山西省在推进公共图书馆服务模式创新的过程中，也尝试引入数字化建设思想，在大数据技术的支持下开发图书馆综合服务工作，设计了多种类型的图书馆服务活动，使图书馆在助力全民阅读、推动山西省公共文化建设事业稳定发展方面的作用得到了充分发挥。在信息技术的支持下，山西省在对大数据服务体系进行建设的过程中，开始结合数据信息技术的应用发布山西省公共图书馆服务大数据黏度报告，对图书馆开展数据化服务的情况进行判断，并在报告中明确下一步数据化的建设方向。在此过程中，山西省公共图书馆不断引进先进的管理技术和服务模式，重点改进和创新多元化的管理体系，探索了数字图书馆的构建，通过线上线下融合的方式为读者群体提供多元化的信息资源服务和阅读服务，全方位推动特色服务模式的开发，在特色数据资源库的支撑下保障了专题活动的开展和文化惠民工程的系统推进，也极大地加快了山西省图书馆的现代化发展进程。

[1] 蔡莉静，鄂丽君.现代图书馆特色资源建设[M].北京：海洋出版社，2012.

[2] 陈晋，王雪静，李子昕.我国图书馆数字资源馆藏政策的研究与实践[J].新世纪图书馆，2020（09）：5-9.

[3] 陈伟.提升公共图书馆未成年人服务能力[J].河南图书馆学刊，2014，34（02）：22-24.

[4] 池沁.书香城市建设的扬州实践——以扬州市"四位一体"公共图书馆服务体系建设为例[J].图书情报导刊，2016，1（12）：93-96.

[5] 刁帅.公共图书馆的残障读者服务研究[J].文化创新比较研究，2018，2（30）：157-158.

[6] 冯志辉，席鹤洋.城市书房对于城市阅读新空间的构建——以济南市"泉城书房"为例[J].人文天下，2021（05）：67-70.

[7] 谷雨.公共图书馆服务体系建设现状分析[J].内蒙古科技与经济，2018（12）：147.

[8] 胡舟翔.公共图书馆空间微改造与服务创新的实践与思考——以宁波图书馆永丰馆为例[J].内蒙古科技与经济，2023（05）：126-129+134.

[9] 黄爱玲.新媒体环境下公共图书馆阅读推广服务探讨[J].档案，2023（01）：77-80.

[10] 黄虹.新时代公共图书馆服务创新的重难点[J].大众文艺，2021（05）：157-158.

[11] 汲莹.公共图书馆服务体系建设的现状与对策研究[J].文化产业，2021（34）：34-36.

[12] 金沛霖.图书馆地方文献工作[M].北京：北京图书馆出版社，2000.

[13] 靳爱红.探讨公共图书馆文献资源共建共享的方法[J].河南图书馆学刊，2017，37（06）：30-31.

[14] 雷华刚，慎志浩.德清县图书馆数字资源建设的实践和探索[J].图书馆研究与工作，2017（01）：38-41.

[15] 李超.浅谈公共图书馆如何提升未成年人服务能力[J].科技资讯，2018，16（13）：

192-193.

[16] 李春梅.公共图书馆为老年读者服务的对策[J].图书馆学刊,2011,33(06):107-108.

[17] 李娟.公共图书馆智慧服务研究:核心要素、框架构建及发展路径[J].铜陵学院学报,2022,21(03):88-91.

[18] 李莉.浅析数字图书馆的发展和信息资源的利用[J].才智,2020(05):228-229.

[19] 李明生.公共图书馆文献资源建设模式研究[J].情报探索,2014(06):35-39.

[20] 李婷.新时期公共图书馆资源共建共享路径思考[J].河南图书馆学刊,2023,43(06):43-45.

[21] 刘涛."都市文化圈"城市书房的探索与实践——以扬州城市书房为例[J].智能城市,2020,6(03):36-37.

[22] 刘雅心.数字图书馆信息资源管理的探索[J].内江科技,2021,42(05):6-7+69.

[23] 马春燕.数字信息资源开发与建设[M].北京:经济管理出版社,2009.

[24] 毛晓明,阮晓岚.公共图书馆开展老年读者服务工作的建议及对策[J].河南图书馆学刊,2014,34(11):5-6.

[25] 孙晓玲.浅论公共图书馆对残障读者的信息无障碍服务[J].科技情报开发与经济,2011,21(09):107-109.

[26] 陶丽珍.泛数字阅读背景下图书馆三维数字资源建设实践与思考[J].四川图书馆学报,2020(04):40-44.

[27] 汪晓莉.公共图书馆资源共建共享路径探析[J].内蒙古科技与经济,2014(02):133-134+137.

[28] 王桂红.公共图书馆服务创新的实践及其启示——以本溪市图书馆为例[J].图书馆学刊,2019,41(06):62-65.

[29] 王健.公共图书馆服务体系建设的现状与对策[J].办公室业务,2019(21):156-157.

[30] 王丽芹.公共图书馆未成年人服务核心能力研究[J].图书馆学刊,2014,36(05):94-96.

[31] 王伟军.信息管理基础[M].北京:首都经济贸易大学出版社,2010.

[32] 王泽斌.新媒体环境下公共图书馆阅读推广探赜[J].新阅读,2023(08):63-64.

[33] 吴慰慈.公共图书馆馆藏发展的特点与策略[J].图书馆工作与研究,2008(07):3-6.

[34] 肖希明. 信息资源建设[M]. 武汉：武汉大学出版社, 2008.

[35] 谢燕洁. 中国公共图书馆老年人服务研究述评[J]. 农业图书情报学报, 2023, 35 (07)：18-26.

[36] 辛艳芳. 新媒体环境下公共图书馆阅读推广服务探讨[J]. 产业与科技论坛, 2021, 20 (15)：283-284.

[37] 徐晓濛. 公共图书馆创新服务的实践——以郑州图书馆为例[J]. 现代交际, 2019 (11)：98+97.

[38] 许亚. 扬州市"四位一体"公共图书馆服务体系的建设经验[J]. 兰台内外, 2020 (13)：73-74.

[39] 杨玉麟, 屈义华. 公共图书馆资源建设与服务[M]. 北京：北京师范大学出版社, 2013.

[40] 杨媛媛. 公共图书馆老年读者服务研究与对策[J]. 现代交际, 2018 (14)：92+91.

[41] 俞清. 公共图书馆老年读者服务研究与对策[J]. 阜阳职业技术学院学报, 2016, 27 (02)：70-73.

[42] 张金明. 公共图书馆志愿者服务工作的创新实践——以浦东图书馆为例[J]. 图书馆学刊, 2020, 42 (02)：66-70.

[43] 张琳. 国家图书馆数字资源建设实践与思考[J]. 河北科技图苑, 2021, 34 (03)：26-31.

[44] 张明乾. 地方特色数字资源建设的实践与思考——以宁夏回族自治区图书馆为例[J]. 图书馆理论与实践, 2020 (05)：57-60+79.

[45] 张四连. 公共图书馆公益培训服务模式创新研究——以湖南图书馆"百姓课堂"为例[J]. 科技传播, 2021, 13 (13)：63-66.

[46] 赵泽天. 我国图书馆馆藏发展政策研究[D]. 黑龙江大学, 2021.

[47] 郑寒春. 浅谈公共图书馆与非物质文化遗产保护工作[J]. 科技信息, 2009 (35)：809.

[48] 朱志伟. 公共图书馆未成年人服务的必要性和服务原则研究[J]. 河南图书馆学刊, 2018, 38 (07)：10-11+14.

附 录

公共图书馆服务规范[①]

《公共图书馆服务规范》（GB/T 28220-2011）是 2012 年 5 月 1 日实施的一项中华人民共和国国家标准，归口于全国图书馆标准化技术委员会。

1 范围

本标准规定了图书馆服务资源、服务效能、服务宣传、服务监督与反馈等内容。

本标准适用于县（市）级以上公共图书馆。街道、乡镇级公共图书馆以及社区、乡村和社会力量办的各类公共图书馆基层服务点参照执行。

2 规范性引用文件

下列文件对于本文件的应用是必不可少的。凡是注日期的引用文件，仅注日期的版本适用于本文件。凡是不注日期的引用文件，其最新版本（包括所有的修改单）适用于本文件。

GB/T 10001.1 标志用公共信息图形符号 第 1 部分：通用符号

GB/T 13191 信息与文献图书馆统计（GB/T 131912009，ISO 2789：2006，IDT）

建标 108—2008 公共图书馆建设标准

建标 [2008] 74 号公共图书馆建设用地指标

3 术语和定义

下列术语和定义适用于本文件。

[①] 国家标准《公共图书馆服务规范》（GB/T 28220-2011）按照中华人民共和国国家标准《标准化工作导则—第 1 部分：标准的结构和编写》（GB/T 1.1-2009）给出的规则起草。

3.1 公共图书馆 public library

由各级人民政府投资兴办、或由社会力量捐资兴办的向社会公众开放的图书馆，是具有文献信息资源收集、整理、存储、传播、研究和服务等功能的公益性公共文化与社会教育设施。

3.2 公共图书馆服务 public library service

公共图书馆通过各类资源和自身专业能力满足公众日益增长的对知识、信息及相关文化活动需求的工作。

3.3 服务资源 service resources

公共图书馆在开展服务过程中所拥有的物力、财力、人力等各种物质要素，主要包含了硬件资源、人力资源、文献资源和经费资源。

3.4 服务效能 service efficiency

公共图书馆投入的各项资源在满足读者和用户需求中体现的能力和效率。

3.5 区域服务人口数 regional service population

各级公共图书馆所在行政区域的常住人口数。

3.6 呈缴本 legal deposit copy

根据有关法律或法令规定，出版单位根据法律规定，免费向法律指定的图书馆所缴存的出版物。

3.7 文献提供 document supply

图书馆或其他文献收藏机构根据读者要求，利用互联网、电子邮件、邮递等方式为本地或异地的读者直接提供所需原本文献和复制文献的服务形式，也可称文献传递。

4 总则

4.1 公共图书馆是公共文化服务体系的重要组成部分。公共图书馆服务规划应体现出公益性、基本性、均等性和便利性。

4.2 公共图书馆服务应体现以人为本的原则，通过就近、便捷、可选择、温馨的服务，不断改进服务质量，统筹兼顾服务资源、服务效能、服务宣传、服务监督与反馈，促进服务的全面协调可持续发展。

4.3 公共图书馆服务对象包括所有公众。应当注重培养少年儿童的阅读习惯，并努力满足残疾人、老年人、进城务工者、农村和偏远地区公众等的特殊需求。

4.4 公共图书馆的服务与管理除执行本标准的有关规定外，还应符合相关的国家标准和规范。

5 服务资源

5.1 硬件资源

5.1.1 馆舍建筑指标

公共图书馆设置布局应遵循普遍均等原则，选址要考虑服务半径、服务人口等因素，并应按建标 E2008174 号《公共图书馆建设用地指标》执行。服务人口是指公共图书馆服务范围内的常住人口。为了保证读者阅览空间和图书馆为读者服务能力，总建筑面积、阅览室用房使用面积的比例、总阅览座位数应按建标 108—2008《公共图书馆建设标准》执行。并为残障读者的无障碍服务提供必要的服务设施。

5.1.2 建筑功能总体布局

公共图书馆建筑功能总体布局应遵循以读者服务为中心，与图书馆的管理方式和服务手段相适应，做到分区明确、布局合理、流线通畅、安全节能、朝向和通风良好。少年儿童阅览区应与成人阅览区分开，宜设置单独的出入口，有条件的可设室外少年儿童活动场地。视障阅览室宜设在图书馆本体建筑与社会公共通道之间的平行层。

5.1.3 电子信息设备

5.1.3.1 计算机

公共图书馆应配备一定数量的计算机专供读者使用。图书馆应配备与经济和技术发展水平相适应的信息技术设备。所需计算机数量见表 1。

表 1 公共图书馆计算机设备配置及用途指标

等级	计算机总数量（台）	其中：读者使用计算机数量（台）	读者用机中 OPAC 计算机数量（台）
省级馆	100 以上	60 以上	12 以上
地级馆	60 以上	40 以上	8 以上
县级馆	30 以上	20 以上	4 以上

注1：省级馆包含省（自治区、直辖市）、副省级市（计划单列市）级图书馆；地级馆包含地（市、地区、盟、州）级图书馆；县级馆包含县（市）级图书馆。

注2：OPAC（Online Public Acceess catalogue）指在线公共检索目录。

5.1.3.2 网络与宽带接入

公共图书馆网络与宽带接入，是为读者提供网络信息服务的基础。网络与带宽接入指标见表 2。

表2　网络与宽带接入指标

等级	互联网接口	局域网主干	局域网分支
省级馆	≥100兆	≥千兆	≥百兆
地级馆	≥20兆	≥千兆	≥百兆
县级馆	≥2兆	≥百兆	≥百兆

5.1.3.3　信息节点

信息节点指在馆内与局域网或互联网连接的计算机网络接口，阅览室的信息点设置应不少于阅览座位的30%，电子阅览室的信息点设置应多于阅览座位数。有条件的可提供互联网无线网络接入服务。

5.2　人力资源

5.2.1　人员要求

公共图书馆工作人员应受过专业训练、具备良好的职业道德，在读者服务工作中应平等对待所有公众，尊重和维护读者隐私。工作人员须挂牌上岗，仪表端庄，使用文明用语，热忱并努力为读者提供准确全面的信息服务。

5.2.2　人员配备

公共图书馆应配备数量适宜的工作人员。具有相关学科背景的专业技术人员应占工作人员的75%以上，少数民族自治地区公共图书馆要配备熟悉少数民族语言文字的专业技术人员。

公共图书馆专业技术人员是指符合下列条件之一并从事相关业务工作的人员：

——具有助理馆员等各类初级及以上专业技术职务任职资格；

——具有图书馆学专业（或图书情报专业）专科或以上学历；

——非图书馆学专业（或图书情报专业）专科或以上学历，须经过省级及以上学会（协会）、图书馆、大学院系举办的图书馆学专业（或图书情报专业）课程培训，培训课时不少于320学时并成绩合格。

5.2.3　人员数量

公共图书馆工作人员数量的确定，应以所在区域服务人口数为依据。每服务人口10000人~25000人应配备1名工作人员。各级公共图书馆所需的人员数量的配备，还应兼顾服务时间、馆舍规模、馆藏资源数量、年度读者服务量等因素。

5.2.4　教育培训

公共图书馆应坚持实施针对全体工作人员的教育培训计划。年度工作计划中应提供保障员工接受培训教育的安排。

5.2.5 志愿者队伍

公共图书馆应导入志愿者服务机制,吸引更多图书馆工作人员和社会公众加入志愿者队伍。

5.3 文献资源

5.3.1 馆藏文献

5.3.1.1 文献采集原则

馆藏文献资源建设应遵循以下原则:

——与日益增长的读者需求和本地区经济、文化与社会事业发展相适应;

——与本馆文献资源建设规划、采集方针及服务功能相匹配;

——有利于形成资源体系和特色;

——有利于促进区域文献资源共建共享;

——有利于积淀与丰富历史文献;

——与国家知识产权保护等法律法规的要求相一致。

5.3.1.2 馆藏文献总量

馆藏文献包括印刷型文献、电子文献、缩微文献等。公共图书馆应在确保印刷型文献入藏的基础上,逐步增加电子文献的品种和数量,并根据当地读者和居住的外籍人员的需求,积极配置相应的外文文献。

馆藏印刷型文献以物理单元数量统计。应采用国家标准图书馆统计 GB/T 13191 中建议统计的方式计算。省级馆、地级馆、县级馆的入藏总量分别应达到 135 万册、24 万册、4.5 万册以上,省、地、县级馆年新增藏量分别应达每百人 1.7、1、0.6 册以上。馆藏电子文献包括电子图书、电子报刊、视听资料等,电子文献的统计,应采用国家标准图书馆统计 GB/T 13191 中建议统计的方式计算。省级馆、地级馆、县级馆的年入藏量分别应达到 9000 种、500 种、100 种以上。

5.3.1.3 少数民族语言文献

少数民族集聚地区的各级公共图书馆应承担该地区少数民族文字文献资料的收藏和服务的职能。

其他地区各级公共图书馆也应收藏与本地少数民族状况相适应的少数民族语言文献。

5.3.2 呈缴本

省级公共图书馆负有依法接受所在省(市)出版机构呈缴出版物和保存地方文献版本的职能。呈缴本征集的品种、数量应达到地方正式出版物的 70% 以上。

5.3.3 政府出版物

公共图书馆应承担当地政府出版物的征集、保存与服务职能，设置政府公开信息查阅点，并做好服务工作。

6 服务效能

6.1 服务能力

6.1.1 服务时间

公共图书馆应有固定的开放时间，双休日应对外开放。其中省级馆每周开放时间不少于64小时；地级馆每周开放时间不少于60小时；县级馆每周开放时间不少于56小时。各级独立建制的少年儿童图书馆每周开放时间不少于40小时。

6.1.2 基本服务

公共图书馆的基本服务是保障和满足公众的基本文化需求的服务，包括为读者免费提供多语种、多种载体的文献的借阅服务和一般性的咨询服务，组织各类读者活动以及其他公益性服务。

6.1.3 流动服务

公共图书馆应通过流动站、流动车等形式，将文献外借服务和其他图书馆服务向社区、村镇等延伸，定期开展巡回流动服务。

6.1.4 远程服务

公共图书馆应利用互联网、手机等信息技术手段和载体，开展不受时空限制的网上书目检索、参考咨询、文献提供等远程网络信息服务。

6.1.5 个性化服务

公共图书馆可为个人、企事业机构及政府部门提供多样化的、灵活的、有针对性的服务。

6.1.6 总分馆服务

公共图书馆应在政府主导、多级投入、集中分层管理、资源共享的原则下，建立普遍均等的公共图书馆服务体系，因地制宜地开展形式多样的总分馆服务，形成统一的机构标识，统一的业务规范，建立便捷的通借通还文献分拣传递物流体系，提升同一地区公共图书馆系统的整体形象和服务能力。

6.2 服务效率

6.2.1 文献加工处理时间

公共图书馆需根据不同类型（如印刷型、电子、缩微等）、不同来源（如购买、受赠、交换等）的文献资源特点和服务要求，优化文献加工处理流程，缩短文献加工处理周期，提高文献加工处理效率。

文献加工处理时间以文献到馆至文献上架（或上线）服务的时间间隔计。其中，报纸到馆当天上架服务，期刊到馆 2 个工作日内上架服务，省级馆、地级馆及县级馆分别在图书到馆 20、15、7 个工作日内上架服务。

6.2.2 闭架文献获取时间

闭架文献获取时间以读者递交调阅单到读者获取文献之间的间隔时间计。

闭架文献提供不超过 30 分钟，外围书库文献提供不超过 2 个工作日。古籍等特种文献，另按相关规定执行。

6.2.3 开架图书排架正确率

开架图书提倡按中国图书馆分类法分类号顺序排列整齐。省级馆、地级馆及县级馆的开架图书排架正确率分别不低于 96%、95%、94%。

6.2.4 馆藏外借量

馆藏外借量以外借文献册数计。

公共图书馆应合理调整外借文献范围、外借文献册数、借期等流通规则，保持馆藏外借量逐年增长。

6.2.5 人均借阅量

公共图书馆应分别根据有效持证读者和服务人口的总数，计算已外借文献量（册）占有效持证读者总数和服务人口总数的比例，以反映流通馆藏对有效持证读者的服务使用情况。

公共图书馆应适时调整外借册数、借期等流通规则，并制定有针对性的服务策略，逐步提高人均借阅量。

6.2.6 电子文献使用量

电子文献使用量由数据库检索量、全文下载量组成。

公共图书馆应积极宣传电子文献，举办电子文献使用辅导讲座，提升读者使用电子文献的信息素养，保持电子文献使用量逐年增长。

6.2.7 文献提供响应时间

文献提供响应时间以收到读者文献请求至回复读者之间的时间计。响应时间不超过 2 个工作日，并告知读者文献获取的具体时间。

6.2.8 参考咨询响应时间

公共图书馆需提供多样化的文献咨询服务方式，有效缩短文献咨询的响应时间。多样化的文献咨询服务方式包括现场、电话、信件、传真、电子邮件、网上实时、短信等。

响应时间是以收到读者咨询提问至回复读者之间的时间计。现场、电话、网上实时咨询需在服务时间内当即回复读者，其他方式的咨询服务的响应时间不超过 2 个工作日。

7 服务宣传

7.1 导引标识

7.1.1 方位区域标识

公共图书馆导引标识系统应使用标准化的文字和图形建立，公共信息标识应采用国家标准 GB/T 10001.1《标识用公共信息图形符号第 1 部分：通用符号》，根据需求可采用双语或多语言对照。

公共图书馆应在主体建筑外竖立明显的导向标识。

公共图书馆入口处应标明区域划分，如阅览区域、活动区域、办公区域等，以方便读者到达目标区域。

公共图书馆应在每一楼层设立醒目的布局功能标识。

7.1.2 文献排架标识

公共图书馆应在阅览区和书库设置文献排架标识。

7.1.3 无障碍标识

公共图书馆应设置无障碍设施的专用标识。

7.2 服务告示

7.2.1 告示内容和方式

公共图书馆的服务范围、服务内容、服务时间、服务公约、读者须知、借阅（使用）规则、服务承诺等基本服务政策应在馆内醒目位置和图书馆网站的相关栏目向读者公示，其他服务政策及各类服务信息等应通过各种途径方便读者获取。

7.2.2 闭馆告示

因故须暂时闭馆，须提前一周向读者公告。

如遇公共安全、网络安全等突发事件须临时闭馆或关闭部分区域、暂停部分服务的，应及时向读者公告。

7.3 馆藏揭示

公共图书馆应借助计算机管理与书目检索系统，将纸质、电子和缩微等不同载体的馆藏文献目录向公众揭示，提供题名、著者、主题等基本检索途径，方便读者查询。

公共图书馆还应通过网站、宣传资料、专题展览等形式，向公众推介、揭示最新入藏的文献和特色馆藏。

7.4 活动推广

公共图书馆应通过媒体、网站、宣传资料、宣传栏及各种现代化通信手段等形式，邀请、吸引读者的参与和互动。

8 服务监督与反馈

8.1 监督途径和方法

公共图书馆应在馆舍显著位置设立读者意见箱（簿），公开监督电话，开设网上投诉通道，建立馆长接待日制度，组建社会监督员队伍，定期召开读者座谈会。认真对待并正确处理来自读者的意见或投诉，在五个工作日内回复并整改落实。

8.2 读者满意度调查

读者满意度调查表中读者对图书馆满意度的选项为"满意""基本满意"和"不满意"三项。读者满意度以参与问卷调查的读者中选择"基本满意"和"满意"的人数占调查总人数的比例计。各级公共图书馆的读者满意度应在85%（含）以上。

公共图书馆每年应进行一次读者满意度调查，可自行或委托相关机构向馆内读者随机发放读者满意度调查表。调查表发放数量，省、地、县级图书馆分别不少于500、300、100份，回收率不低于80%。

公共图书馆应对回收的读者满意度调查表进行分析，针对薄弱环节提出整改意见。调查数据应系统整理，建档保存。

扬州城市书房条例

第一章 总则

第一条 为了规范城市书房建设、运行和管理，加强公共文化服务体系建设，彰显城市文化特质，提高社会文明程度，根据《中华人民共和国公共文化服务保障法》《中华人民共和国公共图书馆法》《江苏省公共文化服务促进条例》等法律、法规，结合本市实际，制定本条例。

第二条 本条例所称城市书房，是指依托各级公共图书馆资源建立的，方便公众，免费提供阅读、文献信息查询、借阅等相关服务的新型公共文化设施。

前款所称文献信息，包括图书报刊、音像制品、缩微制品、数字资源等。

第三条 城市书房应当宣传习近平新时代中国特色社会主义思想，弘扬社会主义核心价值观，传承中华优秀传统文化和扬州地方文化，推进全民阅读，倡导良好的社会风尚。

第四条 市、县（市）人民政府应当将城市书房建设纳入国民经济和社会发展规划，有计划地推进城市书房建设，建立城市书房管理综合协调机制，研究解决城市书房规划建设、运行和管理等重大事项。

各级人民政府应当将城市书房建设、运行与维护经费列入本级财政预算。

第五条 文化行政主管部门负责城市书房建设、运行和管理的综合协调、指导监督、考核评估等工作。

发展和改革、公安、财政、自然资源和规划、住房和城乡建设、卫生健康、应急管理、消防救援等部门和单位，按照各自职责协同做好城市书房有关工作。

第六条 市、县（市）人民政府可以制定有关政策措施，鼓励和支持社会力量参与城市书房建设、运行和管理。

第七条 新闻媒体应当对城市书房进行宣传和推广，引导市民树立崇尚阅读、终身阅读的理念。

第八条 市、县（市）人民政府应当根据有关规定，对在城市书房建设、运行和管理中做出突出贡献的单位、个人给予表扬、奖励。

第二章 建设

第九条 市、县（市）文化行政主管部门应当编制城市书房发展规划，报同级人民政府批准后实施。

编制城市书房发展规划，应当根据本地经济社会发展水平、人口状况、环境条件、文化特色和公众需求等因素，合理确定城市书房发展方向、数量、规模、类型和布局等。

城市书房发展规划经批准后，不得擅自变更；确需变更的，应当按照原审批程序报批。

第十条 城市书房建设应当按照因地制宜、方便公众的要求，遵循政府主导、属地管理、社会参与、共建共享的原则，保证城市书房公益属性。

第十一条 市人民政府负责统筹实施江都区、邗江区、广陵区和扬州经济技术开发区、生态科技新城、蜀冈-瘦西湖风景名胜区的城市书房建设，县（市）人民政府负责统筹实施本行政区域内的城市书房建设。

第十二条 鼓励单位、个人通过免费提供场馆或者捐赠资金、文献信息、设施设备等方式，参与城市书房建设。市、县（市）公共图书馆应当与参与城市书房建设的单位、个人签订合作协议。参与城市书房建设的单位、个人，可以依法冠名。

免费提供场馆的合作协议内容包括运作模式、建设标准、场馆的所有权和使用权归属、费用承担、合作期限、安全责任以及协议解除条件、违约责任等。

第十三条　市、县（市）文化行政主管部门应当按照下列程序进行城市书房的建设选址：

（一）公开征集选址。根据建设计划向社会公开建设数量，征集建设地点，征求公众意见。

（二）组织评审。对建设地点进行实地考察，组织专家评审后确定选址。

（三）公告。确定选址后，向社会公告选址的信息。

第十四条　根据人口规模、分布区域和服务需要，城市书房可以按照下列类型建设：

（一）建筑面积较大、文献信息资源丰富的中心城市书房；

（二）利用乡镇（街道）公共服务设施建设的社区城市书房；

（三）居住区配套建设的体现生活品质的居住区城市书房；

（四）依托本地文化旅游资源建设的旅游特色主题城市书房；

（五）依托地方优势产业和重要行业建设的专业类城市书房；

（六）城市书房发展规划规定的其他类型。

第十五条　城市书房建设应当符合下列要求：

（一）选址位于人口集中、交通便利、配套设施良好的区域；

（二）外观设计应当与周边景观相协调，体现地域人文特色；

（三）采用统一文字、图像标识，规范命名；

（四）合理设置内部分区，配备阅览座席以及无障碍设施；

（五）配备文献信息管理系统和自助借还设施设备；

（六）配备防火、防盗、防潮、防有害生物、消毒、容灾备份、视频监控等必要设施设备；

（七）房屋质量符合安全规定，建筑面积一般不少于一百平方米；

（八）纳入城市路标、路牌、公共交通等城市识别系统和互联网地图标注系统；

（九）其他标准规范要求。

第十六条　城市书房建设不得有下列情形：

（一）未按照相关标准和合作协议的约定建设城市书房的；

（二）无正当理由停止城市书房的建设的；

（三）擅自改变城市书房用途，或者缩减城市书房建设面积的。

有前款规定情形，法律、法规有规定的，依照规定处理；合作协议有约定的，按照约定处理。

第三章 运行

第十七条 城市书房遵循文化行政主管部门统一管理、公共图书馆分级负责原则，纳入本级公共图书馆通借通还服务网络、数字图书馆服务网络。

第十八条 公共图书馆是城市书房的运行机构。市公共图书馆负责对江都区、邗江区、广陵区、扬州经济技术开发区、生态科技新城、蜀冈-瘦西湖风景名胜区的城市书房实施标准化运行，对县（市）公共图书馆开展城市书房业务进行指导。

县（市）公共图书馆负责对本行政区域的城市书房实施标准化运行。

城市书房建设运行服务标准由市文化行政主管部门负责起草，经法定程序报批后发布。

第十九条 市、县（市）公共图书馆履行下列职责：

（一）负责城市书房的日常运行和维护，组织实施城市书房建设运行服务标准；

（二）负责统一配置文献信息，统筹建设城市书房文献信息管理系统和通借通还服务网络；

（三）负责城市书房设施设备的提升改造；

（四）负责配备和培训城市书房管理员；

（五）负责落实安全管理责任，制定各类应急预案；

（六）负责组织招募、培训志愿者；

（七）法律、法规以及同级人民政府确定的其他职责。

第二十条 依照合作协议约定负责城市书房日常运行的单位、个人，应当接受公共图书馆的业务指导，按照运行标准提供服务，保证城市书房安全有序运行。

第二十一条 城市书房实行名录管理。城市书房名录应当包括城市书房的名称、地址、开放时间、服务范围、服务内容、联系方式等。

城市书房名录编制、公布、调整的标准和程序，由市、县（市）人民政府确定。

第二十二条 市、县（市）公共图书馆负责编制不同类型城市书房的文献信息配置标准。城市书房应当根据服务范围和服务对象的年龄结构、文化程度、阅读需求等配置相应的文献信息，并且符合下列要求：

（一）配置文献信息应当兼顾纸质信息、数字信息和其他信息；

（二）中心城市书房应当设置党建资料阅览区、少年儿童阅览区、视听阅览区；

（三）中心城市书房、旅游特色主题城市书房应当设置地方历史文化专区；

（四）专业类城市书房应当设置相关专业领域中外文献信息专区。

第二十三条　城市书房应当做好文献信息的保存和保护工作，落实有关安全管理制度。

对不宜外借的城市书房文献信息，市、县（市）公共图书馆应当按照国家有关规定和标准采取专门的保护措施。

第二十四条　城市书房内的空气、微小气候、采光、照明、噪音、消毒和卫生设施等，应当符合国家卫生标准和要求。

重大传染病疫情发生时，城市书房应当执行所在地人民政府采取的防控措施，通过暂停开放、部分开放、预约限流、线上服务等方式，保障读者生命健康安全。

第二十五条　公共图书馆应当建立健全城市书房的安全管理制度，制定突发事件应急预案，配备安全保护设施和人员，定期组织安全检查，开展消防演练，保证安全运行。

文化行政主管等部门应当依法对城市书房日常运行情况进行监督管理，保障公共文化设施和公众活动的安全。

第二十六条　城市书房应当按照公示的开放时间免费开放。城市书房内人员数量达到额定人数时，应当采取合理的限流措施。

城市书房因故变更开放时间、暂停部分服务或者暂停开放的，应当经市、县（市）文化行政主管部门同意，并提前向社会公告。

第二十七条　市、县（市）文化行政主管部门应当制定城市书房检查、考核标准，对城市书房的建设、运行与服务情况进行检查、考核，定期开展读者需求、满意度调查，并根据考核、调查的结果督促整改，提高服务质量。

第二十八条　城市书房有下列情形之一的，由市、县（市）文化行政主管部门报同级人民政府审查批准后，从城市书房名录中移除并公布：

（一）城市书房服务内容违反有关法律、法规和社会主义核心价值观；

（二）城市书房管理混乱且产生不良社会影响；

（三）城市书房不按照标准规范提供服务，经限期整改仍不达要求；

（四）免费提供场馆的城市书房合作单位在合作协议期满后不再续签或者在期满前停止合作；

（五）其他应当退出城市书房名录的情形。

第四章　服务

第二十九条　城市书房免费提供下列服务：

（一）查询、借阅文献信息；

（二）开放阅读、学习的公共空间；

（三）举办公益性讲座、培训、展览；

（四）开展阅读推广和文化交流活动；

（五）其他服务项目。

第三十条　城市书房服务应当符合下列要求：

（一）在显著位置公示开放时间、服务范围、服务承诺、投诉电话、管理制度等内容；

（二）文献信息按照标准配置，有序摆放、及时更新；

（三）设施设备安全正常运行；

（四）为未成年人、老年人、残疾人等特殊群体提供使用便利；

（五）内部环境安静、整洁、有序；

（六）解答咨询和提供服务热情、专业、快捷；

（七）城市书房其他服务规范。

第三十一条　市、县（市）公共图书馆负责建立本行政区域城市书房读者服务平台，在线发布城市书房电子地图和相关活动信息，接受读者咨询，听取读者对城市书房的意见建议。

第三十二条　城市书房应当采用大数据、物联网等技术，创新数字资源样态，为读者提供一体化、集成式平台服务。

城市书房应当创新服务模式，加强物流合作，为读者提供点对点、订单式网络借阅服务。

第三十三条　城市书房应当通过推荐阅读书目、开展阅读指导、组织阅读交流活动、推广读者积分激励机制等多种形式，推动、引导和服务全民阅读。

第三十四条　鼓励公民参与城市书房志愿服务。文化行政主管等部门应当对城市书房志愿服务给予必要的指导和支持。

市、县（市）公共图书馆应当建立志愿服务工作档案，对有良好志愿服务记录的志愿者提供优待。

城市书房负责组织志愿者参与图书管理、借阅咨询、阅读辅导和阅读推广等具体服务工作。

第三十五条　城市书房读者应当遵守城市书房管理制度，爱护文献信息和设施设备，共同维护良好的阅读学习环境。

在城市书房内禁止下列行为：

（一）损坏文献信息；

（二）损毁城市书房设施设备；

（三）携带宠物；

（四）占座、打游戏；

（五）吸烟，在阅览区用餐、吃零食；

（六）聊天喧哗、嬉戏、吵闹、拨打接听手机；

（七）其他违反城市书房管理制度的行为。

违反前款规定的，城市书房管理员应当予以劝阻、制止；经劝阻、制止无效的，城市书房可以停止为其提供服务；造成财产损失或者其他损害的，依法承担民事责任；构成违反治安管理行为的，依法给予治安管理处罚；构成犯罪的，依法追究刑事责任。

第三十六条 未成年读者的父母或者其他监护人应当依法履行监护职责，承担其未尽监护义务而产生的法律责任。

第五章 附则

第三十七条 本条例自 2022 年 12 月 1 日起施行。

扬州 24 小时城市书房建设与服务规范

本标准按照 GB/T 1.1-2009 给出的规则起草。

本标准由扬州市文化广电和旅游局提出并归口。

本标准起草单位：扬州市图书馆。

1 范围

本标准规定了 24 小时城市书房建设运行服务的术语和定义、规划选址、建筑设施要求、装饰设计要求、业务系统及专用设备要求、资源配置、设备系统维护、运行安全、基本服务、增值服务、监督、考核与评价。

本标准适用于扬州市行政区域内的 24 小时城市书房。

2 规范性引用文件

下列文件对于本文件的应用是必不可少的。凡是注日期的引用文件，仅所注日期的版本适用于本文件。凡是不注日期的引用文件，其最新版本（包括所有的修改单）适用于本文件。

GB 50016 建筑设计防火规范

GB 50763 无障碍设计规范

GB/T10001.1 标志用公共信息图形符号第1部分：通用符号 GB/T 10001.2 标志用公共信息图形符号第2部分：旅游休闲符号 GB/T 15566.1 公共信息导向系统设置原则与要求第1部分：总则 GB/T 31382 城市旅游公共信息导向系统设置原则与要求

3 术语和定义

下列术语和定义适用于本文件。

3.1 24小时城市书房 24 hours city's study

由政府主导、社会力量参与，依托各级中心公共图书馆，采用智能化设备和无线射频技术，实现一体化服务，具备24小时开放条件的场馆型自助公共图书馆。同一区域不同级别、不同规模的24小时城市书房按照相同的规则和业务服务标准，在规划建设、业务运营、管理与服务、文献、技术、人员等资源中实现全面共享或统一管理，提供无差异零门槛的全天候服务。

3.2 中心图书馆 central library

在一定地域范围内，具有资源、技术及管理优势，在24小时城市书房管理与服务过程中起核心作用的公共图书馆。中心图书馆承担24小时城市书房选址设计、业务管理及服务规则制定、服务资源配置、物流配送、设备系统维护、阅读推广、志愿者服务等日常管理。

3.3 合作主体 cooperation participants

与中心图书馆合作，承担24小时城市书房运行的物业管理并按照中心图书馆要求做好管理和读者服务工作的机关、企事业单位、社区、个人等社会主体。

4 规划选址

4.1 规划

按照相关法律法规，24小时城市书房纳入公共图书馆服务体系进行规划建设。

4.2 布点原则

4.2.1 24小时城市书房的选址遵循普遍均等原则，按服务半径不大于3km，并且服务人口原则上不少于1万人（常住人口）的标准进行统筹规划、合理布局。

4.2.2 24小时城市书房宜位于一楼或二楼临街、广场或公园、人口集中、交通便利、环境适宜、市政配套设施条件良好的区域，附近宜有公共卫生间、保安值班室或公安派出所。

4.3　专家评估

中心图书馆作为24小时城市书房建设牵头负责单位将统一公开招标选址，集中收集整理反馈信息，组织相关部门的专家进行实地考察、论证评估，确定24小时城市书房的建设布点。

4.4　社会公示

专家评估确认的建设布点在地方主流媒体公示，公示期限不少于1周。

5　建筑设施要求

5.1　24小时城市书房场馆由合作主体自愿提供，总建筑面积不低于100 m^2。

5.2　按24小时城市书房功能设计要求完成装修工程及有关配套设施的配套，如强弱电、空调、插座、卫生间、停车位等。

5.3　防火设计应符合GB 50016要求，耐火等级不得低于二级。

5.4　无障碍设计应符合GB 50763要求。

5.5　24小时城市书房与其他文化设施合建时，应自成一体，单独设置出入口，满足公共场所安全疏散人员的要求。

6　装饰设计要求

6.1　外观设计

6.1.1　24小时城市书房的外观设计应展现地方文化精神、地域人文精神和图书馆文化元素，打造与周边环境相得益彰的文化建筑。

6.1.2　标识导引系统（如灯箱等）应统一规范，符合GB/T 10001.1要求。

6.2　室内设计

6.2.1　室内装饰风格与建筑外观相协调，打造时尚精致、个性温馨、绿色生态的居家式书房，为读者提供人性化、智能化的全天候全方位阅读服务。

6.2.2　24小时城市书房阅览座席不少于10座，内部功能区域布局明确，布局应符合表1要求，一般借阅服务区应靠近吧台，附近没有厕所应在书房内自建卫生间，应设置饮水设施，少儿借阅区应与成人借阅区分开。

6.2.3　24小时城市书房的安全设计应符合国家标准的消防设施和安全通道设置要求。

6.2.4　24小时城市书房的内部标识导引系统应符合GB/T 10001.2、GB/T 15566.1及GB/T 31382要求。

表1 24小时城市书房功能区域

区域	内容	设置
一般借阅服务区	图书借阅、期刊借阅、数字阅读等	应设
少儿借阅区	少儿图书借阅等	宜设
特殊人群服务区	无障碍通道、特殊人群阅读专区等	宜设
便民服务区	饮水机、便民物品箱	应设
书目查询区	吧台、计算机	应设
数字资源下载区	吧台、计算机	应设

7 业务系统及专用设备要求

7.1 图书信息管理系统

24小时城市书房使用统一的图书文献信息管理系统。

7.2 网络宽带

24小时城市书房统一使用VPN专线，带宽20M以上。通过VPN专线实现与中心图书馆的网络连接。24小时城市书房统一配备无线网络。

7.3 专用设备配置

24小时城市书房均配备统一功能和标准的自助办证机、RFID自助图书借还机、二维码数字资源下载机、馆员工作站、RFID门禁、图书消毒机等。

7.4 进入方式

24小时城市书房统一采用智能化进入方式，包含但不限于以下方式：

a) 人脸识别进入书房；

b) 支付宝扫码进入书房；

c) 微信扫码进入书房；

d) 刷借书证进入书房。

7.5 门头屏显示系统

24小时城市书房移动门上方安装显示屏，显示时间、温度、湿度、活动图片及说明文字等。与安全门系统联动，安全门报警时显示图书未借提示信息，并可同时多本书显示。支持远程控制功能，保证资源和人员安全。

7.6 监控系统

24小时城市书房均安装高清摄像头，监控范围全覆盖，通过VPN专线连通中心图书馆监控中心和辖地监控保安室或派出所，随时监管24小时城市书房的监控画面，监控视频需保留 30 天。

7.7 相关子系统

人流计数系统、空调温感联动系统、光感照明控制系统。空调温感联动系统、光感照明控制系统具有绿色节能环保功能。

8 资源配置

8.1 纸质资源

8.1.1 纸质图书配置原则：24 小时城市书房纸质文献资源应考虑并兼顾目标用户在完成正规教育和继续教育、解决日常生活和工作中的问题、了解各类文化、增长见识、提升内涵等不同情境下的知识和信息获取需要。

8.1.2 纸质图书配置范围：24 小时城市书房内配备中文图书和外文图书，涵盖《中国图书馆分类法》中的 22 个大类。藏书数量不少于 3000 册，其中少儿图书不少于 500 册，外文图书不少于 30 册，具体构成比例见表 2。

表 2　24 小时城市书房纸质图书馆藏构成

类别	百分比
成人小说类	35
成人非小说类普及读物	30
生活用书	10
参考研究类	4
地方文献	3
少儿读物	17
外文图书	1

8.1.3 各类图书配置原则：在中文图书采购上，应尽量顾及各学科门类的图书采购，图书按《中国图书馆分类法》22 个大类配置情况如下：

a) 马列经典著作和党和国家领导人的著作，学习、研究类型的图书以国家领导人为重点，复册为 1~2 册。

b) 哲学、宗教类、社会科学总论、政治、法律、经济、文化、科学、教育、体育类以普及性图书为主，复册为 1 册。

c) 军事类以资料性和通俗的普及读物为主，复册为 1~2 册。

d) 语言文字类以普及性图书为主，在语种上以汉语、英语为主，兼顾日、韩、德、法等语种，复册为 1 册。

e) 文学类以文艺小说、散文为主，复册为 1~2 册，文学理论及诗歌类图书，复册为 1 册。

f) 艺术类以资料性、实用性为主，复本为 1 册。

g) 历史、地理类以中国史、世界史、人物传记、民风民俗为重点，复册为 1~2 册。

h) 自然科学图书以普及性图书为主，复册为 1 册。

i) 科学技术类图书以应用技术为主，装潢、编织、家具、摄影、宠物、美容美发、广告等以大众学习、休闲阅读的生活类图书，复册为 1 册。

j) 医学、医药、卫生类主要以预防、保健类以及科普性、基础性文献为主，复册 1~2 册。

k) 数理科学、化学、天文学、地球科学、生物科学、农业科学、工业技术、交通运输、航空、航天、环境科学、安全科学类以普及性图书为主，复册为 1 册。

l) 儿童读物，复册为 1~2 册。

m) 地方文献包括有关地方政治、经济、历史、人文的著述及本土作者作品，复册为 1~2 册。

n) 24 小时城市书房配备新华字典，复册为 1 册。

o) 其他特殊类型文献按实际需要酌情配置，下列书刊资料不配置：

1) 明信片；

2) 中小学教材、教辅；

3) 小于 64K 及特殊装帧形式的图书；

4) 涂色、贴纸类；

5) 各类台历、挂历、笔记本、手账。

8.1.4 24 小时城市书房配备专架图书，每种专架配备图书不低于 60 册：

a) 中外经典名著专架。

b) 地方文献专架。

c) 推荐导读专架。根据中心图书馆阅读排行、亚马逊、豆瓣读书排行以及国家、省、市阅读办公室推荐书目设立。

d) 根据政府重大活动、时政宣传设立专架。

8.1.5 专题 24 小时城市书房纸质图书配置，相关专业纸质图书不低于 300 种，以满足相关专业读者的需求。

8.1.6 乡村 24 小时城市书房跟据乡村特色科学设置馆藏书籍，配备农业科学专架，配备图书不低于 200 册。

8.1.7 纸质图书配置技术要求：

a) 24小时城市书房纸质图书由中心图书馆采编部门采编。

b) 中心图书馆采编部在接到购书任务单后，20日内完成采购和加工任务，并交付配送中心。

c) 24小时城市书房配置图书加工按照《中国图书馆分类法第五版》、《新版中国机读目录格式使用手册》及中心图书馆纸质图书加工要求统一完成。

d) 24小时城市书房纸质图书书标颜色与中心图书馆纸质图书书标颜色进行区分。

8.2 数字资源

24小时城市书房均采用统一的馆藏书目数据检索，以及数字资源远程平台访问，实现对图书馆馆藏书目数据的检索以及图书馆数字资源平台上各类数据库的下载，大型数据库不低于30个，自建数据库不低于6个，数据存储容量不低于80TB。

8.3 人力资源

24小时城市书房设专职工作人员1~2名，具有大专以上文化水平；设兼职保洁1名，保安1名。

9 设备系统维护

9.1 应根据需要配备相应的维修服务车辆及专职维护人员。

9.2 24小时城市书房应公示技术报修电话。接到报修电话后1小时到现场，2小时内解决故障。

10 运行安全

10.1 安全要求

中心图书馆建立24小时城市书房安全管理制度，制定安全应急预案，定期开展安全检查。

10.2 投保险种

中心图书馆为24小时城市书房投保指定场所团体意外伤害保险。

11 基本服务

11.1 现场阅读

24小时城市书房免费为读者提供阅览、借还书、数字资源访问与下载等服务，读者登录数字资源下载终端后可以下载中心图书馆的所有数据库资源。

11.2 业务咨询

11.2.1 对读者提出的问题实行首问负责制，跟踪解决并回复。

11.2.2 解答读者对借阅时间、借阅册次、续借、预约的咨询。

11.2.3 解答读者对各 24 小时城市书房地址、电话、线路的咨询。

11.2.4 指导读者办理借阅卡、使用自助借还机、二维码电子书及下载、书刊消毒柜，书目查询系统。

11.3 无线宽带（WiFi）

24 小时城市书房安装统一实名认证无线网，实现 WiFi 全覆盖。

11.4 阅读推广

24 小时城市书房在不影响其他读者的情况下，定期开展讲座、展览、新书分享会、读者沙龙等一系列阅读推广活动。

11.5 物流配送

11.5.1 中心图书馆设立图书配送中心负责 24 小时城市书房馆藏图书的配送。

11.5.2 24 小时城市书房每周图书更新不低于 1 次，配送册次 100~200。

11.5.3 读者预约图书 1 周内送到读者指定 24 小时城市书房。

12 增值服务

12.1 文旅融合服务

12.1.1 24 小时城市书房入口处配有"扬州'城市书房'旅游信息服务点"的功能牌。

12.1.2 24 小时城市书房内部配有扬州旅游的宣传折页、旅游信息服务展架及旅游投诉电话。

12.1.3 游客可以享受 24 小时城市书房内手机充电、雨伞租借、休息区、饮用水、网络服务及书房的相关配套服务。

12.1.4 工作人员提供游客对本市衣食住行游等方面的咨询服务。

12.2 志愿者服务

24 小时城市书房建立志愿者服务机制，由中心图书馆统一招募志愿者，定期开展培训。志愿者应掌握基本的图书馆业务技能与智能自助设备的操作，能够回答读者的简单咨询，协助专职人员的工作。

12.3 便民服务

12.3.1 设水吧，配有免费饮水机，提供冷、温、热水，有条件可设置自助咖啡机。

12.3.2 免费提供雨伞和急救箱药品：

a) 凭借阅卡或身份证登记后，交押金，免费使用雨伞。雨伞完好归还后，退还押金；

b) 急救箱内配备：酒精、碘酒、棉签、绷带、创可贴、人丹、风油精、跌打喷雾剂、速效救心丸、清凉油等药品及用品。急救箱内药品由管理员登记后供读者使用。

13 监督、考核与评价

13.1 服务监督

13.1.1 24小时城市书房应在显著位置设立读者意见箱，收集读者意见建议、图书荐购等信息。

13.1.2 24小时城市书房应公开读者咨询电话号码，开设网上投诉通道，并在2个工作日内予以回复并及时整改。

13.2 绩效考核

13.2.1 中心图书馆成立绩效考评小组，对24小时城市书房的年办证量、图书外借量、流通人次、阅读推广活动场次等服务效能进行考核，根据考核结果给予奖惩。

13.2.2 建立志愿者工作档案，根据志愿者的服务时长和服务满意度进行考核表彰。每年底，图书馆网站将公布获得优秀志愿者的名单，并为优秀志愿者颁发表彰证书。

13.3 服务评价

24小时城市书房每年进行一次读者需求和满意度调查，调查表发放数量应不少于1000份，回收率不低于80%，满意度不低于85%。